KB007312

피와 철

독일제국의 흥망과 성쇠, 1871~1918

Blood and Iron:
the Rise and Fall of the German Empire 1871~1918 by Katja Hoyer
2021 by Katja Hoyer
Originally published in 2021 by The History Press, Publishers, Cheltenham.
This Korean edition published 2024 by Marco Polo Press, Sejong City by
arrangement with The History Press, Publishers, Cheltenham.

이 책의 한국어판 저작권은 The History Press사와의 독점계약으로 마르코폴로 출
판사에 있습니다. 저작권에 따라 한국 내에서 보호를 받는 저작물이므로 무단 전
재와 복제를 금합니다.

피와 철

독일제국의 흥망성쇠 1871~1918

카차 호이어 지음 | 이현정 옮김

마르코폴로

차례

머리말 / 9p.

제1장 건국의 시대 1815~1871 / 18p.

제2장 비스마르크의 제국 1871~1888 / 80p.

제3장 세 명의 황제와 총리 1888~1890 / 156p.

제4장 빌헬름의 제국 1890~1914 / 170p.

제5장 파국 1914~1918 / 250p.

맺음말: 그 끝은? / 311p.

참고문헌 / 317p.

1888년경의 빌헬름 황제와 오토 폰 비스마르크

머리말

1871년 1월 17일, 어느 찬란하고 매서운 겨울 아침에 프로이센의
국왕 빌헬름 1세는 위기의 순간에 봉착했다. 급기야 노인은 자제력
을 잃고 흐느껴 울기 시작했다. "내일은 나의 평생에 가장 불행한
날이 될 것일세! 우리는 프로이센 군주정의 마지막 장례를 지켜봐
야 할 것이고, 이는 전부 비스마르크, 그대의 잘못이야!" 73세의 고
령인 왕은 언젠가 모든 독일인을 한데 아우르며 우뚝 솟을 신비로
운 카이저¹⁾의 옥좌에 가장 어울리지 않은 후보였다. 그런데 지금
바로 그러한 운명을 눈앞에 두고 있었다. 이튿날인 1871년 1월 18
일 정오, 수백 명의 프로이센 장교와 귀족들, 프랑스-프로이센 전
쟁에 참전했던 연대 지휘관들이 모두 베르사유궁에 있는 거울의
방에 모였다. 웅장한 회랑의 높은 창문을 통해 흘러 들어오는 군

---

1) 카이저(Kaiser)는 독일 제국에서 황제의 칭호로 사용된 말이며, 러시아의 차르(Tsar)와 마찬
가지로 로마 제국의 카이사르(Caesar)에서 유래했다. – 옮긴이 주(이하 각주는 옮긴이 주이
다).

악대의 행진 소리가 실내에서 기다리는 사람들의 흥분 섞인 대화와 뒤섞였다. 회랑 입구의 커다란 이중문이 열리자 빌헬름 1세와 프리드리히 왕세자, 독일 각국 대표들이 의전 행렬을 따라 차례로 입장했다. 긴장되고 기대에 찬 침묵이 흘렀다. 참석자들은 전설로 남을 역사의 한 장면을 지켜본다는 느낌에 압도당했다.

가까스로 마음을 추스른 빌헬름은 독일 제후들이 공식 제의한 칭호를 엄숙한 태도로 받아들였다. 하지만 새로 탄생한 독일의 앞날은 순탄치 않은 여정이 되리라고 일찌감치 예견되었다. '독일의 황제'German Kaiser 칭호를 마다하고 보다 중립적인 '황제 빌헬름'Kaiser Wilhelm이란 칭호를 받아들인 군주에게 한 나라의 통치가 맡겨졌으니 말이다.[2] 그는 첫째든, 둘째든, 셋째든 영원한 프로이센의 국왕으로 남고자 했다. 신생 국가의 초석을 놓은 초대 총리 오토 폰 비스마르크Otto von Bismarck 또한 민족주의자와 거리가 멀었다. 비스마르크에게 독일은 프로이센의 권력과 영향력의 연장선에 있었다. 독일 제국의 선포일은 프로이센의 국경일에 맞춰 정해졌다.[3] 이제 국왕과 총리가 나란히 통치하는 정치 구조가 성립되었고, 여기에 독일 남부의 국가들은 비스마르크가 교묘하게 조장한 프랑스의 침략 위협으로부터 자국민을 보호하기 위해 울며 겨자 먹기

---

2) 1871년의 헌법을 보면, 황제의 권한이 '국가원수' 항목이 아니라 '연방참사원의 의장' 항목에 규정되어 있다. 따라서 황제가 독일 제국을 직접 통치한다기보다는 연방 내에서 여러 명의 독일 군주 중 제1인자라는 의미가 강했다.

3) 1월 18일은 1701년 브란덴부르크 선제후 프리드리히 3세가 쾨니히스베르크시市에서 프로이센 국왕으로 즉위한 날이다. 정확히는 프로이센 개국 170년 만에 빌헬름 1세가 독일 제국의 황제 칭호를 수락한 것이다.

로 제국에 합류했다. 시초부터 취약하고 단명할 수밖에 없는 연대가 이루어졌고, 철의 재상은 이를 계속 유지하기 위해 고군분투했다. 심지어 비스마르크는 독일 제국 선포식을 독일의 그 어느 곳도 아닌 패전국 프랑스의 심장부인 베르사유궁에서 개최했다. 베르사유궁은 새로운 독일에 투쟁과 전쟁이라는 관념을 고취하기에 아주 적절한 장소였다.

한편 비스마르크는 수 세기에 걸쳐 형성된 신화들을 바탕으로 개별 제후국들의 패치워크patchwork에서 단일 국가로의 건설을 이끌었다. 그리고 건국 후 수십 년 동안 고대 전설을 기념하는 조형물 건설에 힘쓰는 등 새로 형성된 독일에 집단적 기억을 부여하고자 했다. 심지어 빌헬름 1세는 중세 시대의 프리드리히 1세 바르바로사[4]Friedrich Barbarossa의 환생으로 선포되었다. 독일판 아서왕인 바르바로사 전설에 따르면, 튀링엔의 키프하우저 산 아래 잠들어 있는 왕은 후일 언젠가 환생해서 위대한 독일을 재건하리라고 전해졌다. 1890년대에는 전국에 바르바로사를 기념하는 거대한 기념비들이 세워졌다. 이 공유된 신화가 사회 전반에 널리 확산한 데는 그림 형제를 포함한 많은 위대한 독일 사상가들의 공헌이 컸다. 그들은 독일의 문화, 언어, 역사적 전통이 지역적 특수주의를 초월해 강력한 유대를 형성할 것이라고 주장했다. 뿐만 아니라 한 세기 넘게 산업혁명이 서유럽에서 거스를 수 없는 대세로 굳혀진 상황

---

4) 독일 역사상 가장 강력한 왕권을 과시한 호엔슈타우펜 왕조(1138년~1254년)의 황제였던 신성로마제국의 프리드리히 1세가 '붉은 수염'이라는 뜻의 '바르바로사'라는 영웅 전설의 주인공이다.

에서, 독일이 이웃한 프랑스와 영국에 뒤처지지 않으려면 자원과 인력 및 정부 정책을 전면적으로 재편해야 했다. 점점 부상하고 있던 중산층은 이 독일어권 영토에서 풍부한 천연자원, 유리한 지리적 조건과 노동 전통이라는 엄청난 잠재력을 발견했다. 이를 현실로 구현하려면 통일이란 열쇠가 필요했다.

그러나 문화적, 경제적, 정치적 연대만으로는 통일을 담보할 수 없었다. 비스마르크가 저 유명한 1862년 연설에서[5] 밝혔듯이, 독일 국민의 통합을 위해서는 전쟁이 필요했다. 1871년 이전에도 그런 전략은 이미 유효한 것으로 입증되었다. 비스마르크는 덴마크, 오스트리아, 프랑스와 벌인 각축전의 불길 속에서 새로운 국민 국가의 칼날을 담금질해야겠다고 결정했고, 그 순간 결과적으로 독일은 이렇다 할 경험이라곤 외세와의 갈등밖에 없는 국가가 되었다. 39개의 개별 국가로 구성된 연합체를 하나의 연방체로 통합하는 과정은 고난의 연속이었고, 새 헌법의 잉크가 마르기도 전에 균열이 조금씩 드러났다. 비스마르크는 국가란 수 세기에 걸쳐 흠결 없는 통일체로 주조되는 것이 아니라 적들의 피로 성급히 이어 붙인 모자이크에 가깝다는 점을 이해했다. 따라서 그는 새로운 독일을 유지하기 위해 투쟁을 영속화하려고 했다.

사실 이것은 상당히 위험한 전략이었다. 철의 재상은 걸출한 정치가이자 인류 역사상 가장 위대한 정치 원로의 하나로, 1871년 이른바 '유럽의 평화 동맹'이 얼마나 취약한지 잘 알고 있었다. 유

---

5) 1862년 9월 30일 제국의회에서 행한 <피와 철의 연설>을 뜻한다.

럽의 심장부에 신흥 강국이 뛰어드는 것은 세계 유수의 교향악단에 어린아이가 트럼펫을 들고 뛰어드는 것이나 다를 바 없었다. 신예 연주자는 기성 연주자들에게 인정받을 때까지 실력을 연마하며 얌전히 있어야 한다. 그래서 비스마르크는 독일 국민의 대다수를 통합할 때까지 외부와의 갈등을 되풀이하기보다는 당분간 내부의 적에 집중하기로 했다. 새로운 국가는 이제 폴란드인, 덴마크인, 프랑스인들이 다수를 이루는 지역사회와 소수 민족을 모두 포함하고 있었으니 독일 시민과 대립점을 부각하기에 편리했다. 프랑스인과 비교된다면, 독일인은 스스로 바이에른인이나 프로이센인이 아니라 독일인으로 자각할 것이다. 또한 종교도 꽤 쓸모 있는 전쟁터가 될 수 있다. 당시 독일 제국의 인구 중 2/3는 프로테스탄트, 1/3은 가톨릭 신도에 해당했다. 비스마르크는 독일 사회를 세속화하고 종교의 자리에 국민 정서를 대체함으로써 새로운 정체성의 기준을 정립하고 독일인 사이의 간극을 좁히려 했다. 마지막으로 비스마르크는 사회주의 진영의 세계주의를 국가 정체성을 뒤흔드는 반동의 물결로 간주했다. 그렇게 그는 사회주의자들을 국가의 적으로 선언함으로써 독일인들이 공동의 적에 대항한 투쟁을 지속하기를 바랐다.

빌헬름 2세가 즉위한 1888년은 세 명의 황제가 재위했던 격동의 해였다.[6] 빌헬름 2세는 즉위 초부터 비스마르크와 독일 통일을

---

6) 1888년 3월 빌헬름 1세가 사망한 후, 그의 아들 프리드리히 3세가 즉위했으나 3개월 만에 식도암으로 세상을 떠났다. 같은 해 6월 프리드리히 3세의 아들이 빌헬름 2세로 즉위한다.

둘러싸고 충돌했다. 빌헬름 2세는 경제적·문화적 공통분모만으로 제국을 단일 대오로 만들 수 없다는 현실을 수긍했으나, 그렇다고 하더라도 비스마르크의 갈라치기 해법을 무척 혐오했다. 무엇보다도 그는 황제로서 독일 제국 신민들의 사랑을 받기를 원했다. 할아버지인 빌헬름 1세가 프리드리히 바르바로사의 화신이 되기를 거부했으니, 독일인을 위대한 여정으로 이끄는 전설적 역할은 정녕 빌헬름 2세 자신의 몫이어야 했다. 그는 제국 내부의 적을 찾기보다는 외부의 강대국들과 투쟁하며 독일의 위상을 높여야 한다고 주장했다. 그로써 독일은 다시는 파괴될 수 없는, 강력한 피와 철의 유대를 굳건히 할 것이다. 하지만 독일이 영국과 프랑스에 버금가는 '태양이 비추는 자리'를 차지하기 위한 전쟁이 곧 내부 결속으로 이어질 것이라는 그의 순진한 생각은 결국 제2제국에 치명타를 안겼다. 피 끓는 27세 청년 황제의 정치적 식견은 철의 재상에 비해 턱없이 부족한 것으로 드러났다. 게다가 1890년 비스마르크가 모든 공직에서 물러나자, 불안정한 정국을 통치할 책임은 오로지 빌헬름 혼자만의 몫이 되었다. 이제껏 비스마르크가 없는 독일은 존재한 적이 없었다. 그러니 노련한 원로 정치가가 사임한 순간부터 독일의 불확실한 미래가 시작되었다고 해도 과언은 아니다.

얼마 지나지 않아 빌헬름 2세는 자신의 카리스마와 개인기만으로는 종교, 계급, 지리, 문화, 민족 등—이조차도 몇몇 예시에 불과했다—끊임없이 등장하는 분열 요소들을 극복할 수 없음을 깨달았다. 사회주의자들은 계속 파업을 벌였고, 가톨릭 신자들은 여전히 프로이센 출신의 황제를 의심의 눈초리로 지켜보았으며, 폴란드 분리주의자들은 끝없이 분리 독립을 요구했다. 어쩌면 그들도 자랑스러워할 제국이 있다면 독일이 전부라고 확신할 수 있었을지도 모른다. '태양이 비추는 자리'를 향한 빌헬름의 무모한 탐색은 결국 이 신생 국가를 멸망 직전의 전쟁 속으로 몰고 갔다.

1914년 제1차 세계대전이 발발했을 때, 빌헬름 황제는 큰 충격에 휩싸였다. 그가 바라던 발칸 반도의 국지전이 별안간 유럽 국가 간 대규모 충돌로 바뀌었기 때문이었다. 그렇지만 그는 당시의 상황에서 마침내 모든 독일인을 단합시킬 절호의 기회를 포착했다. 1914년 8월 1일, 그는 이렇게 선언했다. "오늘 우리는 모든 독일의 동포이자 유일한 독일의 동포입니다." 최근 연구들은 전쟁 발발 당시 독일 사회에 행복감이 만연했다는 신화는 진실이 아니라고 밝혔으나, 어쨌든 '조국' 수호의 국민 정서가 사회 전반에 팽배했던 것은 분명하다. 그러나 종국에는 제1차 세계대전은 신생국 독일이 감내하기에 너무 많은 피와 철을 쏟아붓는 전쟁이었다. 1918년 11월, 패전과 함께 독일에 씌워진 왕관이 벗겨졌고, 방패와 칼에 금이 갔으며, 국민의 사기가 꺾였다. 숙적 프랑스는 전쟁에 기반해 국가 정체성을 구축했던 독일이 더 이상의 유혈 사태를 벌이도록 좌시해서는 안 된다며 독일 제국을 파괴하고 해체하려 했다. 제2제국은 최초로 개국이 선포된 장소, 즉 베르사유궁 거울의 방에서 파괴될 운명이었다.

그런데 영국과 미국은 제2제국의 잿더미 속에서 또 다른 독일과 맞닥뜨렸다. 비스마르크가 씨앗을 뿌렸던 민주주의와 경제적 번영의 토대 위에서, 또 다른 독일의 비전이 느리지만 완만하게 자라나고 있었다. 이제 독일은 국제무역과 안정, 민주주의를 통해 세계열강 사이에서 본연의 위상과 정체성을 찾아가려 했다. 그 방향성은 분명 옳았으나, 과거의 폭력적이고 군국주의적인 인상을 떨쳐내고 제1차 세계대전의 공포를 잊게 하기 위해서는 또 다른 분쟁이 필요했다.

독일 제국은 건국 과정부터 내재한 갈등으로 인해 끊임없이 시달려왔다. 비스마르크는 성인 남성에게 보편적 참정권을 부여했는데, 이러한 선거제도가 자유주의 전통하에 다원적 다당제를 발전시켰지만, 한편으로 정점에 달한 프로이센 권위주의로부터 압박받았다. 다양한 정체성들이 국가 정체성과 때로는 경쟁하고 때로는 압도하면서 지칠 줄 모르며 투쟁했고, 비스마르크와 빌헬름 2세는 모두 통합의 기반을 쌓기 위해 이같은 갈등들을 의도적으로 영속화했다. 두 사람은 비록 자신들의 시대에 번영하는 통일 국가를 세우지는 못했지만, (의도했든 또는 의도하지 않았든) 독일이 훗날 경제적 민주주의 강국으로 성장할 수 있는 씨앗을 뿌렸다.

오토 폰 비스마르크 총리, 1894년

제1장

건국의 시대

1815~1871

"오늘날 중요한 문제들은
의회의 연설과 다수결에 의해서가 아니라…
철과 피에 의해 결정된다."

— 오토 폰 비스마르크

1815년: 독일인의 무대 등장

〈나의 백성에게〉[7]는 1813년 프로이센 국왕 프리드리히 빌헬름 3세가 프랑스에 점령된 독일 영토의 해방을 도와달라고 국민에게 호소한, 극적이고 열정적인 연설문의 제목이다. 여기서 그의 백성이 누구를 가리키는지에 관해서는 국왕 자신조차 완벽히 확신하지 못한 듯했다. 연설문의 첫대목에는 호소의 대상이 "브란덴부르크인, 프로이센인, 슐레지엔인, 포메라니아인, 리투아니아인"으로 나열되어 있으나, 차츰 감정적인 어조로 바뀌며 '프로이센인'이 되었다가, 전 국민이 단결하여 '외세'에 맞설 것을 호소하는 대목에서 마침내 '독일인'으로 바뀌었다. 프리드리히 빌헬름은 국민 정체성이 다층적이라는 점을 충분히 의식했던 것 같다. 평소에는 강렬한 지역적 향토성이 국민 정서에 걸림돌이 된다지만, 적대적인 외부 세력과 맞서 싸우는 과정에서 그 영향은 차츰 희미해지는 법이다.

---

7) 프리드리히 빌헬름 3세의 국가동원령을 위한 호소문, 〈나의 백성에게〉 (1813년 3월 17일)

그리하여 진정한 동포애가 정착될 때까지, 한 세기 넘게 독일의 전쟁 열기는 강박적이다시피 지속된다.

공교롭게도 나폴레옹이 워털루에서 결정적인 참패를 당한 1815년은 오토 폰 비스마르크가 출생한 해였다. 그 당시에 성장했던 대부분의 독일인처럼, 비스마르크는 어린 시절부터 프랑스와의 전투 일화를 자주 접하며 자랐다. 1806년 나폴레옹의 군대가 예나와 아우어슈테트의 쌍둥이 전투에서 승리했을 때, 프로이센은 국민 상당수가 프랑스령에 복속되는 치욕을 겪게 되었다. 그러나 국민이 보기에 군사적 참패보다 더 심각했던 것은 1807년 틸지트 평화협정[8]이었다. 이 당시 프로이센 왕은 엘베강 서쪽 지역을 포기하고 영토와 국민의 절반가량을 프랑스에 양도해야 했다. 이는 매우 굴욕적인 양보로, 프리드리히 빌헬름은 그에 맞설 것을 요구하는 엄청난 압박에 직면했다. 그는 프랑스의 침략 앞에 너무 우물쭈물했던 우유부단한 지도자로 진작에 각인되어 있었고, 당연히 전설적인 선조 프리드리히 대왕과의 비교는 피할 수 없었다. '올드 프리츠' Alter Fritz라는 애칭으로 불렸던 프리드리히 대왕은 1757년 대프랑스 전쟁을 비롯해 여러 차례 대승을 거두었을 뿐만 아니라 종종 군대를 통솔하여 전장에 나가서 몇 번이고 총탄에 군마가 쓰러지

---

8) 틸지트 협정은 다음의 내용을 담고 있었다. 첫째, 프로이센은 엘베강 서쪽 영토를 프랑스에 할양할 것(이 지역에 나폴레옹의 동생 제롬 보나파르트를 국왕으로 하는 베스트팔렌 왕국이 세워진다). 둘째, 프로이센이 점령했던 폴란드의 옛 영토를 반환하여 바르샤바 공국으로 부활할 것. 셋째, 프로이센은 1억2천만 프랑의 전쟁배상금을 지급하고 상비군은 4만3천 명을 넘지 않을 것 등이다. 이에 따라 프로이센의 영토는 브란덴부르크, 포메른, 슐레지엔, 동프로이센 지역으로 쪼그라들었다. ― 옮긴이

는 위험을 몸소 겪었다. 이와 대조적으로, 프리드리히 빌헬름에게 유일하게 남은 자비라면 대중에게 인기 있는 아름다운 아내 루이제뿐이었다. 지적이고 강인한 매력을 갖춘 루이제 왕비는 틸지트 평화협정 당시 프로이센에 유리한 협상을 끌어내려고 나폴레옹에 맞섰다고 알려져 있었다. 비록 그녀의 노력은 성공하지 못했으나, 그녀는 국민적 호감을 받는 인물이 되었다. 물론 그녀의 남편은 상대적으로 더 나약해 보였다. 베를린에서 동프로이센의 변방으로 피신해야 했던 프리드리히 빌헬름은 이번 패전으로 하루아침에 수도와 통치자로서의 존엄과 국민 지지를 모두 잃었다. 그런데 역설적으로 프로이센의 존엄이 곤두박질치는 상황은 분노한 독일 국민을 단결시킬 수 있었다. 굴욕과 수치라는 집단감정은 민족 영웅담의 소재로는 적당치 않지만, 미래의 지도자들이 그토록 바라던 저항의 연대감을 독일인의 마음속에 불러일으켰다.

비스마르크 양친의 신혼 시절은 프랑스 군대가 엘베강 동쪽 수 마일 인근에 있는 고향 쇤하우젠을 점령하고 약탈하던 때였다. 1813년 프리드리히 빌헬름이 전쟁을 선포했을 때, 카를과 빌헬미네 부부는 프랑스령에 사는 대다수 독일인처럼 자유와 환희의 순간을 맛보았다. 국민의 존엄과 명예를 회복할 수 있다면 어떤 희생도 마다할 이유가 없었다. 실로 생명을 걸고 싸울 만한 가치가 있었다. 역설적이지만, 프로이센 국왕의 유약한 기질이 오히려 국민적 저항을 더욱 굳건히 하는 계기가 되었다. 1810년 34세의 젊은 나이에 사망한 비운의 루이제 왕비는 독일 애국 운동의 아이콘이 되었으며 그 후로 프로이센 왕실 승계자들이 공동의 기치 아래 독일인을 규합시키는 데 이바지했다. 조금의 주저 없이 나폴레옹 치하에 맞서서 프로이센과 독일을 위해 앞장섰던 젊은 루이제 왕비의 이미지는 애도에 잠긴 남편에게 더할 나위 없이 든든한 원군이기도 했다. 1812년 겨울, 나폴레옹의 군대가 러시아 정벌에서 수확 없이 퇴각했을 때, 마침내 프리드리히 빌헬름은 군사행동에 나서겠다는 모종의 결심을 굳혔다. 1813년 봄, 프리드리히 빌헬름의 강렬한 연설을 들은 프로이센 국민은 왕과 조국이라는 공통 기반 위에 하나로 뭉쳤다. 계급, 신조, 성별과 나이, 지역을 뛰어넘어 수많은 보통 사람이 왕의 부름에 화답했다. 국민은 자발적으로 군대에 입대하거나 '철을 위한 금'을 모금했고, 자선 단체와 협회를 세워 부상군인들을 돌봤다.

그러나 독일 영토에서 나폴레옹 군대를 몰아내는 것은 절대 호락호락한 일이 아니었다. 연이은 소모적인 전투에 동원된 독일 병력은 29만 명에 달했다. 특히 1813년 10월 라이프치히 전투는 양국에서 50만 명이 참전하여 20세기 이전에 있었던 가장 큰 규모의 유럽 지상전으로 기록된다. 훗날 국운이 걸린 전투로 윤색된 라이프치히 전투는 독일 국가 건설의 새 이정표가 되었다. 다시 말해 독일 국민이 프랑스의 압제자에 맞서 봉기했고 그 결과 외세 지배의 굴레에서 해방되었다는 식으로 서사가 흘러갔다. 1814년에 전승 기념비를 건립하려는 캠페인이 일어났고, 이러한 흐름에 에른스트 모리츠 아른트Ernst Moritz Arndt 같은 철학자들이 가세했다. 1898년에 초석을 놓기 시작한 이 기념비의 건립 비용은 흥미롭게도 연방 정부 예산이나 황제의 국고가 아니라 시민들의 기부금과 라이프치히 시 정부의 예산에서 지출되었다. 1913년 완공식에는 10만 명이 넘는 인파가 모여 독일 건국 신화와 전설이 얼마나 대중적 인기를 끌었는지를 실감하게 했다. 무려 299피트 높이로 세워진 이 기념비는 지금도 수 마일 떨어진 곳에서 볼 수 있는 도시의 상징 건축물로 자리 잡았다.

비스마르크와 동시대인들은 해방전쟁Befreiungskriege의 영웅적 헌신과 숭고한 정신에 대한 수많은 이야기가 가득한 세상에서 성장했다. 1813년 프로이센 국왕의 호소를 듣고 입대한 자원병들은 국민방위군Landwehr으로 편제되었는데, 전체 육군 29만 명 중에서 무려 12만 565명의 병력을 차지했다. 국민방위군은 프로이센과 그 밖의 국가에서 파병된 자유군단Freikorps과 다양한 의용부대들을 망라했다. 국민방위군이 전설의 주인공이 된 것은 단순히 이들이 주요 전투를 책임지고 프랑스군을 퇴각시켰기 때문만은 아니었다. 더 중요한 것은 이들이 다른 정규군과는 달리 프로이센에 충성을 맹세하지 않았다는 점이다. 이들의 충성은 바로 조국을 향했다. 특히 프로이센 병력의 12.5퍼센트에 달했던 저 유명한 뤼초 의용부대는 독일 애국 운동에 영감을 불어넣었으며, 그 후로 오래도록 정신적 유산으로 남았다. 한 예로 뤼초 부대가 입은 황동색 단추와 빨간색 술이 달린 검은 제복은 훗날 흑·적·금 삼색 독일 군복의 기원이 되었다.

흥미롭게도 1815년 6월 18일 워털루 전투는 영국이나 프랑스의 집단 기억과 달리 독일 국민의 정신에서 큰 위치를 차지하지 않았다. 그렇다. 나폴레옹은 영원한 패배를 남겼고, 프로이센과 오스트리아는 대佛프랑스 동맹에 기여한 공로로 유럽 미래에 관한 협상에서 우위를 점할 수 있었다. 하지만 독일 역사의 분기점은 여전히 라이프치히에서라고 독일 애국자들은 생각했다. 비록 프로이센의 공헌이 크다고 한들 네덜란드에서 벌어진 워털루 전투보다는 독일 영토의 한복판에서 치러진 해방전쟁이 조국에 헌신한 영웅들의 투쟁에 더 어울리는 무대였다. 물론 1815년은 (다른 유럽 국가들과 마찬가지로) 독일 역사의 변곡점을 이루는 해로서, 새로운 세력 균형의 출발이자 독일의 세계사적 위치를 확인하는 계기가 되었다.

1814년~15년의 빈 회의에서 진행된 협상 내용은 프로이센인들로서는 상당히 곤혹스러웠다. 영토 재분배를 요구할 권리가 충분하다고 여긴 프로이센은 작센 왕국을 차지하여 독일 중부까지 지배력을 확장하려 했다. 영국 외무장관인 캐슬레이Castlereagh 자작이 프로이센의 계획에 찬동하고 나섰다. 그는 통합되고 신뢰할 만한 프로이센이 중부 유럽을 맡는다면 훗날 프랑스 침략을 저지하는 방어벽이 될 것이라고 생각했다. 그러나 이러한 시도는 회의 주최국인 오스트리아 외무부 장관 클레멘스 폰 메테르니히Klemens von Metternich의 거센 저항에 부딪혔다. 당시 오스트리아는 경제적으로나 정치적으로나 독일보다 성숙하고 강력한 국가였다. 결국 작센 공국을 분할하여 그 영토의 40퍼센트를 프로이센에 넘겨주기로 하고 협상이 마무리되었다. 여기서 흥미로운 지점은 프로이센이 콕 집어 비텐베르크를 요구했다는 사실인데, 300여 년 전 마르틴 루터가 95개 조의 반박문을 이 도시의 교회 정문에 내걸면서 종교개혁의 시발점이 되었다. 이 독일 역사의 인상적인 한 조각은 당시 독일 통일 운동의 중심으로 떠올랐다. 교황청의 파문 이후 300일 동안 루터는 비텐베르크에 은신하며 성경을 독일어로 번역했으며, 학생들과 지식인들은 그곳에서 연일 정치 집회를 개최했다. 사실 루터가 그토록 높이 추앙받는 데는 비단 독일어 통합에 기여했기 때문만은 아니었다. 애국적 프로테스탄트들이 종교개혁과 그로부터 수 세기가 지난 후, 해방전쟁 사이에 강한 동질감을 느꼈기 때문이었다. 즉 독일은 항상 순수한 국민정신과 자력으로 외세, 곧 로마 교황과 나폴레옹에 항거해 억압의 굴레에서 벗어났다는 인식이 지배적이었다. 이것이 민족 통합의 내러티브가 되었다. 그러한 이유로 프로이센 대표들은 비텐베르크라는 트로피 없이는 빈을 떠날 수 없었다. 가톨릭 국가인 오스트리아로서는 별반 손해될 양보가 아니라서 타협안을 수용했다.

훗날 독일 제국의 탄생에 가장 지대한 영향을 미쳤던 빈 체제의 결과로, 프로이센은 라인강 인근의 광활한 영토를 할양받게 되었다.[9] 이로써 영국은 중부 유럽 지역에 안정적이고 든든한 독일이라는 보루를 세워 프랑스의 공세를 막아내고 더 나아가 합스

---

9) 프로이센은 작센 공국 북부, 스웨덴이 다스리던 서포메른, 라인 지방(하노버·네덜란드 동부·프랑스 서부)과 베스트팔렌 지역을 얻어 왕국 전체의 2/5에 해당하는 영토를 새로 얻게 된다.

부르크 왕가가 벨기에에서 퇴각하면서 생긴 힘의 공백을 메울 수 있었다. 한편 오스트리아는 골치 아픈 벨기에인들을 상대해야 하는 지긋지긋한 상황에서 벗어날 수 있었다. 각국을 두루 만족시킨 협약은 순조롭게 체결되었다. 프로이센의 영향력은—의도된 것이라기보다는 우연에 가까웠지만—이제 독일 북부 전역으로 확대되었다. 유일한 단점이라면, 새로 그어진 국경선이 프로이센의 심장부와 동부의 작은 국가들(하노버, 브라운슈바이크, 헤센-카셀 등)을 지리적으로 갈라놓았다는 것뿐이다. 어쨌거나 권력, 자원 및 인구의 확장은 그 후로 수십 년간 프로이센의 지배력에 무게를 더해주었다.

따라서 1815년은 신생 독일 제국의 역사에서 중요한 전환점이 된다. 나폴레옹의 침공 이전에도 독일 민족주의는 암암리에 문화적 저류로 깔려 있었지만, 점차 외세의 위협이 현실로 드러남에 따라 공동의 목표를 향해 대중을 규합시키는 데 결정적 역할을 했다. 조국에 대한 열정적인 지지는 해방전쟁에서 획기적으로 공헌한 국민방위군과 자유군단 부대에서 뿐만 아니라, '철을 위한 금 모으기' 캠페인과 시민 운동 등에서 전개된 부단한 노력과도 맞물려 있었다. 독일 영토 내의 남녀노소는 자신들의 문화와 언어, 그리고 이제 막 움튼 국가에 위협이 닥쳤을 때, 이를 수호하기 위해 기꺼이 희생을 감내했다. 이러한 집단적 경험은 대단한 심리적 결속력을 발휘했다. 역사학자 닐 맥그리거Neil MacGregor가 독일 문화사에 대한 광범위한 주해에서 밝혔듯이, 나폴레옹 전쟁은 200여

년 전에 겪은 30년 전쟁의 참상에 비견될 만큼 강력한 통합력을 발휘했다. 또한 이 시기에 싹튼 방어적 민족주의 정신은 독일 제국을 탄생시켰을 뿐만 아니라, 훗날에는 멸망의 길로 이끌게 된다.

1815년~1840년: 독일의 두 라이벌

통일 독일을 건설하기 위해 유럽 지도를 다시 그리고 싶었던 독일 민족주의자들의 눈에는 빈 회의의 결과가 초라하게 보였다. 특히 오스트리아가 프로이센이 주도하는 독일 통합을 적극적으로 견제함에 따라 그들의 실망은 더욱 커졌다. 프로이센은 오스트리아의 우세를 인정했기에 양대 세력이 힘을 합쳐 소국들을 통제하는 연합 체제를 목표로 삼았다. 이를 가능하게 하려면, 정치, 경제, 사회 등 제반 정책을 결정하고 집행할 수 있는 의미 있는 수준의 중앙 정부가 필요했다. 이에 반해, 오스트리아는 프로이센 모델이 실현된다면 선도국의 지위를 잃을 것이라고 우려했다. 따라서 외무장관 클레멘스 폰 메테르니히는 오스트리아가 주도하는 느슨한 형태의 독일 국가 연합을 주장했다. 빈 회의의 주요 당사자인 영국은 오스트리아와 의견 일치를 보고 프로이센 모델을 반대했다. 그 결과 결성된 것이 독일 연방Deutscher Bund이다.

통일 독일의 한 형태인 '연방'에 대해 프로이센의 엘리트들과 일반 국민은 크게 실망했다. 더구나 조국을 위해 목숨을 걸고 싸우며 영웅적인 투쟁의 구체적 성과를 기대했던 이들은 더욱 그러했다. 독일 연방의 긍정적인 측면이라면, 통일 독일이 더 이상 신성로마제국 제후국 및 공국이라는 옛 모델로 회귀하지 않았다는 점이다. 과거 나폴레옹은 점령 지역을 확실히 통제하기 위해 독일의 소국들에 회유와 협박, 매수 및 강압을 거듭한 끝에, 1808년 오스트리아와 프로이센 및 속주들을 제외하고 36개 소국들로 이른바 '라인 연맹'을 결성한 바 있었다. 이를 본뜬 독일 연방은 최종적으로 39개 국가를 포함하는 형태로 발전했다. 어떤 면에서는 독일 연방이 신성로마제국의 수백 개의 행정 단위보다 한층 진보한 것처럼 보였지만, 권력 집중화가 거의 이루어지지 않았다는 점에서 취약했다. 유일한 연방 기관인 연방의회Bundesversammlung는 각 주에 대한 입법권을 보유하고 있지 않았으며 사실상 외교사절들의 정례 회의체에 불과했다. 이러한 체제하에서 의미 있는 경제, 정치, 사회적 조율이 불가능했다. 설상가상으로 연방의회 의장직은 순환보직도 선거도 실시하지 않는, 오스트리아가 직접 임명하는 종신직에 불과했다. 최근 역사가들은 연방이 느슨한 유대를 구성한다는 생각에 의문을 제기하면서, 그 근거로 연방법이 주법보다 상위이며 어떤 회원국도 마음대로 탈퇴할 수 없다는 원칙을 내세운다. 이 주장도 부분적으로 옳겠지만, 실제로는 독일 연방이 회원국에 상호 방위 의무를 넘어서는 연방 차원의 결정을 강제하지 않았다는 점에 주목해야 한다. 물론 독일 연방은 신성로마제국보다 통일 국가를 향해 한 단계 더 진일보한 형태이다. 또한 상호 방위라는 측면에서 볼 때, 신성로마제국의 경우 취약한 동맹 탓에 매번 협상 력에 의존해야 했으나 독일 연방은 적은 수의 회원국이라 통솔이 편리했고 전쟁 동원의 의무가 부여되었다. 하지만 궁극적으로 독 일 연방은 방어적인 협정 이상의 것을 기대하기 어려웠다.

독일 문제의 실질적 해결을 바라는 애국적 이상주의자들의 관점에서 볼 때, 이런 방식의 해결은 오스트리아 주도의 연합 체 제에 비해 별로 나을 것이 없었다. 독일 민족 국가를 향한 꿈은 그 어느 때보다도 멀어 보였다. 해방전쟁이 불붙인 민족주의의 흐 름 속에서 애국적 분위기를 띄우는 여러 매체들이 나타났다. 하 나의 예가 독일 대학 동아리에서 민족주의 성향이 높은 학생회인 부르셴샤프트Burschenschaft의 창설이다. 예나 대학교는 예로부터 (그리고 지금까지도) 학생회의 정신적 고향이다. 1815년 예나에서 독일 최초의 학생회인 우르부르셴샤프트Urburschenschaft가 창립되 었고 흑적금의 삼색기를 대표깃발로 채택했다. 이 열렬한 젊은 지 식인들은 빈 회의에서 민족주의의 꿈이 무산된 데 분노하며 집회 와 시위를 펼쳤고, 결국 1848년 혁명의 주도 세력이 되었다. 1817 년 바르트부르크 축제나 1832년 함바흐성Hambach Castle의 행진과 같이 학생회가 주도하는 행사는 통일, 민주주의와 인권, 자유주 의의 확장에 대한 요구가 복합적으로 결합된 관념의 소산이었다. 철학자 피히테와 헤겔(둘 다 예나 대학과 연관이 있었다)과 같은 지성인들이 이에 호응했다. 최근 연구성과에 비추어 볼 때, 두 사람은 '독일 민족주의자'로 규정되기보다는 19세기 후반의 정서적 맥락에서 조망되어야 한다. 1880년대와 90년대의 제국 학자들은 이데올로기 관점에서 건국의 아버지를 찾고 있었기에 이 두 철학자에 대해 지금껏 지속되는 도식화된 평판을 만들어냈다. 어쨌든 피히테와 헤겔이 당대 영향력 있는 사상가로서 19세기 전반의 자유주의-민족주의 운동의 방향을 형성하는 데 상당한 영향을 미쳤다는 사실은 부인할 수 없다. 에른스트 모리츠 아른트 같은 민족주의 작가들도 통일운동의 중심에 서 있었다. 그의 노래 "독일 조국이란 무엇인가?"Was ist des Deutschen Vaterland?는 사실상 국가國歌처럼 애창되었다.

　대중적인 차원에서는 그림 형제가 나폴레옹 전쟁 이후의 문화 통일에 큰 역할을 했다. 1812년과 1815년에 각각 출판된 그림 형제의 『독일 동화집』은 내용 면에서는 새로운 것이 없었다. 크고 못된 늑대, 탑에 갇힌 소녀들, 숲속에 사는 마녀 등의 이야기는 여러 세기에 걸쳐 독일어권 어린이에게 두려움을 선사했는데, 그림 형제는 이러한 구전 설화들을 한데 모아 하나의 문학적 텍스트로 표준화했다. 그림 형제는 의도적으로 모든 독일어 사용자가 공유할 수 있는 문화적 상품을 만들었고, 여기에 그들 특유의 이야기 방식과 도덕관, 어린 시절의 경험을 버무려 여러 세대에 걸쳐 공통적으로 흐르는 문화적 유대를 형성했다. 그중 순종順從은 동화의 단골 주제로, 아이들은 종종 어른의 말을 듣지 않아 끔찍한 운명을 겪게

Restoration: Lord Henfield. 2019.

Ludwig Emil Grimm fec. Cassel.1819.

SECOND PART (TWEEDE DEEL)
Engraving by Ludwig Emil Grimm 1819

그림 형제가 1819년에 출판한 독일 동화집의 개정판 속 표지

된다. 빨간 망토도 그런 사례다. 병든 할머니를 만나러 케이크와 포도주를 들고 어두운 숲속을 지나가야 하는 어린 빨간 망토에게 어머니는 길에서 벗어나지 말라고 엄중히 경고한다. 그림 형제는 샤를 페로Charles Perrault의 프랑스어 판본에 없던 경고를 새로 덧붙였다. 예상대로 빨간 망토는 못된 늑대의 거짓된 매력에 홀려 길을 벗어나고, 그 일탈의 결과로 늑대가 할머니의 집에 먼저 도착하게 된다. 늑대는 노파를 삼킨 후 교활하게 변장하여 손녀인 빨간 모자까지 집어삼킨다. 그렇게 불효와 불순종의 위험성이 독일 어린이들의 마음속에 생생히 새겨졌다. 동화 속에서 숲은 반복적으로 등장하는 배경이 된다. 마을의 안전과 평온과 대조적으로 숲은 항상 위험하고 어두운 장소다. 이런 맥락에서 위험을 무릅쓰는 용감한 사냥꾼이 종종 동화의 주인공으로 등장한다. 그렇게 공통된 표상과 도덕의 한 쌍이 창조된다. 물론 이러한 현상을 사소한 것으로 치부할 수 있겠지만, 아동기의 공통된 문화적 경험은 결코 과소평가할 수 없는 심리적 기제로 작용한다. 그림 형제의 언어적·문화적 영향력은 해방전쟁의 희생을 거치며 형성된 강력한 유대와 더불어 게르만족의 민중 의식이 자라나는 토대가 되었다.

제2차 세계대전 이후 '민족주의'라는 단어는 우파 정치와 매우 밀접히 움직였으나, 19세기 유럽의 민족주의는 자유주의적이고 낭만적인 이상의 색채가 강했다는 점을 기억할 필요가 있다. 그림 형제처럼 많은 이들이 민족 문화와 정체성, 언어의 아름다움을 믿었다. 카스파르 다비트 프리드리히Caspar David Friedrich 같은 낭만주의 예술가들은 엄청난 대중적 인기를 누렸다. 그의 그림은 주로 사색하는 인물이 상징적인 독일 풍경을 내려다보는 장면으로 유명한데, 이를 통해 민중과 대지의 신비적인 관계를 강조했다. 그의 1818년 작품 〈안개낀 바다 위의 방랑자〉가 가장 잘 알려진 예이다. 그후 민족 정체성이 여성화된 게르마니아Germania는 곧잘 강인하고 넓은 어깨에 전투를 준비하는 영웅의 모습으로 묘사되곤 했다. 이와 대조적으로 프랑스의 마리안Marianne은 용맹과 도전보다는 자유와 아름다움이 강조되는 여성적인 형태로 그려지는 경향이 있었다. 낭만주의, 자유주의, 민족주의는 그렇게 상호 밀접하게 연관되었다.

유럽 전역의 보수 엘리트들은 빈 회의 이후 프랑스 혁명의 후폭풍을 잠재우기 위해 여전히 각축을 벌였다. 그런 가운데에 독일 민족주의자들은 중앙집권적 국가를 요구하면서 독단적인 군주 통치의 영향력을 줄이고 제대로 작동하는 의회 구조를 갖추려 했다. 그들은 유럽의 주요 강대국들이 기존 정치질서를 개혁하기는커녕 이를 유지하려고 음모를 꾸미는 데 쓰디쓴 실망을 맛보았다. 아무튼 자유주의의 도도한 물결은 이미 더는 막을 수 없었다. 프리드리히 빌헬름은 1813년 자원병을 소집할 때, 국민에게 얼마간 양보할 필요를 느꼈고, 설사 그런 권리를 되돌리려고 한들 국민의 분노를 부를 뿐이었다. 1830년대에 비록 규모는 작으나 민중 봉기가 점점더 자주 발생했다. 1833년 4월 프랑크푸르트에서 연방의회의 개회를 방해하려는 학생들의 시도가 있었다. 이를 매우 일촉즉발의 상황으로 받아들인 프로이센과 오스트리아 양국은 군대를 파견하여 분규를 평정해야 했다. 독일의 양대 세력은 치열한 경쟁 속에서도 급진적인 정치 개혁을 향한 제반 시도는 원천 봉쇄해야 한다는 데는 한뜻이 되었다. 양국은 뒤질세라 독일에 싹트기 시작한 자유주의적 이상에 대해 보수의 채찍을 휘둘렀고, 정치 활동의 검열과 통제를 한층 강화했다. 그러나 억압적인 당국의 조치는 저변에 흐르는 대중의 분노에 불을 당겨 1848년에 이르러 마침내 비등점을 넘어 끓어 넘치고 만 것이다.

경제적으로 프로이센은 1815년 라인강 일대에 할양된 영토에서 굉장한 이득을 얻었다. 루르 탄광만 해도 세계에서 아주 큰 규모의 탄광의 하나였고, 아헨과 자르 일대에는 훨씬 더 많은 석탄 매장량이 있었다. 또한 코블렌츠 인근에는 대량의 철광석이 채굴되었고 그 외에도 납, 아연, 구리, 슬레이트와 같은 중요한 자원도 풍부하게 공급되었다. 물론 가장 중요한 품목은 단연코 석탄이었다. 당시 중부 유럽은 대부분 농업 지역이거나 초창기 산업 단계에 머물렀기 때문에, 오스트리아는 라인 일대 영토의 할양이 프로이센에 미칠 경제적 영향력에 대해 제대로 예상하지 못했다. 라인란트는 그야말로 "프로이센의 왕관에서 가장 화려한 보석"이었다.

여기서 유일한 문제는, 프로이센이 서부의 새로운 자원을 최적으로 활용하는 데 있어 독일 연방을 이용할 수 없었다는 것이다. 영토의 정중앙이 가로막힌 관계로 교통망 구축부터 통관 등 제반 사항을 개별 국가와 일일이 협상해야만 했다. 어쨌든 라인란트의 자원은 철도 건설의 붐을 일으켰다. 1838년 베를린에서 포츠담에 이르는 첫 철도 노선 개통을 시작으로, 프로이센은 다른 서유럽 국가, 특히 영국의 산업혁명 속도를 따라잡기 위해 분주했다. 당연히 다른 소국들과의 경제 협력은 바람직할 뿐 아니라 필수적이었다. 오스트리아의 도움을 기대하기 어려웠던 프로이센은 1934년 관세동맹Zollverein을 독자적으로 구축했다. 이에 깊은 인상을 받지 못한 메테르니히의 오판 때문에 오스트리아는 가입하지 않았다. 마침내 관세동맹은 독일 산업의 잠재력을 최대한 끌어올리기 위해 인프라, 자원 및 인력을 조정하는 밑그림이 되었다. 1815년 빈 회의에 참여했던 서구 열강들은 미처 예상하지 못했으나, 프로이센은 빈 협약을 계기로 통일 독일을 달성하는 경제적 수단을 확보하게 되었다. 1866년 관세동맹이 결성된 지도는 1871년에 등장한 독일 제국의 지도와 놀라울 정도로 흡사하다. 역사학자 윌리엄 카William Carr가 관세동맹을 가리켜 "독일 통일의 전능한 지렛대"라고 부른 것은 매우 정확한 표현이었다.

아무리 1830년대에 이념적, 문화적, 경제적 통합이 강력했을지라도, 독일인들이 하나로 결집한 배경에는 언어나 금권보다는 외세의 위협이 훨씬 강력히 작용했다. 그리고 외세는 독일이 가장 싫어하는 적국 프랑스의 모습으로 등장했다. 1830년 프랑스 대혁명이 일어나면서, 샤를 10세의 부르봉 왕정이 무너졌고 오를레앙 가문의 루이 필리프가 국왕으로 취임했다. 루이 필리프는 신이 아닌 국민으로부터 권위를 인정받는 국민 주권 개념에 구속되었고, 프랑스 왕정의 완전한 종식을 바라는 공화주의 세력의 도전에 항상 긴장을 늦출 수 없었다. 따라서 루이 필리프의 통치는 대중의 인기와 지지를 얻기 위한 투쟁으로 점철되었다. 1840년 동방 위기로 인해 이집트까지 영향력을 확장하려는 시도가 좌절되자, 프랑스는 국내외로 심각한 정치적 곤경에 처했고 왕정의 힘은 더욱 약해졌다. 프랑스 총리 아돌프 티에르Adolphe Thiers는 외교적 실패에서 국민의 관심을 돌리려고 본국에 가까운 지역에서 분쟁을 일으켰다.[10] 그는 독일과 프랑스 사이의 자연적 경계인 라인강을 복원해 달라고 요구했고, 이러한 제안이 얼마나 진지한지를 과시하려고 50만 명에 가까운 징집병을 소집했다. 이를 달가워하지 않았던 프랑스 국왕 루이 필리프는 그해 10월 티에르를 사임시키고, 외교적인 수완이 뛰어난 프랑수아 기조Francois Guizot를 등용했다. 한편 라인강 건너편의 독일 연방은 외교적 수단을 활용해 평화적인 해결을 위해 최선을 다했다. 하지만 때는 너무 늦었다. 나폴레옹 전쟁의 쓰라린 기억과 해묵은 갈등이 프랑스와 독일 양국에 민족주의 열풍을 일으켰다. 독일에서 애국 가요들이 유행했는데, 가령 니콜라우스 베커Nicholaus Becker의 〈그들에게 라인강의 자유를 넘겨서는 안 된다〉, 막스 슈네켄부르거Max Schneckenburger의 〈라인강의 파수꾼〉, 그리고 호프만 폰 팔러스레벤Hoffmann von Fallersleben의 〈독일인의 노래〉가 대중의 인기를 끌었다. 특히 〈독일인의 노래〉는 오늘날 독

---

10) 아돌프 티에르는 당시 총리겸 외무장관이었으니 동방 위기에 책임이 사실상 두 배라고 봐야 한다. — 글쓴이 주

일의 국가로 사용된다. 독일은 러시아와 프랑스라는 두 강대국 대륙의 틈바구니에서 확실한 안보와 굳건한 국경을 확보하지 못했기 때문에, 독일 국민정신은 외세의 위협에 과민하게 반응하곤 했다. 외세가 독일인의 마음과 영혼 속에 휘저어놓은 강렬한 방어적 민족주의는 여타의 정치적 논쟁, 동화 또는 경제적 이해와는 비교할 수 없는 수준의 것이었다.

1840년~1848년: 독일의 혁명

"독일 역사는 전환점에 도달했지만, 그 전환에는 실패했다." 1848년 혁명에 대한 앨런 존 퍼시벌 테일러의 유명한 평가는 그로부터 75년이 흐른 지금까지도 여전히 유효하다. 프랑스 혁명의 이념을 향한 투쟁이 보수 엘리트들의 격렬한 저항에 부딪히면서, 유럽 전역에 봉기와 소요가 빈번히 일어났다. 그런데 독일에서의 양상은 다소 달랐다. 그 이면에는 민족적 소속감은 커졌으나 향후 건설하고자 하는 연합체의 성격에 대해 의견이 분분한 이들이 있었다. 1848년 혁명은 의미 있는 변화를 즉각적으로 불러일으키지 못했지만, 독일 역사에 좋든 나쁘든 강력하고 오래 지속될 힘을 발휘했다.

1840년 라인 위기의 도래로 민족주의의 부푼 행복감이 가라앉자, 독일 연합을 주도하는 엘리트층에 대한 국민의 지지도 빠르게 잦아들었다. 사회 및 정치 개혁이 실종된 데 대한 해묵은 불만이 다시 고개를 들었다. 30여 년의 정치 경력을 앙시앵 레짐에 헌신했던 늙은 메테르니히 공에게 더 이상 기대할 게 없다는 결론이 내려졌다. 국민은 대신 자유주의와 개혁주의에 대한 희망을 프로이센에서 찾으려 했다. 프리드리히 빌헬름 3세야말로 1815년 빈 회의에서 헌법의 제정을 약속하지 않았던가? 1830년대의 시위대는 그가 이 약속을 지킬 것을 끈질기게 요구했다. 1840년 열병으로 사망한 황제가 사랑하는 아내 루이제 옆에 안치되고 나서야, 국민들은 늙은 왕을 기꺼이 용서하고 대신 그의 아들 프리드리히 빌헬름 4세에게 개혁을 기대했다. 그러나 그들은 곧 실망했을 것이다. 잘 알려진 바와 같이 프리드리히 빌헬름 4세는 "나와 백성 사이에 종이 한 장도 끼어들지 않게 하겠다"라고 선언했으니 말이다. 왕과 국민의 계약은 신성한 왕권에 대한 자신의 신념을 배반하는 것이며, 왕 자신의 권위는 국민이 아니라 신으로부터 주어졌다고 그는 믿었다.

상황이 달랐다면 독일 국민은 그의 오만한 견해를 너그럽게 봐줬을지도 모르지만, 프리드리히 빌헬름 4세는 몇 세대의 프로이센 국왕 중에서도 카리스마가 가장 부족했다. 어린 시절부터 그는 뚱뚱한 체형, 짧은 목과 구부정한 자세로 인해 친구와 가족으로부터 '가자미'라는 별명으로 불렸다. 그런데 이 별명이 단순히 신체적 특징에 그치지 않는다는 점이 금세 분명해졌다. 그의 미흡한 정치적 통찰력과 서투른 어휘 사용은 그의 외모 그대로였다. 1840년대 국왕은 남자답지 못하며 허둥대는 바보라는 평판이 적과 동지를 가릴 것 없이 정치계에 널리 퍼졌다. 검열을 약간 완화하고 일부 정치범을 석방함으로써 개혁가들과 화해하려는 그의 시도는 어설픈 눈속임으로 받아들여졌다. 훗날 독일 최초의 황제가 된 동생 빌헬름이 국왕 근위대를 책임지고 자신의 명성을 쌓으려고 나선 것도 분명 그에게 도움 되지 않았다. 봉기와 시위가 일어날 때마다 불안에 떠는 프리드리히 빌헬름을 진정시키고자 동생 빌헬름은 유혈 진압을 마다하지 않았다. 동생 빌헬름은 "군인만이 민주주의자를 도울 수 있다"라는 유명한 말을 남겼다. 가자미와 독재자의 조합은 온건파와 급진파에 두루 인기가 없었고 1840년대 혁명의 불길을 부채질하는 데 일조했다.

정치적 억압의 분위기는 개혁가들이 거의 견딜 수 없을 수준에 달했다. 1819년 독일 연방 회원국마다 도입된 '카를스바트 강령'은 개혁가의 투옥과 처형을 합법화했다. 이 강령은 성장하는 자유주의와 민족주의 운동을 정면으로 겨냥하여 애국 단체, 좌파 좌익 신문을 검열하고 학교와 대학에서 자유주의 사상에 대해 가르치는 것을 금지했다. 이러한 흐름에 따라 카를 마르크스 같은 이들이 망명길에 올랐고, 그와 뜻을 같이했던 많은 사상가와 철학자들은 파리와 런던 등지에 자리를 잡고 자유롭게 사상을 발표하며 활동했다.

19세기 전반, 특히 1840년대에 독일과 유럽을 괴롭혔던 심각한 사회 문제가 없었다면, 혁명은 지적 환상에 머물렀을지도 모른다. 산업화는 전례 없는 속도와 파급력을 가진 사회경제적 변화를 불러왔다. 농업 경제에서 산업 경제로 전환되면서 사람들이 도시로 몰려들었고, 인구 과밀은 곧 열악한 생활 환경, 감염병의 확산, 전통적인 가족 단위의 구빈 체계의 붕괴 등으로 이어졌다. 인구가 전례 없이 증가하면서 반숙련 노동자도 상당한 규모로 늘어났다. 도시에 모여든 노동자들은 시골에 거주할 때보다 훨씬 정치 조직화하기 쉬웠다. 오스트리아의 자유주의 정치가 빅토르 폰 안드리안-베르부르크Victor von Andrian-Werburg는 1841년 저서 『오스트리아와 그 미래』에서 당시 상황을 이렇게 요약했다. "지금보다 더 엄청난 물질적 불행이 있었던가? 지금보다 더 깊고 끔찍한 상처로 인류가 피를 흘렸던 적이 있었는가? 풍요롭고 끊임없이 성장하는 문명 속에서 수천 명의 사람들이 고아가 되고 잊히고 이름 모를 불행에 노출되었다."

숙련된 노동자와 장인들조차 자동화와 경쟁하기 위해 고통에 시달리며 고군분투했다. 30년 전 영국의 러다이트 운동에 버금가는 격렬함으로, 1844년 슐레지엔 직공 수천 명이 생계와 주체성을 지키기 위해 필사적으로 기계를 부수었다. 이에 대응하여 프로이센 당국이 군대를 투입했는데, 그 결과는 제대로 통솔되지 않은 군대가 대중에게 발포하는 참극으로 이어졌다. 국왕은 공식적으로 직공들의 곤경에 공감한다고 성명을 발표했지만, 이는 냉정하고 오만한 처사로 비쳤다. 이 사건은 카를 마르크스, 하인리히 하이네와 그 밖의 비평가들에 의해 곧 대중의 이목을 끌었다. 군중의 분노가 끓어올랐다. 1844년에서 1847년 사이에 밀과 호밀의 추수량이 급감하고 감자 마름병이 유행하면서, 저임금, 대량 실업과 식량 가격 상승이 이미 불붙은 불행의 짚과 섶에 기름을 붓는 격이 되었다. 익명의 팸플릿은 〈독일의 기아와 독일 귀족사회〉라는 기사 제목 아래 대중의 분노를 다음과 같이 표현했다. "사막의 맹수처럼 눈이 퀭하고 뼈만 남은 자가 독일 땅을 배회하며 먹잇감인 기아를 공격하고 있다. 뚱뚱한 고양이를 쫓는 걸까? 아니, 그는 다른 포식자와는 다르다. 이 포식자는 특별한 식성을 가지고 있다. 그는 오로지 굶주린 먹이만을 쫓는다.[11]" 이제 사회비판 작품에 대한 부분적인 검열만으로는 사회적 불의를 통한 분노를 잠재울 수 없었다. 1848년 3월 유럽 전역에서 혁명이 일어났다.

프로이센 군인들을 상대로 한 시민들의 바리케이드. 1848년 3월 베를린 알렉산더 광장

11) 1847년 무기명의 팸플릿에서 발췌 ─ 글쓴이 주

1848년 3월 13일, 베를린 중심부에 있는 왕궁 앞에서 비교적 평화로운 시위대가 행진 중이었다. 슈프레 강의 섬에 있는 바로크 양식의 웅장한 건물은 그전부터 도시 경관을 압도해 왔지만, 1845년부터 거대한 돔 공사가 시작되면서 건물 높이가 2배 더 높아진 197피트에 달했다. 국왕이 직접 설계한 쿠폴라 돔은 한층 강화된 왕권을 상징하는 건축물로, 시위대로서는 더할 나위 없는 완벽한 무대였다. 이 집회는 주로 굶주림과 비참함에서 시작되었지만, 급진적 개혁주의자, 민족주의자, 자유주의자 선동가들이 정치적으로 대중을 동원했다. 프리드리히 빌헬름 4세와 그의 동생은 공포에 떨었다. 국왕은 평소처럼 허둥대고 우유부단한 반응을 보였지만, 빌헬름 왕세제는 기병대를 투입하여 군중에게 발포하기로 결단했다. 여러 명의 민간인이 사망했다. 그러자 분노가 치밀어오른 대중은 좀처럼 물러서지 않았다. 그들은 후퇴하는 대신 거리에 바리케이드를 구축하고 베를린 중심부까지 진격했고, 마침내 3월 18일 사태는 최악으로 치달았다. 민간인 300명과 군인 100명이 목숨을 잃었고 700여 명이 중상을 입었다. 사태 악화를 두려워한 국왕이 항복하면서 기괴한 광경이 벌어졌다. 다음 날 시위에서 숨진 이들의 장례 행렬이 왕궁을 지나갈 때, 프리드리히 빌헬름은 왕궁 발코니에 나와 모자를 기울이며 애도를 표했다. 이틀 후, 그는 베를린 거리를 행진하는 시위대 행렬에 합류하기도 했다. 말을 타고 군중을 격동시키는 독일의 삼색기를 두른 그는 마치 국민의 분노에 공감하는 듯했다. 그러나 다음날 동생 빌헬름에게 보낸 편지에서 국왕은 이러한 선의의 표시에 정부 당국과 자신의 생명이 달려 있다는 현실에 냉소를 드러냈다. "어제 나는 모든 것을 구하기 위해 기꺼이 삼색 옷을 입어야 했다. […] 이 속임수가 제대로 먹힌다면, 나는 당장이라도 이 옷을 벗을 것이네!"

베를린에서 일어난 극적인 사건의 여파로, 분위기가 고조되었다. 국왕도 이 운동에 동참했으니, 이제 개혁이 이루어질 것이 확실했다. 프랑크푸르트의 독일연방 의회와 프로이센 의회는 최초의 선거를 실시하여 자유주의자들의 수중에 들어간 의회를 되찾았다. 그들은 즉시 통일 독일을 위한 계획에 착수했다. 전 국민의 수장으로 황제를 옹립하는 내용의 헌법 초안이 작성되었다. 혁명의 상징인 삼색기가 국기가 되고 '독일의 노래'가 정식 국가로 채택되었다. 특히 호프만 폰 팔러슬레벤의 노래가 상당한 영향을 미쳤다. 아이러니하게도 이 노래는 요제프 하이든이 오스트리아 제국의 황제 프란츠 2세에게 바친 찬가에서 선율을 차용했으나, 가사는 독일인들에게 조국을 "세상 모든 것보다 더 소중하게" 여길 것을 촉구하는 내용이었다. 오랫동안 독일 통합을 가로막았던 민족 분파주의를 버려야 한다는 의미였다. 거의 100년이 흐른 후 나치가 이 구절을 공격적으로 재인용했던 기억 때문에, 역대 독일 정부는 이 구절을 가사에서 삭제했다. 오늘날 '독일의 노래'의 세 번째 구절은 1848년 혁명의 자유주의 가치를 노래하는 "통합, 정의, 그리고 자유"라는 가사로 바뀌었다.

2월 런던에서 공산당 선언을 발표한 카를 마르크스조차 귀국을 결정할 정도로 한때 낙관적인 분위기가 지배적이었다. 하지만 곧 모든 것은 물거품이 되고 말았다. 당시 혁명의 반동이 진행 중이었기 때문이다. 1848년 가을, 국왕은 프로이센 의회를 베를린에서 몰아낸 뒤 완전히 해산시켰다. 그 사이 프랑크푸르트 연방의회는 극렬한 내분에 휩싸였고, 마지막 단결을 향한 희망은 오롯이 프로이센 국왕의 지도력에 달려 있었다. 연합 의회는 프리드리히 빌헬름에게 독일 황위, 다시 말해 하나의 황제 아래 통일된 독일이라는 꿈을 이룰 기회를 제안했다. 그런데 프리드리히 빌헬름은 "혁명의 씨앗"에서 싹튼 왕위는 받아들일 수 없다며 이를 거부했다. 1849년과 1850년에 국가 헌법과 주 헌법의 초안이 작성되었다가 수시로 수정되거나 폐지되었다. 프랑크푸르트 연방의회는 내분으로 무력화되었고, 그동안 자신감을 회복한 합스부르크 가문과 호엔촐레른 가문은 구체제를 복원하기 위해 반동에 착수했다. 모든 것이 과거와 다를 바 없었다.

정말로 과거와 다른 바가 없을까? 프로이센 군대에 의해 독일 전역에서 마지막 남은 혁명의 불씨마저 꺼져갔지만, 민족 정체성에 대한 의식이 크게 성장한 상황에서 오스트리아와 프로이센의 전통주의자들일지라도 엎지른 그릇의 물을 다시 담을 수는 없었다. 프로이센에서는 이미 오래전부터 이런 현상이 뚜렷했고, 심지어 가톨릭 세력이 큰 남부 지역에서도 1848년 혁명을 계기로 민족주의가 빠르게 성장하고 있었다. 나폴레옹이 베를린에 입성하고 프로이센을 정복했을 때, 남부의 바이에른과 바덴 그리고 뷔르템베르크가 프랑스와 군사 동맹을 맺었던 사건은 그곳 주민들에게도 매우 고통스러운 기억이었다. 바이에른의 루트비히 왕은 프랑스의 술책대로 독일 국민을 분열시키고 국가를 무력하게 만든 데 대해 막중한 책임을 느꼈다. 그래서 그는 단결을 선언하는 뜻에서 '발할라'Walhalla 기념관을 건립했다. 1842년에 세워진 이 기념관은 뛰어난 업적을 남긴 위인을 기리는 명예의 전당으로, 누구나 지역, 성별, 계급, 종교를 초월하여 이곳에 안치될 수 있었다. 다만 유일한 심사기준은 후보자가 "독일어 사용자"여야 했다. 이렇듯 프로이센의 지배에 가장 회의적이었던 바이에른에서조차 통일 독일에 대한 낭만적인 열망이 싹텄다.

한편 1848년은 당대 독일을 분열시키고 통일 이후 오랫동안 제국의 미래를 혼란에 빠뜨린 문제들을 이미 내포하고 또 심화시켰던 해였다. 마르크스의 공산당 선언은 얇고 잘 구겨지는 회색 팸플릿으로 값싸게 제작되었다. 겉보기에는 허술해 보이는 이 소책자 안에 담긴 사상은 훗날 독일과 유럽, 전 세계를 뒤흔들게 된다. 사회주의와 공산주의 사상은 노동 계급 운동의 강력한 동력을 부여하며, 겁에 질린 엘리트와 중산층을 과잉 반응하게 만든 이데올로기였다. 특히 계급의식의 맹아가 기존의 지역적, 문화적, 종교적 균열과 맞물려 분열과 반목을 일으켰다. 비스마르크와 빌헬름은 독일과 유럽을 괴롭히는 공산주의의 유령을 두려워했기에, 19세기 전반까지 유효했던 방어적 민족주의를 끌어와 공산주의를 통제하려고 부단히 애썼다.

궁극적으로 1848년 혁명은 독일의 꿈을 공고히 하는 데 이바지했다. 1848년 혁명은 국기와 국가를 제공했을 뿐 아니라, 이미 독일 전역에서 성장하고 있는 민족주의 운동에 소박하나 진정한 희망을 주었다. 게다가 연방 의회는 제국의 왕관을 오스트리아가 아니라 프로이센에 넘겨줌으로써 사실상 민족 국가의 경계를 결정하게 된 셈이었다. 대독일과 소독일(오스트리아가 있는 독일과 없는 독일)을 둘러싼 오랜 논쟁이 해결된 것이었다. 독일 국민의 머릿속에 이제 확고한 국가 개념이 자리 잡았다. 1848년에 독일의 역사 흐름이 바뀐 것은 아니나, 자유주의, 공산주의, 민족주의의 세력은 확실히 각자의 페달을 밟기 시작했다. 빈과 베를린의 양대 세력이 현존하는 세계 질서에 안주할 수 있는 시간도 고작 20여 년 남았다.

1850년~1862년 : 자유분방한 융커의 부상

1815년 운명의 해에 태어난 오토 폰 비스마르크의 삶은 역사적 사건과 놀랍도록 깊숙이 얽혀 있었다. 부친 카를은 프로이센 귀족 지주 계급인 융커Junker로서, 수 세기 동안 쇤하우젠 영지를 소유한 유서 깊은 가문 출신이었다. 그의 모친 루이제 빌헬미네는 내각 차관의 딸이었다. 비스마르크는 부모로부터 극보수주의의 본능과 정치적 교활함이 혼재된 특이한 기질을 물려받았다. 적당한 성공을 거두었으나 유명세는 높지 않던 부부의 둘째 아들로 태어난 오토는 자신의 그릇이나 미래에 확신이 없는 상태로 어린 시절 대부분을 무료하게 지냈다. 특히 1830년대와 1840년대 초 그는 방황 속에서 청년기를 보냈다. 대학 시절에 그는 과음과 수많은 불륜, 도박 빚으로 얼룩진 환락 생활을 즐겼다고 알려져 있다. 대학 입학 후 첫 3학기까지 칼싸움을 28차례나 벌였다고 그가 후일 떠벌린 적도 있었다.[12] 그 후 그는 법조계, 공직, 군대 등 다양한 입직 경로를 거친 끝에, 1839년 마침내 부친의 영지로 귀향했으나 포메른 시골의 농사일에는 만족하지 못했다. 1839년부터 1847년까지 지루함과 좌절, 외로움을 해소하기 위해 그는 음주, 사냥, 여색 등 방탕한 생활에 빠져 살았고, 그 덕분에 '자유분방한 융커'로 주변에 알려졌다. 1845년 대학 친구에게 보낸 편지에서 비스마르크는 이렇게 불평을 털어놓았다. "이곳에서 내 친구라곤 개와 말, 시골뜨기 융커들뿐이야. 그런데 글줄 꽤 읽고 [⋯] 옷이라도 사람 꼴을 갖춰 입은 덕분에 그나마 융커들의 존경을 받고 있다네. [⋯] 매일 지독한 시가를 피우고 술을 진탕 마시면서 제대로 된 파티를 즐기고 있지." 1847년, 평생의 동반자이자 가정의 버팀목이 되어주었던 상냥한 요한나 폰 푸트카머Johanna von Puttkammer와 결혼하면서 그의 개인적 삶은 마침내 안정을 찾았다. 그리고 때맞춰 일어난 1848년 혁명의 정치적 열기 속으로 그 역시 뛰어들게 되었다.

1847년 프리드리히 빌헬름으로부터 부름을 받아 프로이센 의회의 의원으로 당선되었을 때만 해도, 비스마르크는 그저 질병으로 공석이 된 의석수를 채워달라는 부탁을 받고 정계에 진출했던 것이었다. 그는 음모와 책략, 말싸움 등 정치계가 주는 색다른 경험에 완전히 몰입했다. 친구에게 보낸 편지를 보면, 정치판에서 "거의 밤

---

12) 비스마르크는 1832년 괴팅엔 대학교에서 법학과 국가학 전공으로 세 학기를 방탕하게 보낸 후, 베를린대학교로 학적을 옮겨 베를린의 귀족 사교계의 활동을 이어간다. 1835년 5월 판사시보시험에 합격한 후 첫해가 지나자 행정직으로 이직하여 아헨과 포츠담에서 공무원으로 일한 뒤 근위대 보병으로 입대하게 되었다.

을 먹지 못하고 잠도 잘 수 없을 정도로 흥분된 상태"에 빠졌다고 그는 고백하고 있다. 타협하지 않는 극우 보수주의 입장을 유지하면서도 언어 감각이 탁월한 연설을 구사했기 때문에, 비스마르크는 이른 시일 내에 재능 있고 무자비한 정치인으로서 명성을 쌓았다. 그의 판단력은 매우 빠르고 정확했다. 1848년 3월 베를린에서 벌어진 바리케이드 봉기 때, 프리드리히 빌헬름이 위험에 처했다고 생각한 그는 영지 농민들을 산탄총으로 무장시키고 국왕을 도우려 했다. 그런데 국왕이 태도를 바꿔 시위대 편에 서자, 비스마르크는 재빨리 국왕에게 등을 돌렸을 뿐 아니라 왕세제비 아우구스타 Augusta에게 접근해 빌헬름 왕세제를 즉위시키기 위한 쿠데타를 제안했다. 아우구스타는 이 때문에 결코 비스마르크를 용서하지 않았다. 그녀는 훗날 프로이센의 왕비이자 독일의 황후가 된 후에도 평생 그를 불충실하고 계략을 꾸미는 정치인으로 경멸했다.

1848년 혁명의 여파가 채 가라앉지 않은 상황에서, 비스마르크는 왕권 회복을 위해 분주히 움직였다. 특히 《크로이츠차이퉁》의 전신인 보수 신문의 창간을 돕고 유력인사들과 유대를 쌓아 언제든 세력 동원이 가능한 설득력 강한 인물로 평가받았다. 1849년 프로이센 의회 진출에 또다시 성공한 그는 프로이센 국왕이 독일 황제 즉위를 망설였을 때에도 전력을 다해 보필했다. 프리드리히 빌헬름은 막후에서 벌인 비스마르크의 노력에 감사했고, 이에 관한 호의의 표시로 1851년 프랑크푸르트에서 열린 연방의회에서 프로이센 특사라는 막강한 직책을 하사했다. 그는 사실상 프로이센을 대변하는 자리에 오른 셈이었다.

비스마르크는 프로이센의 맞수인 오스트리아를 고립시키는 데 그 지위를 십분 활용했다. 오스트리아의 프리드리히 폰 툰Friedrich von Thun 백작과 자주 충돌했던 이유도 따지고 보면, 툰이 다른 소국들을 다루는 과정에서 프로이센을 한 체급 낮은 상대로 취급했기 때문이었다. 오스트리아가 프로이센이 주도하는 관세동맹의 시장 개방을 요구하면서 양국의 대치는 최악으로 치달았다. 툰은 관세동맹의 개방이 경제적 지배권을 남부로 이동시킬 것임을 인정했지만, 이는 자연의 순리라고 뻔뻔히 대응했다. 비스마르크는 툰을 향해 이렇게 쐐기를 박았다. 바야흐로 프로이센의 시대가 도래했으며, "항해에 뛰어난 날렵한 독일 프리깃 함선[13]이 오스트리아의 구식 전함으로 인해 속도를 늦출 생각은 추호도 없다." 게다가 비스마르크는 프랑크푸르트 의사당에서 담배를 피울 수 있는 사람은 연방의회 의장인 프리드리히 폰 툰이 유일하다는 관습에 이의를 제기할 목적으로 공개적인 모욕을 시도했다. 어느 날 사소한 의전 문제를 두고 툰과 격렬하게 토론하던 끝에, 비스마르크는 별안간 주머니에서 시가를 꺼냈다. 그리고 회의장을 가로질러 가서 연방의회 의장 툰에게 다가가 담뱃불을 달라고 도발했다. 이 외교적 모욕은 지켜보는 이들에게 분노와 유쾌함을 동시에 선사했는데, 아마도 호전적인 융커가 느낀 기쁨은 더욱 컸으리라. 일부 언론은

---

13) 프리깃함은 17~18세기에는 속도와 기동성을 중시하는 호위·정찰 목적의 함선이었으며, 1858년경부터는 포열갑판으로 무장한 강력한 철갑함으로 진화되었다.

이 제스처의 도전 정신을 본받아 비흡연파 의원들조차 의사당에서 담배를 꺼내 물었다고 연일 보도했다. 비스마르크의 공격적인 스타일에 대한 또 다른 일화는 프로이센 의회에서 그와 오랜 정적 게오르크 폰 핀케Georg von Vincke 사이의 논쟁이 점입가경으로 치달았을 때의 일이었다. 1852년 3월 23일, 핀케는 연방의회 의사당에서 "[비스마르크의] 외교적 업적에 대해 내가 아는 것이라곤, 그 유명한 불붙은 담배뿐이다"라고 조롱했다. 방청석에 있던 사람들의 야유가 마침내 잦아들고 기대에 찬 적막이 감돌았을 때, 비스마르크는 자리에 앉은 채로 핀케의 부모가 예의범절도 가르치지 않은 것 같다고 차갑게 반박했다. 이성을 잃은 핀케는 생사를 건 결투를 제안했다. 두 사람은 가까운 가족에게 결투를 알리지 않았지만, 만약의 불상사에 대비해 유언장까지 썼다. 핀케는 아내에게 보내는 눈물의 편지에서 자신이 묻히고 싶은 장소까지 적고 친구에게 자신의 편지를 최대한 "부드럽게" 전해달라고 부탁했다. 비스마르크는 아내 요한나가 임신 중이었으므로 처남 아르님 크뢰흘렌도르프Arnim-Kröchlendorff에게 최악의 비극이 닥칠 경우 아내와 아기를 돌봐달라고 부탁했다. 3월 25일 아침, 베를린 외곽 테겔의 풀밭에서 두 결투인과 의사, 그리고 몇몇 증인들이 모였다. 양측의 신뢰를 받고 있던 루트비히 폰 보델슈빙Ludwig von Bodelschwingh이 심판을 맡기로 했다. 그는 긴장한 목소리로 이 사건을 평화적으로 해결할 의향이 없는지 재차 물었다. 핀케는 타협할 생각이 있었지만, 비스마르크는 극적 상황에 완전히 도취해 있었다. 비스마르크

가 유일하게 양보한 것은 사격 횟수를 4발에서 1발로 줄이는 것뿐
이었다. 두 사람은 합의한 대로 15걸음을 천천히 걸어간 후 몸을
돌려 총을 쐈다. 둘 다 상대를 명중하지 못했다. 보델슈빙은 안도
의 울음을 터뜨리며 양측에게 악수를 나누고 묵은 감정을 씻어내
라고 부탁했다. 부상자는 없었지만, 이 결투 사건으로 인해 비스마
르크의 악명은 더욱 높아졌다.

1853년 크림 전쟁이 발발하면서 가뜩이나 취약했던 유럽협조
체제는[14) 완전히 공중분해되었다. 오스만 제국이 무너지고 동유럽
과 중동의 광활한 영토가 무주공산이 되었다. 이 권력의 공백을
노리고 가장 먼저 러시아가 진출했으며, 곧이어 프랑스와 영국, 그
리고 오스만 제국의 잔여 세력이 뛰어들어 치열한 각축전을 벌였
다. 이제 프로이센이 결단을 내릴 차례였다. 이른바 1850년 올뮈츠
협약에서 프로이센은 오스트리아에 주도권을 양보하는 굴욕적인
조항들에 동의하고 모든 현안에서 소독일주의Kleindeutschland를 표
방하려는 야심을 접어야 했다. 그 대신 범독일정책의 수단으로 독
일연방을 받아들여야 했다. 연방은 무엇보다도 방어적인 협정인
데다가 오스트리아가 영구적으로 주도권을 쥐고 있었다. 오스트리
아는 서유럽의 동맹국을 지원하고 러시아를 압박한다는 명분을
들어 38개 회원국들에게 총 15만 명의 병력 동원을 요구했다. 프
로이센과 대부분의 독일 소국은 아무런 이득 없는 전쟁에 참여한

---

14) 1814년~1815년의 빈 회의 이후 성립된 유럽의 반동적인 안보협력체제를 뜻한다. 메테르니
히 체제, 5두 체제, 유럽협조체제 모두 같은 의미이다.

다고 한들 당장 가시적인 이익을 얻을 수 없다고 판단했다. 그렇게 오스트리아와 프로이센의 권력 투쟁이 표면화되었고, 프로이센의 연방 특사 비스마르크가 세계사의 중심 무대에 올랐다. 그는 오스트리아의 병력 동원 요구를 완곡히 거절함으로써 다른 소국들도 똑같이 대응할 수 있다는 자신감을 심어주었다. 그가 프로이센의 영도 아래 독일 통일을 이루기 위해 오스트리아와 독일 제후국 연합과의 충돌을 고의로 선동한 것이 아니라는 점은 반드시 짚고 넘어가야 한다. 비스마르크의 주장은, 프로이센 특사는 연방에서 오로지 프로이센의 이익만을 대변해야 한다는 원칙에 충실한 것이었다. 그는 국가를 전혀 이익이 되지 않을 분쟁에 끌어들일 생각이 없었고, 대부분의 군소 국가도 같은 뜻에서 그의 뒤를 따랐다. 오스트리아는 홀로 고립되었고, 두 강국 사이에 갈등의 골은 점점 더 깊어졌다.

1857년 프리드리히 빌헬름 4세가 뇌졸중으로 쓰러졌고, 그의 동생 빌헬름 왕세제가 섭정을 맡게 되었다. 빌헬름은 강인한 성품 못지않게 정치적 자질이 충만한 재목으로 인정을 받고 있었다. 1848년 이후 시대의 조류에 따라 자유주의가 부상했다. 자유주의는 더 이상 대학생과 급진적 지식인들의 극단적 환상으로 치부되지 않았고 엘리트들의 사교계에서도 주목받는 정치 이념이 되었다. 전통적인 귀족 가문 출신이자 세련된 자유주의자인 막스 폰 포르켄벡Max von Forckenbeck은 1861년 좌파 자유주의 진보당의 창당 발기인이기도 했다. 그런 그가 프로이센 엘리트들 사이에서 존

경을 한 몸에 받았으며, 후일 베를린 시장으로 취임하여 1870년
대 독일 수도의 부흥을 지휘하기도 했다. 프로이센 의회는 1848년
상류층에게 유리한 3계층 투표제[15]를 도입했음에도 불구하고, 당
시 선거에서 자유주의자에게 과반수를 내주어야 했다. 빌헬름은
1848년의 유령이 여전히 강력하다는 사실을 인정하고, 프로이센과
왕실의 수호를 위해 시대 변화에 맞게 자유주의자들과 협력했다.
그의 또 다른 두통거리는 자유주의를 지지해 온 아들 프리드리히
가 훗날 있을지 모를 반란의 수장이 될 수 있다는 염려였다. 1848
년 혁명이 베를린을 강타했을 때, 16세밖에 안 된 청년 프리드리히
는 혁명에 대해 깊은 호감을 느꼈다. 1858년 프리드리히가 빅토리
아 여왕의 장녀인 빅토리아 공주와 결혼했을 때, 이 결합을 누구보
다 기뻐했던 빅토리아 공주의 부친 알버트 공 또한 1848년 자유주
의 이상에 열띤 환호를 보냈던 인물이었다. 이 젊은 왕실 부부는
때가 되면 프로이센을 민주화하고 자유주의 기치 아래 독일을 통
일하고 싶어 했다. 이러한 흐름에 떠밀려 현실적인 선택을 할 수밖
에 없다고 생각한 빌헬름 왕세제는 자유주의 운동에 기꺼이 협력
하겠다는 의지를 거듭 표명했다. 1861년 1월 2일 형의 사망으로 그
가 프로이센의 국왕으로 즉위했을 때, 세상 사람들은 이른바 호엔

---

15) 3계층 투표제는 25세 이상의 남성 유권자를 각자가 납부하는 직접세의 규모에 따라 3계급
으로 구분한 것이 특징이다. 한 선거구의 직접세 중 1/3을 납부하는 첫 번째 계급의 유권자
는 선거구 의회의 1/3을 선출하는 선거인단을 선택할 권리를 얻었다. 두 번째 계급은 선거
구에서 직접세의 그다음 1/3을 납부하는 사람들로 구성되며, 마지막 계급은 세수의 나머지
1/3을 납부하는 유권자들과 직접세를 전혀 납부하지 않는 유권자들로 구성되었다. 이 제도
는 필연적으로 부유층이 의석수를 과다 대표하므로 농촌의 지주 계층과 보수파에 극단적
으로 유리했다.

출레른 정치의 '새 시대'가 열릴 것으로 기대했다.

항상 실용주의자였던 비스마르크는 자신의 정치적 야망을 실현하고 또 프로이센의 총리가 되려면 당연히 통일 노선을 따라야 한다고 생각했다. 그는 국왕에게 보낸 '작은 책자'에 가까운 다소 긴 비망록에서 프로이센의 권력을 독일 연방으로 확장해야 한다고 주장했다. 하지만 이는 헛된 노력이었다. 빌헬름은 수구 보수주의자로 명성 높은 비스마르크에게 정치적으로 의존하는 모습을 대외에 보여주고 싶지 않았다. 동시에 자유주의자들한테 그들의 대의 달성에 자신이 얼마나 중요한 존재인지를 보여주고 싶었다. 그런 연유로 국왕은 1859년과 1862년 사이에 비스마르크를 프로이센 특사 자격으로 상트페테르부르크로 보냈다가 그 후 파리로 추방했다. 두 자리 모두 러시아와 프랑스의 국력을 고려할 때 요직이지만 다행히 빌헬름이 자유주의자들과 필사적으로 실강이하던 베를린과는 멀리 떨어져 있었다.

무엇보다도 당대의 화두는 프로이센 군대 문제였다. 빌헬름과 그의 측근들은 프로이센 군대의 규모와 구성에 대해 우려하고 있었다. 프로이센의 인구는 1815년 이후 1,100만 명에서 1,800만 명으로 증가했지만, 지상군 규모는 15만 명에 머물러 있었다. 반면 프랑스는 독일의 2배, 러시아는 7배나 더 큰 규모의 군대를 보유하고 있었다. 이런 상황에서 프로이센이 유럽에서 외교적 영향력을 키우기는 쉽지 않았다. 게다가 해방전쟁에서 결정적인 역할을 했던 국민방위군 의용부대가 아직도 프로이센 군대의 상당 부분을 차지했다. 그 당시 청년들은 1813년 조국 수호에 나선 애국자들의 발자취를 따르려는 이상주의적인 신념에서 군대에 자원했고, 너무나 당연하게도 대다수는 프로이센과 국왕이 아니라 그들이 세운 독일에 충성하는 자유주의 민족주의자였다. 따라서 충성심을 담보할 수 없는 편대의 비중이 높은 군부에 대해 빌헬름과 그의 참모들이 느꼈을 불안도 이해될 법하다. 만약 또다시 1848년과 같은 전쟁이 일어난다면, 청년들이 프로이센 왕관을 독일 황제에게 안겨주고자 집결하겠는가? 구질서를 지키기 위해 자신들이 소속된 단체와 사회의 동료들에게 총격을 가할 수 있겠는가? 빌헬름은 자기 군대에 대한 확신을 원했다. 그리하여 1859년에 임명된 전쟁부 장관 알브레히트 폰 론Albrecht von Roon 백작을 내세워 개혁을 추진하고자 했다. 군대 규모를 점진적으로 늘리고, 군 복무 기간을 3년으로 연장하며, 무엇보다 국민방위군을 폐지해서 상당한 규모의 충성스러운 군대를 국내외 정책을 위한 강력한 도구로 활용하려 했다.

자유주의자들이 많은 프로이센 의회는 론의 계획에 분노했다. 지루한 논쟁이 오고 간 끝에 의원들을 괴롭히거나 회유하는 방식으로는 개혁 관철이 어렵다는 것이 분명해졌다. 1848년 유혈 사태를 겪었기에, 의회는 군대의 구조조정으로 억압 수단이 하나 더 늘어날 것이라고 우려했다. 빌헬름은 '새로운 시대'가 시작되었다는 인상을 주었지만 그뿐이었다. 1848년 3월 형이 삼색기를 두르고 수도 전역을 행진하면서도 반동을 계획했듯이 말이다. 차츰 자신감을 얻은 자유주의자들은 1862년 론 장관이 제출한 국방 예산안을 부결시켰다. 신경쇠약에 시달린 빌헬름은 자유주의자인 아들 프리드리히에게 모든 권한을 넘기는 양위를 고려했다. 이제 론 장관이 당황할 차례였다. 1862년 9월 18일 론 장관은 파리의 비스마르크에게 황급히 전보를 보냈다. 그 전보에 적힌 문구는 실로 유명했다. "더 지체하면 위험하네. 서두르게!" Periculum in mora. Dépêchez-vous!

그 후의 사건 전개는 빌헬름 황제와 비스마르크의 미래 관계의 축약판이나 다를 바 없었다. 비스마르크는 전보를 받는 즉시 베를린으로 돌아왔다. 부분적으로는 의무 때문이었지만 내심으로는 자신의 시간이 왔음을 직감해서였다. 국왕과 긴 면담 끝에 비스마르크는 빌헬름의 불안과 자존심, 감정을 영리하게 조정했다. 그의 타고난 언어 능력은 프랑크푸르트, 상트페테르부르크, 파리 등지에서 외교관으로 활동하며 한층 연마되었다. 이것이야말로 비스마르크의 참된 재능이었다. 그는 눈물을 흘리며 국왕에게 이것은 원칙의 문제라고 호소했다. 프로이센 왕관을 아들에게 넘긴다면, 왕은 자유주의, 의회주의, 민족주의에 항복하는 것이며, 결과적으로 신성한 왕권과 프로이센 자체를 배신하는 것이라고 강조했다. 프리드리히 왕자와 국내외 측근들은 독일 제국의 왕권을 강화하기 위해 언제라도 프로이센 왕관을 부숴뜨릴지도 모른다. 그렇게 사태를 좌시할 수는 없었다. 이제 빌헬름이 눈물 흘릴 차례였다. 빌헬름은 프로이센을 구해줄 수 있는지 물었고, 비스마르크는 변함없는 충성의 맹세로 화답했다. 1862년 9월 23일, 오토 폰 비스마르크는 프로이센의 총리로 취임했다. 빌헬름은 전적으로 그에게 의존했다.

1862년~1867년: 피와 철

루트비히 폰 로하우Ludwig von Rochau가 "현실정치"realpolitik라는 신조어를 만들었을 때, 그는 독일 제후국들에게 자유주의 민족주의 운동의 실행 가능한 전략을 제공할 생각이었다. 그는 1833년 프랑크푸르트 경비대 습격 사건에 참여했던 전력이 있었다. 그 소요의 목적은 경찰을 무력화하고 독일연방의 금고를 장악하여 혁명의 불꽃을 쏘아올리려는 계획이었으나, 50명 남짓한 학생들로 꾸려진 선봉대는 경찰과 군대에 의해 순식간에 진압당했다. 로하우는 프랑스로 도망쳐 10년 동안 망명 생활을 했다. 그는 이때의 경험과 1848년 혁명의 실패에서 얻은 교훈을 담아 1853년 『현실 정치의 원리』를 펴냈다. 여기서 그는 이상주의적 사고나 폭력적 행동으로는 점진적인 변화를 이룰 수 없다고 주장했다. 오로지 실용주의만이 앞으로 나아갈 길이었다. 수단의 도덕적인 옳고 그름을 떠나서 가능한 한 목표 달성을 위해 필요한 조치를 해야 한다는 주장이었다. 독일의 자유주의와 민족주의에 대해서도, 아무리 달갑지 않더라도 엘리트들과 함께해야 한다고 그는 충고했다. 높은 도덕적 원칙과 혁명은 결코 현실 변화로 이어질 수 없으며, 실용적인 접근만이 진보를 이룰 수 있다. 어찌 보면 사활을 걸고 자유주의에 맞서 싸웠던 극우 보수주의자 비스마르크가 현실 정치가의 전형으로 역사에 기록된 것은 참으로 아이러니하다.

프로이센 총리로 임명된 직후, 비스마르크는 며칠 전 빌헬름을 절망의 벼랑 끝으로 몰고 갔던 의회와의 갈등을 해결하기 위해 즉각 반격에 나섰다. 1862년 9월 30일, 그의 유명한 '피와 철의 연설'은 바로 이러한 맥락에서 발표된 것이다. 그는 의회의 승인 없이도 평시 병력을 15만 명에서 22만 명으로 늘리는 등 계획된 군사 개혁을 그대로 강행하겠다고 발표하면서 다음과 같이 연설했다.

> 독일이 찾고 있는 것은 프로이센의 자유주의가 아니라 그 힘입니다. 바이에른, 뷔르템베르크, 바덴 등은 자유주의를 누릴지언정, 누구도 그 국가에 프로이센과 같은 역할을 맡기지 않을 것입니다. [⋯] 오늘 이 시대의 중요한 문제는 연설과 다수결에 의해 결정되는 것—이는 1848년과 1849년의 뼈 아픈 실책이었습니다—이 아니라, 철과 피에 의해 결정됩니다.

비스마르크는 불가피한 경우라면 헌법 규정 위반이 옳을 때가 있다고 주장함으로써 본질적으로 헌법 가치의 훼손을 정당화했다.

또한 그는 자유주의를 공상적인 지적 방종이며, 의회를 바로잡으려면 생각과 말이 아니라 행동이 필요하다고 보았다. 이 유명한 연설에 대해 자유주의 언론은 격렬한 논조로 연일 비판 기사를 쏟아냈지만, 자신만만한 총리는 흐트러짐이 없었다. 비스마르크는 자기 뜻대로 현안을 관철할 생각이었고 실제로도 1866년까지 의회의 예산 승인 없이 통치했다. 결국 의회가 굴복하고 군비 지출을 소급하여 합법화하는 면책 법안을 통과시켰다. 비스마르크가 자유주의자들에게 유일하게 양보한 것이라곤, 다시는 그러지 않겠다는 공허한 약속, 앞으로는 프로이센 헌법과 의회의 예산 승인권을 존중하겠다는 다짐뿐이었다. 정치인 대부분과 황제조차도 헌법을 모든 사람이 준수해야 하는 기본법으로 존중했으나, 이 규범이 비스마르크의 손에 쥐어지자 교묘한 협상 카드로 변질되었다.

비스마르크가 정치적 도덕성이 빈약했다는 또 다른 일면은 바로 자기 자신에게 유리할 때는 정적과도 친구가 될 수 있었다는 점이다. 1848년 자유주의자와 사회주의자가 각기 다른 목적하에 연대했다는 데 착안한 비스마르크는 두 운동을 분열하려 했다. 그는 초창기 사회민주주의 운동의 핵심 인물인 페르디난트 라살레Ferdinand Lassalle를 여러 차례 비공식적으로 만나 담화를 나눴다. 사회주의자이자 민주주의자인 라살레와는 견해와 목표가 사뭇 달랐지만, 비스마르크는 온갖 매력을 발휘하여 라살레를 회담에 계속 나오게 했다. 두 사람 모두 자신이 속한 정파에서 계급의 적과 친분을 쌓았다는 사실을 인정할 수 없었기에 회동을 비밀에 부쳤지만, 소문이 빠르게 퍼졌다. 자유주의자들은 진보적 변화를 향한 싸움에서 잠재적 동맹을 잃을까 봐 두려워했다. 속이 뻔히 보이는 이 코메디는 포르켄벡이 이끄는 진보당 자유주의자들과 비스마르크의 오랜 정적 빈케가 주도하는 국민자유당 양측에 패배주의와 고립감을 심어주었다. 결국 그들은 비스마르크의 정치적 거래를 받아들여야 했다. 이것이 바로 현실 정치가 작동하는 방식이었다.

비스마르크는 외교 정책에서도 비도덕적인 전술을 펼쳤다. 총리인 그는 1862년 10월부터 외무부 장관을 겸직했으며, 그전에도 1859년과 1862년 기간 동안 프로이센 특사로 러시아와 프랑스에 주재하면서 외교가로서 강한 인상을 심어준 바 있었다. 파리에서 지낼 때 1852년부터 프랑스 황제였던 나폴레옹 3세와 돈독하게 지냈고, 1862년 런던에서는 야당 당수였던 벤자민 디즈레일리Benjamin Disraeli와 오스트리아와 프로이센 사이의 임박한 독일 패권 전쟁에 대해 거침 없는 대화를 나누기도 했다. 디즈레일리는 나중에 오스트리아 특사에게 이렇게 경고했다고 한다. "저 사람을 조심하세요. 그가 하는 말은 모두 진심이랍니다." 무엇보다 비스마르크는 러시아가 프로이센을 진지하게 받아들이고 우호 관계를 유지하도록 설득할 필요성을 느꼈다. 이것이 비스마르크가 크림 전쟁에서 오스트리아 편에 서는 것에 그토록 반대했던 이유였다. 러시아를 소외시키는 것은 중부 유럽에서 프로이센 세력의 확장에 전혀 도움 되지 않았기 때문이었다. 무엇보다 유럽 강대국들을 향해 강해지는 독일은 그들의 적이 아니라 동맹이라는 메시지를 줄 필요가 있었다. 비스마르크는 1863년 폴란드에서 일어난 이른바 1월 봉기를 러시아 군대가 잔인하게 진압했을 때도 지체하지 않고 암묵적인 지지를 보냈다. 양국은 1863년 2월 알벤스레벤 조약에서 폴란드 민족주의를 진압하기 위해 상호 협력하기로 합의했다. 비록 봉기가 러시아 국경 인근에서 일어났고 전적으로 러시아 군대에 의해 처리되었지만, 비스마르크도 당시 전투에서 수천 명을 살해했을 뿐만 아니라 128명의 정치범을 사형시키고 1만 명의 남녀노소를 시베리아로 추방하는 것을 묵인했다. 또다시 분노한 의회는 국왕에게 호소했다. 몇 달 후 비스마르크가 의회에 기꺼이 승기를 넘겨주고 러시아와의 협정을 백지화했지만, 그때는 이미 봉기는 진압이 끝났고 러시아는 이에 감사하여 프로이센과 우호적인 관계를 유지하고 있었다. 영국 역시 유럽협조체제가 순항하는 한, 프로이센의 이익 확장을 반대할 이유가 없다는 신호를 보냈다. 따라서 그해 말 오스트리아가 자국에 유리하게 독일 연방을 개혁하려고 했을 때,[16] 비스마르크는 이를 쉽게 저지할 수 있었다. 연방 내 다른 37개 국가들은 바야흐로 새로운 군대를 정비하고 유럽 열강의 굳건한 지지를 받으며 독일의 강국으로 부상하는 프로이센에 순응하는 것이 훨씬 합리적이라고 생각했을 것이다.

독일과 유럽의 지지를 등에 업은 이상, 이제 영토적 관점에서

---

16) 오스트리아의 왕 프란츠 요제프가 오스트리아의 휴양도시 가슈타인에서 요양하던 프로이센 왕을 불시에 방문해 제후회의 참석을 압박했다. 오스트리아가 기습 상정하기로 한 연방 개혁안은 5명의 위원으로 구성된 연방감독기구를 설립하여 최고행정권을 부여하는 내용이다. 이 경우 의결권 5표 가운데 프로이센은 1표만 행사하게 된다. 비스마르크의 강력한 만류로 결국 프로이센 왕이 제후회의에 불참하면서 이 개혁안은 무산된다.

프로이센의 세력을 확장할 시기가 도래했다. 1863년 11월 18일 덴마크 국왕 크리스티안 9세가 슐레스비히 영토를 덴마크에 병합한다는 문서에 서명했던 사건은 비스마르크에게 절호의 기회나 다를 바 없었다. 독일의 최북단에 있는 두 공국 슐레스비히와 홀슈타인은 치열하고 해묵은 분쟁 거리였다. 독일어를 사용하는 주민이 대다수였던 홀슈타인은 1815년 빈 협약에서 독일연방에 편입되었다. 그와 반대로 덴마크계 소수 민족이 상당수 거주하고 있던 슐레스비히는 연방 외부에 남아 덴마크 왕실의 개인 영지로 통치받았다. 1815년 빈 회의에서 강대국들이 이 타협안을 만장일치로 동의했던 상황에서 이를 뒤엎는 1863년 크리스티안 9세의 조치는 화근을 불러일으켰다. 비스마르크의 초기 대응은 홀슈타인 파병을 위해 프랑크푸르트에 있는 연방의회에 연방 방어권의 발동을 요청한 것이었다. 이에 동의한 연방은 홀슈타인과 지리적으로 가장 가까운 작센과 하노버로 하여금 연방군을 파견하여 홀슈타인을 보호하도록 조치함으로써 덴마크에 분명한 경고의 신호를 보냈다. 한편 프로이센과 오스트리아는 덴마크 왕이 슐레스비히에 대한 영유권을 포기하도록 압박하기 위해 슐레스비히를 포위하기로 공모했다. 양국은 독일 연방에 공식 승인을 요청했다. 그러나 홀슈타인과 달리 슐레스비히는 독일 연방에 속해 있지 않았다. 어떤 이유에서든 점령은 침략 행위에 가까웠고 유럽 열강이 어떤 반응을 보일지는 아무도 알 수 없었다. 놀랍게도 독일 연방은 두 국왕에게 당당히 맞서 승인을 거부했다. 더군다나 바이에른과 작센은 자국을 통해 오스트리아가 군사 물자와 병력을 수송할 권리를 거부하기까지 했다. 홀슈타인에 주둔한 연방군을 슐레스비히로 파견했다가는 자칫 오히려 프로이센과 오스트리아 군대와 맞서 싸우게 될지 모른다는 소문까지 돌았다. 비스마르크는 이에 겁먹지 않았다. 그는 배짱을 부렸고, 끝내 1864년 2월 1일 프로이센과 오스트리아 군대는 홀슈타인에서 아이더 강을 건너 슐레스비히로 진군했다.

대중은 오스트리아와 프로이센이 나란히 진격하는 모습에 환호했고, 양국을 아우르는 대독일 해법에 대한 새로운 희망이 되살아났다. 1813~15년 해방전쟁의 동지애를 낭만적으로 되살리려는 듯, 양국 군대는 동맹국을 상징하는 흰색 완장을 차고 행군했다. 덴마크에 대한 승리를 순식간에 거머쥐었고, 빌헬름 캄프하우젠Wilhelm Camphausen과 같은 종군 화가들은 이 전쟁을 작품으로 미화했다(1866년에 발표된 '1864년 프로이센의 알스 섬 공격'은 겁먹은 덴마크 병사들을 압도하는 프로이센의 영웅적인 군대를 묘사하고 있다). 1864년 10월 30일 빈에서 체결된 평화협정에 따라, 덴마크는 슐레스비히와 홀슈타인에 대한 모든 영유권을 포기했다. 1865년 두 독일 강대국 간의 가슈타이너 조약으로 두 지역은 임시로 공동 관할하에 있다가, 슐레스비히는 프로이센에, 홀슈타인은 오스트리아에 각각 할양되었다. 수십 년 동안의 독일 이원화의 독소를 평화적으로 해결할 수 있다는 희망에도 불구하고, 범凡독일협력 체제는 그리 오래 가지 못했다. 1년 후 독일 전쟁이 발발했고, 프로이센과 오스트리아는 독일의 패권을 놓고 승부를 겨루게 된다.

1866년 봄, 두 강국은 제각각 유럽 열강과 비밀 동맹 및 안보 조약을 맺어 상대를 견제하려고 했다. 오스트리아로서는 불행한 일이지만, 비스마르크는 이미 영국, 프랑스, 러시아, 이탈리아에 강력한 우군을 확보한 상황이라서 승리를 자신하고 있었다. 이를 시험할 기회는 곧 찾아왔다. 오스트리아가 프랑크푸르트 연방의회에서 슐레스비히-홀슈타인 문제 해결을 재검토하자고 제안하자, 비스마르크는 즉시 반칙이라고 외치며 1866년 6월 7일 오스트리아가 점령한 홀슈타인으로 군대를 파병했다. 오스트리아는 연방의 영향력을 활용하여 바이에른, 뷔르템베르크, 하노버, 작센, 바덴, 헤세, 나사우, 작센-마이닝엔, 리히텐슈타인, 로이스, 프랑크푸르트 등과 같은 국가에 지원을 요청했다. 북부 및 중부의 소국들은 대부분 프로이센의 편에 섰다. 결정적으로 비스마르크는 1866년 4월 이탈리아의 지원을 확보했다.

독일 전쟁German War의 승패는 불과 몇 주 만에 1866년 7월 3일 쾨니히그라츠 전투에서 결정되었다. 그 결과 체결된 프라하 조약은 오스트리아 영토 자체는 거의 그대로 보존했지만(다만 베네토 지역은 이탈리아의 프로이센 지원에 보답하기 위해 이탈리아령으로 편입되었다), 프로이센의 미래와 통일 독일 국가의 형성에 광범위한 파장을 일으켰다. 프로이센은 하노버, 헤세, 나사우, 프랑크푸르트의 대규모 중부 주를 무자비하게 합병한 결과, 마침내 동부와 서부 영토 사이의 거리를 좁히고 동쪽 메멜 강에서 서쪽 라인강에 이르기까지 광활한 유럽 대륙을 지배하게 되었다. 또한 프로이센은 독일 연방의 무효를 선언하여 독일 영토에 대한 오스트리아의 패권을 완전히 종식했다.

1866년 군사 동맹으로 결성된 북독일연방Norddeutscher Bund은 프로이센이 새로 합병한 국가들을 기반으로 자신의 세력을 확장하는 수단으로 사용되었다. 22개 회원국은 모두 마인강 북쪽에 해당했다. 비스마르크는 오스트리아를 더욱 고립되도록 남부 국가들한테 남독일 연방을 설립할 것을 제안했다. 바이에른에 종속될 것을 우려한 뷔르템베르크와 바덴은 이 제안을 받아들이지 않았다. 한편 1867년 2월 북독일연방은 선거를 실시했고, 그 결과 의회는 모든 회원국을 위한 헌법 초안을 작성하여 4월에 230대 53의 표 차로 비준했다. 당연히 오토 폰 비스마르크는 7월 16일에 북독일연방의 총리로 취임했다. 이 헌법 초안은 비스마르크가 남부 국가들이 어떻게 반응하고 프랑스가 북독일연방 설립에 반대할지를 관망하기 위해 임시방편으로 마련한 것이었다. 그렇지만 헌법의 최종 결과는 국민 국가의 위상을 확실히 드러냈다. 프로이센의 검은색과 흰색에 역사적인 북독일 한자 동맹의 빨간색과 흰색을 결합한 검은색, 흰색, 빨간색 삼색이 새로운 국기로 공인되었다. 관세동맹은 비교적 통일된 경제 체제로 재편되었고, 남부 국가들과는 안보 동맹을 체결했다. 비스마르크는 나폴레옹 3세에게 마인강 이북 지역의 느슨한 연방 협정을 재건하는 것뿐이라고 단언했다. 하지만 그의 호언장담에도 불구하고, 경제-군사적으로 연결된 이 견고한 정치적 연합은 독일 전쟁 때 불거졌던 소독일주의 해법을 고스란히 담고 있었다. 이제 프랑스의 반대와 독일 남부 국가의 거부감을 일거에 씻어내기 위해서는 비스마르크의 무자비한 계획이 하나 더 필요했다.

1868년~1871년: 제국의 탄생

1868년 말까지도 비스마르크는 독일 통일이 가까운 장래에 실현될 수 있을지 확신하지 못했다. 1866년 오스트리아-프로이센간 '형제의 전쟁'의 결과가 드러나자 프랑스의 불안감은 더욱 높아졌고, 남부 독일 국가들은 여전히 북독일연방과 경제 및 군사 협정을 뛰어넘는 협력 관계를 맺기를 꺼려 했다. 뷔르템베르크의 주코 총사령관과의 대화에서 비스마르크는 "독일이 19세기에 국가적 목표를 성취한다면, 그야말로 대단한 일"이라고 인정했다. 그래서 그는 1866년부터 1869년까지 주로 북독일연방을 통합하고 중부 유럽에 새로운 권력 체제를 안착시키는 데 주력했다. 1867년 비스마르크는 남부 독일 국가들과 비밀리에 맺은 안보 협정을 발표했다. 만약 오스트리아와 프랑스가 1866년 프로이센 합병에 공격적으로 대응한다면, 전체 독일군이 함께 맞서리라는 경고였다.

내부적으로 비스마르크와 북독일 의회는 경제-정치 강국 건설에 매진하며, 때가 되면 바덴, 뷔르템베르크, 바이에른 등이 거부하기 힘든 매력적인 대안이 되기를 바랐다. 사실상 비스마르크의 작품이나 마찬가지였던 헌법은 1848년의 정신을 구현하여 남성의 보편적 참정권과 회원국 간 이동의 자유를 보장했다. 또한 자유 무역을 규제하고 형법을 도입했으며 도량형을 표준화했다. 예전에는 지역적 차이로 인해 종종 예상치 않은 불협화음이 발생했다. 예를 들어, 브라운슈바이크에서 관심 있는 상품을 사려던 바이에른의 옷감 상인은 계산 착오로 손해를 보거나 황당한 실수를 겪기 일쑤였다. 가령 1엘레의 천을 샀다면 브라운슈바이크에서는 고작 57센티미터의 옷감을 받는데, 바이에른에서는 83센티미터의 옷감을 의미했기 때문이다. 통일된 법률과 방대한 천연자원에 힘입어 북독일연방은 현대 유럽 강국으로 도약할 준비를 마쳤다. 이러한 국면에서 비스마르크가 독일 통일을 서두를 이유는 없었다. 비스마르크는 남부 국가들의 의지에 반해 연합을 강요할 수 없다는 현실을 뼈저리게 깨달았으며, 범독일 협력을 위해서는 결국 방어적 민족주의 정서에 기대는 것이 유일한 수단이었기 때문이다. 전쟁의 불길 속에서 독일의 왕관을 담금질하려면 외부의 적이 필요했고, 사실 그 적은 멀리서 찾을 필요도 없었다.

비스마르크에게 필요한 것은 프로이센을 피해 당사자로 보이게 할 또 다른 분쟁이었다. 1869년에 예상치 못한 곳에서 완벽한 기회가 찾아왔다. 스페인의 이사벨라 2세 여왕이 지난해 폐위되었지만 마땅한 후계자를 물색할 수 없었다. 호엔촐레른 가문의 레오폴트 왕자가 포르투갈의 인판타 안토니아Infanta Antonia와 결혼하면서 여왕의 후계자로 고려되었다. 말할 필요도 없이 프로이센이 지배하는 영토에 이미 둘러싸여 있던 프랑스인들로서는 호엔촐레른 가문이 스페인 왕위에 오른다는 것은 질색할 일이었다. 비스마르크는 당연히 프랑스가 이를 받아들이지 않으리라 생각했다. 1870년 여름 스페인의 주인 없는 왕좌가 호엔촐레른 제후에게 공식적으로 제안되었을 때, 비스마르크는 기회를 잡기로 했다. 빌헬름 1세와 레오폴트의 부친 카를 안톤 폰 호엔촐레른Karl Anton von Ho-henzollern조차도 왕위 제안을 수락하는 데 신중한 태도를 보였기 때문에 우유부단한 레오폴트를 안심시킬 만한 인물이 없었다. 나폴레옹 3세는 프로이센의 세력 확장과 호엔촐레른 가문의 스페인 왕가 입성을 좌시하지 않겠으며, 이러한 시도 자체를 유럽의 세력 균형을 깨뜨리고 프랑스의 위엄을 모욕하는 도발로 받아들이겠다고 공개 석상과 사석에서 누차 경고한 바 있었다. 다른 말로, 호엔촐레른 가문이 스페인 왕좌를 차지하면 곧 전쟁이 일어날 수 있었다. 그런데 그 전쟁이야말로 비스마르크가 원했던 바였다. 만약 프랑스가 프로이센을 도발한다면, 북독일연방과 남부 국가들 사이에 체결된 안보조약이 발효될 것이고, 그렇게 되면 독일은 프로이센이 지배하는 북독일연방으로 자연히 흡수될 것이라는 계산이었다. 결국 불쌍한 레오폴트는 나폴레옹과 비스마르크의 정치 체스 게임에서 한낱 졸에 불과했다.

마드리드에서 몇 차례의 외교적 접촉을 하고 난 후, 6월 19일

레오폴트가 후보직을 공식 수락했다. 비스마르크는 이 일과 아무 관련이 없다는 것을 보여주려는 요량으로 한적한 시골 바르진으로 휴가를 떠났다(바르진에는 대오스트리아 전쟁을 획책하고 승리한 공헌으로 국왕에게 하사받은 40만 탈러로 사들인 개인 영지가 있었다). 이 교활한 융커가 별장의 안락의자에 앉아 자신의 계획이 실현되기를 기다리는 장면은 너무 지나친 상상일까? 그런데 그의 전쟁 게임의 결과는 매우 심각하고 파장이 컸다. 7월 2일에 호엔촐레른의 제후가 후보로 언론에 유출되었을 때, 프랑스 대중은 이 소식을 청천벽력으로 받아들였다. 순식간에 불붙은 대중의 반대와 상처받은 자존심 때문에 물러서기 힘들었던 프랑스 정부는 비스마르크의 덫에 걸려들었다. 그들은 이 사건을 프랑스 권위에 대한 모독으로 규정했고 레오폴드의 부친이 밝힌 후보 철회 의사도 순순히 받아들이지 않았다. 비스마르크는 뛸 듯이 기뻐했다. 이제 완벽히 설치된 부싯깃 상자에 불을 댕길 아주 작은 불꽃만 있으면 되는 상황이었다.

비스마르크는 가장 악명 높은 계략 중 하나인 이른바 '엠스 전보'Ems telegram를 통해 그 불씨를 댕겼다. 프랑스는 빌헬름 1세에게 레오폴드의 후보 지명을 철회할뿐 아니라 더 나아가 스페인 왕좌에 대한 호엔촐레른의 모든 권리를 포기하고 프랑스의 자존심을 해칠 의도가 없었다는 성명을 발표하라고 요구했다. 사실 유럽 외교의 통례에 비추어 볼 때도 매우 지나친 요구였다. 이 문제에 거의 무관심했던 빌헬름조차도 프랑스 왕좌 앞에서 공개적인 망신을 감내할 수 없었다. 그는 정중하게 프랑스의 요청을 거절하고 비스마르크에게 프로이센이 비굴해 보이지 않으면서도 프랑스를 달래라고 지시하는 전보를 보냈다. 비스마르크는 이런 일을 제대로 다룰 줄 알았다. 누구보다 확실히 해냈다. 이 모든 상황이 그가 전쟁을 유발하기 위해 설계한 덫이었고, 이제 그 덫을 작동할 순간이었다. 그는 전보의 문구를 가공해서 마치 베네데티Benedetti 프랑스 대사가 바트 엠스Bad Ems로 프로이센 국왕을 찾아가 지나친 요구를 전달했고, 국왕은 이를 경솔하게 무시했던 것처럼 꾸몄다. 프랑스인들의 기분이 충분히 상했다고 판단한 비스마르크는 최후의 결정적 모욕을 가했다. 자극적으로 꾸민 전보의 문구를 언론에 흘려 냉철한 정부 관료들이 상황 수습에 나서지 못하게 막은 것이다. 나폴레옹 3세와 그의 내각은 비스마르크의 계략에 완벽하게 휘말렸고 궁지에 몰렸다. 분노한 프랑스 국민이 모종의 행동을 촉구하자, 나폴레옹 3세는 1870년 7월 19일 전쟁을 선포할 수밖에 없었다.

대중이 보기에는 프로이센은 분명히 피해 당사자였다. 죄 없는 북독일연방 총리가 시골 영지에서 휴가를 보내고 왕이 바트 엠스에서 휴식을 취하는 동안, 프랑스가 도를 넘는 폭언으로 치닫는 모습을 전 유럽이 지켜보았다. 프랑스는 유럽 열강으로부터 어떤 도움도 받지 못했고 독일 남부 국가에서는 프로이센에 대한 동정심이 쏟아져 나왔다. 방어적 민족주의의 뜨거운 열기가 또다시 불타올랐고 마인강 남쪽 국가들과의 안보 협정이 발효되었다. 수적으로 열세이고 준비도 부족한 프랑스 군대로서는 전체 독일군을 상대하기에 역부족이었다. 1870년 9월 2일 스당Sedan에서 벌어진 결정적인 전투에서 나폴레옹 3세가 포로로 잡혔다. 용감한 프랑스 저항 세력이 조금 더 버티려 했지만, 1870년 12월부터 시작된 파리 포격 공습이 최후의 일격이 되었다.

1870년 9월부터 스당 전투와 연이은 군사적 승리로 인해 독일 전역에 민족주의 정서의 물결이 휩쓸었다. 비스마르크는 이러한 일시적인 분위기에 편승해 독일연방 국가에 대한 협상을 시작하기 위해 각국의 지도자들을 한자리에 모았다. 11월에 남부 독일 국가들은 북독일연방에 합류했고, 새로운 연방의 명칭을 독일 제국 Deutsches Reich으로 명명하는 데 합의했다.

빌헬름은 여전히 주저했다. 바이에른 왕 루트비히가 자신의 왕좌를 포기하기 두려웠던 것처럼 그 역시 사랑하는 왕좌를 내놓기를 꺼렸다. 다시 한번 비스마르크가 개입했다. 루트비히가 침묵할 수 있도록 몰래 뇌물을 주고, 빌헬름에게 독일 왕관을 제안하는 편지를 작성하여 루트비히가 보낸 것처럼 꾸몄다. 그런데도 빌헬름은 이를 마다하자, 공식적으로 독일 왕위를 수락하게 하려는 추가 설득이 동원되어야 했다. 특히 그는 비스마르크가 계획했던 '독일의 황제'라는 칭호 대신에 '황제 빌헬름'이라는 칭호를 고집했는데, 이는 빌헬름이 프로이센을 독일에 병합하는 것을 얼마나 불안해했는지 여실히 드러내 주는 대목이다.

새로운 국민 국가는 1871년 1월 1일부터 정식으로 출범할 예정이었지만, 공식 선포를 위해서는 좀 더 상징적인 날짜가 필요했다.

가장 적합한 기념일은 1월 18일이었다. 1701년 바로 그날, 브란덴부르크의 선제후 프리드리히 3세가 프로이센의 프리드리히 1세로 즉위하며 분열된 영토를 하나의 강력한 국가로 통합했다. 신중하게 고안된 국가적 서사극은 숙적 프랑스에 대한 훈훈한 승리의 여운 속에서 설득력을 발휘했다. 프랑스의 베르사유 궁전에서 독일 제국이 선포되자, 독일 전역에서 환호성이 터져 나왔다.

제2장

비스마르크의 제국

1871~1888

"법률은 소시지와 같아서,

그것이 만들어지는 과정을 보지 않는 것이 최선이다."

— 오토 폰 비스마르크

새로운 제국: 선포문과 헌법

안톤 폰 베르너Anton von Werner의 그림에서 풍기는 인상과 달리, 1871년 1월 18일 독일 제국 선포식은 짧고 간결하게 진행되었다. 거울의 방은 멋진 장소였다. 베르사유궁에서 가장 큰 홀의 하나로 길이는 73미터이지만 너비는 10.5미터로 다소 좁았다. 북독일연방과 남독일 국가에서 온 병사들은 창가 쪽에 빽빽이 앉았고, 장교들은 반대편 거울 앞에 서서 빌헬름과 독일 제후들이 입장할 수 있도록 비좁은 통로를 냈다. 화가 베르너는 독일 황제와 그의 수행들이 홀 중앙에 세워진 작은 제단으로 향하는 모습을 관찰하여 정확히 묘사했다. 짧은 예배가 치러졌다. 그런 다음 황제 일행은 홀 끝에 설치된 단상으로 걸어갔다. 빌헬름 황제가 중앙에 자리를 잡고 다른 제후들이 양옆에 도열했다. 비스마르크는 차분하고 단조로운 목소리로 독일 제국 선포문을 낭독했다. 마지막에 바덴 대공이 "빌헬름 황제 폐하, 만세!"라고 외쳤다(베르너의 그림에서 빌헬름 바로 뒤에서 오른쪽 손을 치켜들고 있는 인물이 바로 바덴 대공이다. 그가 화가를 호엔촐레른 가문에 처음 소개했기 때문에 모든 판본에서 핵심 역할로 등장한다. 물론 베르너는 황태자 프리드리히와도 친분이 있었다). 이에 호응하여 장교들과 병사들이 '만세'를 재창했다. 예식 후반부에 황제가 열린 창문 앞에 모습을 드러내자, 베르사유궁 앞뜰에 모인 군인들이 함성을 지르며 환호했다.

무대의 전체 구도는 새로 건국된 독일 제국의 특징을 여실히 드러낸다. 먼저 새로운 국가의 공식 선포식을 외국 땅에서 개최하는 것만으로도 특이한 결정이었다. 하지만 독일 영토의 어떤 국가에서 개최하더라도 다른 국가보다 우세한 듯 보일 가능성이 있었다. 비스마르크는 자칫 통합의 순간을 뒤흔들 수도 있는 잠재적 위험을 간파했다. 마인강 남쪽의 4개 국가를 북독일연방에 묶어둔 요인이라곤 실상 "나폴레옹을 연상케 하는" 외세에 대한 공포뿐이었다. 프랑스를 신속하게 굴복시키고 승리를 거뒀다는 국가적 영광과 환희는 계속되어야 했다. 그래서 통일 국가의 의전도 왜 독일 제후들이 빌헬름에게 황제의 왕관을 바치는지를 각인시킬 수 있도록 치러야 했다. 독일 영토의 정복자였던 루이 14세를 찬양하는 거울의 방의 웅장한 천장은 바로 이러한 무대 배경, 즉 독일과 프랑스의 국운이 뒤바뀐 현실을 되새겨주었다. 더 나아가 이 선포식은 전적으로 군사적인 행사로 계획되었다. 비스마르크, 황제와 제후들은 모두 군복을 입고 등장했으며, 궁을 에워싸고 국민국가의 수립을 축하하는 이들은 군인들과 장교들이었다. 민간인은 아예 눈에 뜨이지도 않았다. 이는 자유주의자들이 꿈꿔왔던 민주적 통일과 거리가 멀었다. 베르사유에는 1848년을 떠올리게 하는 것이 아무것도 없었다. 삼색기가 없었고, 독일 국가('독일의 노래')도 울리지 않았다. 오로지 의장대와 의전 행렬이 굴욕을 당하는 적의 심장부로 행진했다. 비스마르크가 옳았다. 독일 제국은 연설과 다수결로 세워진 것이 아니었다. 바로 피와 철에서 탄생했다.

안톤 폰 베르너의 <베르사유 궁에서의 독일 제국 선포식>의 3번째 판본. 1885년 비스마르크의 70세 생일을 맞이하여 제작됨.

독일 제국은 처음부터 유럽에서 막강한 힘을 발휘했다. 4,100만 명의 인구를 보유한 독일 제국은 하룻밤에 서유럽 최대 국가로 부상했다. 프랑스(3,600만 명), 영국(아일랜드를 포함하여 3,150만 명), 오스트리아(3,600만 명)는 조용히 힘의 미묘한 균형이 무너지는 과정을 걱정하며 지켜보았다. 지리적으로도 이 신생 국가는 거인처럼 보였다. 비스마르크는 프랑스-프로이센 전쟁의 승리를 무자비하게 이용하여 알자스-로렌 지역을 병합했다. 원래 프랑스령이었던 이 두 지역은 프랑스인과 독일어 사용자가 나란히 이웃하고 있어서 오래전부터 민족주의 세력이 주목해왔다. 비스마르크는 사석에서 종종 민족주의 운동의 방향성이 과연 현명한지에 관해 의구심을 표시했는데, 그러한 움직임이 프랑스와의 화해를 늦춘다면 신생 국가가 시작부터 외국의 적대감에 노출될 수 있다고 걱정했기 때문이다. 한편 대중들은 언어와 문화 측면에서 독일인이 압도적인 알자스 지역만큼은 독일 제국에 통합되어야 한다고 목소리를 높였다. 결국 비스마르크는 독일과 프랑스 사이에 '적대감의 유산'은 불가피하며 추가적인 영토 분쟁은 끊이지 않을 것이라고 결론 내렸다. 당시 25개의 독일 주들은 동쪽의 멤멜강부터 서쪽 라인강 너머까지 펼쳐졌고, 북쪽의 바다와 남쪽의 알프스 산맥에 잇닿았다. 독일 제국은 참으로 대단했다.

신생 독일의 규모와 위상, 호전적인 분위기가 상당히 위협적이었기 때문에, 비스마르크는 의심의 시선을 보내는 이들에게 독일이 진보적이고 평화로운 국가임을 확신시키려고 노력했다. 그는 독일과 유럽 국가의 상충하는 이해를 조율하기 위해 이를 최적으로 달성하는 정치 체제를 설계하려 했다. 하지만 이러한 비스마르크의 체제는 필연적으로 심각한 결함을 안고 있었고, 여러 세대가 지난 후에 이를 뒤늦게 깨달은 역사가들로부터 비판받았다. 이른바 존더벡[17]Sonderweg 이론은 독일이 다른 유럽 국가들과 달리 독특한 역사적 경로를 밟아왔다는 주장으로 현재는 전반적으로 불신받고 있다. 그러나 여전히 많은 학자가 비스마르크의 독일 제국과 히틀러와 홀로코스트에 이르는 여정을 단선적인 시각에서 접근하려 한다. 닐 맥그리거와 같은 저명한 역사학자도 1871년 이후 75년 동안 독일이 내리막길을 걷게 된다고 설명한다. 제2차 세계대전에 승리를 거둔 연합국들은 마치 악마를 내쫓듯 프로이센을 1947년의 독일에서 지워버리기로 작정했을 때, 필연적으로 프로이센이 지배하는 독일에서 나치즘으로 이어지는 신화가 고착화된다. 그러나 이는 역사적 맥락의 복잡성을 고려하지 않은 단순한 주장에 지나지 않으며, 특히 각 개인들을 역사적 사건의 주체로서가 아니라 역사적 격류에 휘말린 단순한 구경꾼으로 간주하게 된다. 상충하는 수많은 이해관계 가운데 가장 낮은 단계의 공통분모를 찾아야 하는, 실로 불가능한 과제를 떠안아야 했던 비스마르크의 헌법은 47년 동안 유지되었다는 사실 자체만으로도 정말 놀랍기 그지없다.

---

17) '존더벡(Sonderweg)'은 '특수한 길'이라는 뜻으로, 근대 독일의 발전과정이 비정상적이고 왜곡된 특수성을 띠고 있으며 그 결과 나치즘이 등장했다고 주장하는 이론이다. 최근 존더벡 이론은 나치즘과 홀로코스트와 같은 비극을 민족사적 특수성으로 치환하여 설명한다는 점에서 비판받고 있다.

물론 비스마르크 체제가 본질적으로 결함이 있었다손 치더라도, 그런 연유로 독일이 전쟁과 대량 학살의 필연적인 길로 접어들었던 것은 아니다.

1871년 3월 3일, 사상 최초로 독일 의회의 동시선거가 실시되었다. 25세 이상의 모든 남성은 재산이나 지위와 관계없이 투표할 수 있었다. 비스마르크가 남성에게만 보편적 참정권을 부여한 배경에 대해 많은 학자들은 그가 자신의 정치적 지향에 맞는 의회 구성을 노렸기 때문이라고 주장한다. 즉 당시 독일 인구 구성상 전통적 성향이 높은 농촌 출신이 압도적으로 많았기 때문에 보수파에게 투표가 쏠린 가능성을 그가 기대했다는 것이다. 실제로 독일 국가 수립은 이미 결정된 것이나 다를 바 없었고, 최근 통일 과정을 보더라도 국민자유당의 승리가 점쳐진 상황이었다. 비스마르크의 예상대로 국민자유당은 32.7퍼센트의 득표율로 승리했다. 정당의 세력 기반은 여전히 프로이센이었으며 대부분 의원이 북독일연방에서 비스마르크와 함께했던 동료들이라서 어느 모로 보나 새 헌법은 이전 헌법과 크게 다를 바가 없었다. 1871년 4월 14일, 마침내 새 헌법이 압도적인 다수결로 비준되었다. 비스마르크의 말대로 독일은 드디어 "말의 안장에 올라탄" 셈이었다. 이제 말 타는 법만 배우면 될 일이었다.

제국을 지탱하는 헌법체계는 각종 이익 집단을 유화적으로 다루기 위해 매우 위태로운 균형 감각을 발휘해야 했다. 자연히 독일 제국은 25개 개별 주Länder에 상당한 권한을 부여하는 연방 국가

1871년 제국 헌법의 구조

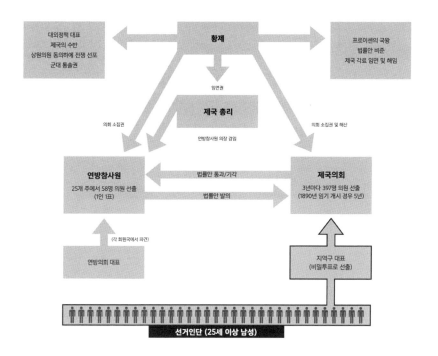

의 형태여야 했다. 그와 동시에 프로이센의 중앙집권적 지위를 유지한다는 것이 비스마르크가 빌헬름에게 한 약속이기도 했다. 그 결과 프로이센 국왕이 동군연합 同君聯合[18]을 통해 항상 제국의 황제로 선출될 수 있도록 양원제 구조가 도입되었다. 프로이센은 상원인 연방참사원Bundesrat에서 17표를 보유했는데, 사실 14표만 있어

---

18) 동군연합(Personal Union)은 둘 이상의 나라가 단지 같은 군주만을 모실 뿐, 서로의 정부 (政府)는 완전히 분리된 독립적인 관계를 일컫는다. 1871년부터 1918년까지 독일 제국과 프로이센 왕국이 대표 사례이며, 오늘날에는 이와 유사한 형태로는 영국연방이 있다.

도 법안이 발의되는 단계부터 거부권을 행사할 수 있었다. 연방참사원은 각 주의 규모에 따라 정해진 대표들이 참석해서 투표권을 행사했다. 따라서 프로이센은 다른 주들이 모두 일치단결하더라도 자국에 불리한 법률이 통과되지 않도록 보장받았다. 게다가 프로이센의 원수인 황제가 모든 법률의 비준권을 가졌고, 동시에 독일 군대의 최고 통수권자이었다. 프로이센 국왕이 영구적으로 황제직위를 맡는 상황에서 이러한 체제는 프로이센의 지배를 효과적으로 유지하게 했다. 한편으로 연방참사원에 각 주의 대표가 모두 참여하므로, 제국에 남기로 한 남부 주들은 공개 토론을 통해 충분한 의사 표명이 가능했다. 비스마르크 주도의 통일이 성사된 이후 오늘에 이르기까지 회원국의 심각하고 지속적인 수준의 탈퇴 움직임은 단 한 번도 나타나지 않았다.

또 다른 타협은 민주주의와 왕권 사이에서 이루어졌다. 베르사유궁의 즉위식은 의도적으로 후자를 위해 마련된 것이었다. 프리드리히 빌헬름이 1848년 혁명가들이 제안한 독일 제국의 왕관을 쓰지 않겠다고 거절한 이유는, 빌헬름 자신의 표현대로 그 왕관이 '시궁창'에서 나왔기 때문이었다. 차라리 독일 제후들이 그의 동생에게 준 왕관이 더 나아 보일 지경이었다. 한 번 더 강조하지만, 역사가들은 종종 현대의 공화주의적 시각에서 접근하는 오류를 저지른다. 그래서 이 즉위식을 진보에 반대하는 구시대 엘리트들의 우회적인 계략으로 간주했다. 그러나 그 당시는 군주정이야말로 유럽 사회의 변치 않는 규범이었고, 국민 상당수가 하향식 의사 결정을 정당하고 적절한 것으로 받아들였다. 그래서 일반 국민의 참정권이 전면 허용되었는데도, 1871년 3월 첫 총선에서 투표에 참여한 사람들이 전체 유권자의 절반을 약간 넘었을 뿐이었다. 이는 일부 학자들이 주장하듯 독일 국민이 새로운 제도에 회의적이라서가 아니다. 당시의 민주주의, 정치화 및 도시화 수준이 불과 몇 년 후의 상황과 비교해서도 크게 뒤처졌기 때문이다. 대부분 지역사회는 여전히 전통적인 시골로 남아 있었다. 따라서 남성 참정권의 도입은 엘리트들에게 크나큰 위협이 되지 않으면서 자유주의자들과 초기 사회주의자들을 회유하기에 적당했다. 그러나 1871년 무렵에는 손쉬운 해결책으로 보였던 이 선거제도는 1880년대에 이르러 비스마르크가 의회와 끝없는 전투를 펼치면서 또 다른 골칫거리로 바뀌게 된다.

한편 제국의회Reichstag는 국민의 대표로 선출된 의원들이 출석하는 하원을 뜻한다. 대부분 엘리트와 마찬가지로, 비스마르크 역시 군중의 권력에 대한 경계심을 늦추지 않았기 때문에 제국의회에 지나친 권한이 주어지지 않도록 조심했다. 따라서 제국의회는 법안을 발의할 수 없었고, 황제가 필요하다고 판단할 경우 언제든 해산될 수 있었다. 궁극적으로 총리와 황제가 제국의 통치 방향을 결정했다. 또한 총리와 황제는 의회에 대한 책임이 없었고, 총리는 오로지 황제에게, 황제는 오로지 신 앞에서만 책임을 졌다. 물론 법률과 주요 예산은 제국의회의 승인이 필요했기 때문에, 비스마르크는 법률안과 예산서 초안을 작성하여 의회에 제출한 후 승인을 받기까지 때로는 타협해야 했다. 원칙적으로는 입법부와 행정부 간의 주고받기는 건강한 민주주의라는 신호이지만, 총리는 종종 이를 성가셔 했다. 실제로 비스마르크는 법안 통과를 위해 읍소, 협박, 정실 동원에 이르는 온갖 미심쩍은 전술을 마다치 않으며 전반적으로 우위를 점했다. 전해지는 일설에 따르면, 그는 "법률은 소시지와 마찬가지다. 그것이 만들어지는 과정은 보지 않는 것이 최선이다"라는 격언에 따라 정치 인생을 살았다.

이 체제의 약점은 대부분 독일 제국 고유의 모순에서 비롯된 것이지, 비스마르크가 의도적으로 헌법 절차를 무력화하려고 했던 것은 아니다. 프로이센의 권력을 희생하지 않고 25개 주를 모두 연방에 포섭하는 것이 가능했을까? 의사 결정 과정에서 엘리트들의 특권을 흔들지 않고서도 민주주의가 가능했을까? 어쩌면 이토록 까다로운 균형 유지는 철의 재상이 능숙하게 관리했기 때문에 가능했을지도 모른다. 오랫동안 분열되어 있던 민족의 극심한 문화적 균열을 비스마르크가 눈 녹듯 일시에 사라지게 할 수는 없었다. 지역적 충성심, 문화, 관습, 방언, 종교, 역사 및 (급격히 다변화되는) 사회 계층에서 비롯되는 차이가 어느덧 사라지고 마침내 '국가'의 개념으로 주의 깊게 관리되고 대체되는 날이 올 것이다. 그러나 독일의 국가 정체성이 성숙하고 안정화될 때까지는 더 오랜 시간, 그리고 더 많은 피와 철이 필요했다.

이상한 동거: 비스마르크와 국민자유당

1871년부터 1878년까지의 이른바 '자유주의 시대'에 비스마르크와 국민자유당의 협력에 대해 환멸을 느낀 막스 베버Max Weber는 1918년 이런 글을 남겼다. "어떤 정치가도 […] 이렇게 다루기 쉬운 정당을 파트너로 둔 적이 없었다.[19]" 사회학자이자 철학자로서 그 자신이 몸담았던 시대의 훌륭한 관찰자였던 베버는 산업 전쟁의 끔찍한 종말기에 남긴 기록에서 독일의 자유주의가 어디서부터 잘못되었는가에 관해 매우 뛰어난 성찰을 보였다. 1867년 창당 당시, 국민자유당 내부에는 비스마르크와 의회 사이에 계속된, 이른바 '헌법 갈등'의 교착 상태를 타개하려는 실용주의자들이 다수를 이뤘다. 진보적 이상주의자들은 북독일연방이 더욱 자유롭고 민주적인 체제를 갖출 것을 요구했으나, 비스마르크가 이를 가로막았다. 국민

---

19) 막스 베버, <1860년대와 1870년대의 국민자유당과 비스마르크의 협력에 관한 단상>, 1918년 5월.

자유당은 자신들의 대중적 입지가 아직 굳건할 때 가능한 한 많은 자유주의적 변화를 이루기 위해서 철혈재상과의 협력이 최선이라고 믿었다. 1871년 제국 건국 당시부터 일관된 그들의 타협적인 태도가 유권자들에게 상당한 인기를 끌었던 듯하다. 첫 선거에서 최대 정당으로 등장하자, 국민자유당의 협상력이 더욱 커졌다. 하지만 막스 베버가 관찰했던 것처럼, 비스마르크는 자신의 개성과 통제 성향, 정치 천재로서의 명성을 앞세워 체제 위에 군림했기 때문에, 국민자유당을 입법 동반자가 아니라 압력 단체처럼 취급하며 무시했다. 자유주의 민족주의자인 베버는 수년간 협력을 통해 얻어낸 것이 많다는 점에 수긍했지만, 한편으로는 비스마르크가 너무 쉽게 자유주의자들의 지지를 얻어냈다고 생각했다.

1848년 혁명 당시 자유주의자들과 프로이센 귀족층의 첨예한 적대 관계를 생각해보면, 또 가까운 예로 비스마르크가 베를린의 시위 소식에 영지의 농민들을 무장 동원하려 한 것만 보더라도, 양측의 정치적 지향점이 맞아떨어지리라고 상상하기 어렵다. 그런데 1871년에 그런 상황이 펼쳐진 이유는 단순했다. 또다시 민족주의가 통합의 잠재력을 발휘한 것이다. 1871년 봄 헌법이 비준된 후, 비스마르크의 다음 과제는 새로운 제국의 경제 인프라를 통합하여 진정한 역내시장을 구축하는 것이었다. 베버와 마찬가지로 대부분의 국민자유당 지지자들은 열렬한 자본가, 애국자, 프로이센인, 프로테스탄트, 신흥 중산계층 등이었다. 따라서 표준화된 통화와 도량형 단위, 은행 제도, 인프라 네트워크, 자유로운 이동 등을 두루 갖춘 통일 독일의 경제는, 이를 토대로 프로이센의 촉수를 다른 주들까지 확장하고 싶어 했던 제국의 총리 못지않게 국민자유당에게 바람직한 선택이었다. 다소 회의적이지만 쓸모 있는 연정을 바탕으로 비스마르크는 1870년대 초에 자신이 뜻했던 법안 대부분을 통과시켰고 제국 경제의 초석을 마련할 수 있었다. 무엇보다 이 연정은 제국 전체에 적용되는 표준적인 민법전과 형법전을 통과시켰다. 또한 내국 관세를 철폐하여 경제를 부흥하는 동시에 금본위제를 채택했다. 아낌 없는 인프라 투자에 힘입어 막대한 사회적, 경제적 이익이 창출되었는데, 그 예로 1871년에서 1890년까지 2배로 늘어난 철도망은 상품과 원자재뿐만 아니라 노동력의 이동을 촉진하는 동인이 되었다. 도시화, 직업 이동성, 심지어 맹아적 형태의 통근 현상은 지역적 차이를 극복하는 데 도움이 되었다. 또한 제국 은행이 설립되어 현금 유통과 통화량 조정을 규제하는 데 기여했다. 한편 양당의 공통된 프로테스탄티즘은 독일의 가톨릭 세력을 억압하며 상호 연대를 쌓았고, 특히 이른바 문화투쟁Kulturkampf[20] 당시 국민자유당은 비스마르크가 신뢰해 마지않는 동맹이 되었다. 그렇지만 이 이상한 동거는 오래가지 못했다. 제국의회 초기 비스마르크와 국민자유당 사이에 몇 차례 설전과 충돌이 있었으나, 국민자유당이 처음으로 뒷걸음치지 않고 강경한 협

---

20) 1871년부터 1878년 사이에 비스마르크는 프로이센에서 로마 가톨릭의 영향력을 축소할 목적으로 성직 임면권의 국가 환수 등 강력한 통제 정책을 시행했다. 이에 가톨릭 신도들은 중앙당을 창당하며 저항했다. 1878년 비스마르크와 로마 교황청이 화해하면서 사태가 일단락된다.

상을 주도한 것이 1874년 군부의 예산 위기 때였다.

헌법상 황제가 군대 지휘권을 가지고 있었으나, 군대의 자금 조달은 제국의회의 승인을 받아야 했다. 1862년에 유사한 갈등이 발생했을 때, 거의 퇴위 위기에 몰린 빌헬름 1세는 비스마르크를 행정부의 수반으로 임명함으로써 국면을 돌파해야 했다. 그러나 이번에는 비스마르크 역시 그런 극적인 장면을 피하고 적당히 절충하고 싶었다. 1866년과 1867년의 협상이 타결되어 불법적인 군부 개혁이 소급하여 합법화되었을 때, 비스마르크는 앞으로 헌법을 존중하며 1872년 재비준을 요청하겠다고 약속했었다. 그런데 막상 때가 되자 비스마르크는 프랑스-프로이센 전쟁을 핑계로 1874년까지 일몰을 연장하려고 시도했다. 그러나 역시 연장이 쉽지 않아 보이자 비스마르크는 또 다른 전술을 꺼내 들었다. 다름 아닌 상대가 애초에 받아들이기 힘든 협상 기준을 제시하는 전술이었다. 이른바 '영구법'을 발의했는데 앞으로도 제국의회의 승인 없이 40만 명에 달하는 상비군을 영구적으로 유지하려는 시도였다. 이는 전무후무할뿐더러 그야말로 미친 짓이었다. 상비군 유지 비용은 전체 연방 지출의 80퍼센트에 해당했기 때문에, 제국의회가 재량권을 가지고 정치적 지렛대로 사용할 수 있는 예산이 전체의 20퍼센트뿐이라는 뜻이었다. 물론 비스마르크는 애당초 이 제안이 받아들여지리라고 생각하지 않았다. 그저 국민자유당이 타협하러 버선발로 뛰어나오는 것을 볼 속셈이었다. 제국의회 의원들이 국방 예산에 대해 매년 심의를 요구하며 수사학적인 허세를 부릴 때, 비스마르크는 그럴 바에는 차라리 제국의회를 해산하고 선거를 새로 치르겠다고 위협했다. 아무도 그의 허풍을 무시할 배포가 없었다. 국민자유당은 이른바 '7년법'Septennat이라는 타협안을 내밀었다. 이는 예산의 효력이 상·하원의 임기보다 길지만 영구적이지 않은 기간, 즉 7년 동안 유지된다는 내용이었다. 비스마르크의 헌법이 현실정치에서 제대로 작동한 예라고 할 것이다. 7년법은 국민이 선출한 의회 대표에게 행정부가 발의한 법률을 제한하거나 수정할 수 있는 권한을 부여하면서도 법안 내용을 좌우할 정도로 권한을 주지 않았다. 비스마르크가 제국 의회를 해산했다 하더라도, 물론 대중은 국민자유당에 다시 투표할 가능성이 높았고 자유주의자들이 원내에 진출하여 교착 상태가 재개되었을 수도 있다. 그러나 베버가 말했던 바와 같이, 그들은 철의 재상에게 호락호락하게 순탄한 길을 내주었다.

1878년 결국 비스마르크와 국민자유당이 결별한 배경에는 몇 가지 이유가 있었다. 첫째, 그해 선거에서 국민자유당은 약 30개의 의석을 잃어 과반수를 구성하려면 보수 정당과 연합할 수밖에 없었다. 둘째, 비스마르크는 더 위험한 적과 마주하게 되었는데, 이 문제에서만큼은 자유주의자들의 지지를 확신할 수 없었다. 그 적은 도시 노동자 사이에서 급격히 부상하고 있는 자유주의였다. 더 많은 민주주의와 시민 권리에 대한 사회주의자들의 요구가 자유주의자들의 주장과 일맥상통하는 부분이 있었기 때문에, 비스마르크로서는 보수주의자들이 더 신뢰할 만한 동맹으로 보였다. 이 무렵 독일 제국의 경제 정책은 자유 무역에서 멀어져 보호주의에 가까워지고 있었고, 이러한 추세에 반감을 품은 자유주의자들보다 보수파가 그를 지지할 공산이 훨씬 컸다. 마지막으로 가장 중요한 이유는 비스마르크에게 자유주의는 더 이상 쓸모가 없었기 때문이다. 1870년대 초반 제국의회에서 자유주의적 통일 사업들이 빠른 속도로 통과되고 난 후, 양측 공통의 정치 기반이 빠르게 소진되었다. 새로운 문제 해결을 위해서는 새로운 동맹이 필요했다. 그리하여 비스마르크는 오랜 동맹을 저버리며 본격적으로 현실 정치의 흐름에 뛰어들었다.

비스마르크는 특유의 노련한 달변과 정치적 술책을 사용하여 한때 강력했던 자유주의 운동을 두 개의 진영, 즉 일부 목표라도 달성하기 위해 협조하려는 이들과 더 이상 원칙을 포기하지 않겠다는 이들로 분열시키는 데 성공했다. 특히 후자의 진영은 국민자유당에서 탈퇴하여 진보당Progress Party에 합류했으며, 후일 1884년 독일급진당German Radical Party으로 재창당하게 된다. 표가 분열되면서 자유주의는 소강상태에 접어들었는데, 그 대신 사회민주당이 정부에 심각한 부담이 되기 시작했다. 이는 19세기 독일에서 민족주의와 자유주의가 얼마나 밀접하게 얽혀 있었는지를 보여주는 증거다. 1812년 해방전쟁부터 강력하게 전개된 자유주의 운동은 1848~49년에는 기존 질서의 해체를 노릴 만큼 자신감에 넘쳤다. 그렇지만 상당한 목표를 이루자 이 운동은 자체적으로 해산되었다. 대부분의 독일인은 입헌 군주제에 만족했으며, 비스마르크와 빌헬름 1세의 결점에도 불구하고 두 사람 모두 존경했다. 정치 이론과 이상주의는 아직 총리의 카리스마와 황실의 권위에 대항할 수 없었다. 자유주의 운동이 애초에 추구했던 요구가 바닥나자 투표권을 행사하는 대중과는 틈이 벌어졌고, 비스마르크는 그저 벼랑 끝에 서 있는 그들을 떠밀었을 뿐이다. 독일 자유주의는 그 후 수십 년 동안 끝내 쇠퇴기에서 벗어나지 못했다. 1918년 회상록에서 막스 베버가 밝혔듯, 이런 우울한 구도에서 사회주의자와 공산주의자, 우익 국가주의자가 각자 반대편에서 목청을 높였다. 그리고 또 한 번의 기회로 찾아온 1918년 독일 혁명은 결코 자유주의가 장악할 수 없었다.

독일의 카이사르? 제국의 통치

빌헬름 황제는 "비스마르크의 치하에서 국왕으로 산다는 것은 정말 곤혹스러운 일이다"라고 불평했다. 어떻게 신에게만 책임을 지는 주권자가 별안간 정치계에 등장한 고집불통 융커에게 휘둘리고 조종당할 수 있었을까? 자신이 가는 길에 대해 확신이 없었던 빌헬름은 1862년 비스마르크가 프로이센 총리에 취임하면서부터 내려진 주요 결정에 대해 진심으로 동의한 적이 없었다. 빌헬름은 자신이 낸 군사 개혁안을 부결시킨 국민자유당 다수파를 너무 두려워한 나머지, 1862년 9월에는 퇴위를 심각하게 고려하기도 했다. 또한 의회가 원하든 원치 않든 프로이센을 '철과 피'의 길로 이끌겠다고 냉정히 선언하는 비스마르크를 떨리는 마음으로 지켜보았다. 뿐만아니라 제국을 통일할 시기가 임박했을 때도, 심지어 1871년 1월 18일 독일 황제로 즉위하는 눈물 젖은 날 아침까지도, 빌헬름은 프로이센 왕위를 내놓기를 주저하면서도 영문도 모른 채 비스마르크의 계획을 따라야 했다. 철의 재상은 20세기에 출현한 독재자처럼 웅변적인 화술을 동원한 것도 아닌데, 적국이나 동맹국 가릴 것 없이 동시대인들에게 대단한 통제력을 행사했다. 1909년 『그리벤의 베를린 여행안내서』에 따르면, 수도에 세워진 비스마르크 동상이 "위풍당당한 자세와 번뜩이는 눈빛을 통해 불굴의 의지"를 여전히 내뿜고 있다고 했다. 무려 사망 후 11년이 흐른 시점에서 말이다. 비스마르크는 스스로 옳은 일을 하고 있으니 망설일 이유가 없다는 듯한 내적 확신을 발산했고, 이러한 아우라는 의회 의원들, 외국 외교사절들, 심지어 국왕에까지 심대한 영향을 미쳤다. 이것이 그를 역사상 가장 위대한 정치가 중 하나로 만든 비결이었다.

동시대인과 역사가들은 비스마르크의 정치 스타일을 독재적이며 심지어 '카이사르풍風'이라고 묘사했다. 헌법을 통해 총리인 자기 자신에게 중추적 지위를 부여한 데 대해 현대의 관찰자들이 강한 의구심을 품은 것도 어쩌면 당연하다. 그는 '총리제 민주주의chancellor democracy를 확립한 장본인이며, 이 독일 특유의 전통은 전쟁과 독재, 분단과 재통일 과정을 거치며 (상당한 굴곡을 겪었으나) 현재까지 유지되고 있다. 이 글을 쓰는 지금, 독일 총리 앙겔라 메르켈Angela Merkel은 여전히 높은 지지율을 유지하며 4번째 임기를 시작했으며, 헬무트 콜Helmut Kohl, 콘라트 아데나워Konrad Adenauer처럼 장기 재임했던 전임자들의 발자취를 따라갈 것이다. 독일인들이 총리에게 사용하는 표현을 살펴보면 총리 직책이 국민

정신에서 얼마나 중추적인지 잘 드러난다. 비스마르크가 "건국의 아버지"라고 불렸다면, 앙겔라 메르켈은 "메르켈 엄마"Mutti라는 애칭으로 불린다. 분파적이고 다양하며, 분열과 전쟁, 쓰라린 기억에 시달리는 이 나라는 어린아이처럼 안정과 리더십을 갈망해왔다. 이러한 맥락에서 권위 있는 아버지상은 국민 정서에 끼치는 호소력이 컸고, 비스마르크야말로 그 역할에 완벽히 부합했다.

프랑스 혁명과 그 여파는 유럽의 정치사상에 오래 지속될 변화의 출발점이었다. 1848년 이후로는 왕정 통치를 열렬히 지지하던 사람들도 왕권의 헌법적 조정을 어느 정도 받아들였다. 그런데 프랑스의 발전상은 독재적 권력과 진보적 가치가 반드시 상호 배타적이지 않음을 보여주었다. 프랑스 민법전이 1807년 나폴레옹에 의해 도입된 후 1853년 나폴레옹 3세 황제에 의해 재도입된 연혁을 보더라도, 선출되지 않은 통치자가 자유주의·법치주의 사상을 완전히 배척하는 것은 아니었다. 따라서 19세기 중후반 "현대적" 독재라는 개념은 뜨거운 논쟁을 일으켰으며 자유주의 진영에서도 이를 지지하는 세력이 있었다. 1870년 프랑스-프로이센 전쟁에서 나폴레옹 3세가 몰락했을 때, 많은 자유주의자는 프랑스가 이루지 못한 과제를 새로운 국민국가 독일이 해낼 수 있다고 믿었다. 즉 절대권력의 유혹에 빠지지 않고 법치를 수호하는 국왕을 통해 자유를 구현한다는 과제 말이다. 다만 여기서 문제는 지배계급이 이러한 발상을 혐오했다는 점이다. 자신들이 평민들과 동등하게 민법전에 구속된다는 관념만으로도 혁명과 공화주의에 대한 반작용을 불러일으켰다. 더욱 큰 문제는 당대의 정치 사상가들이 제기했던 '카이사르주의'가 나폴레옹처럼 카리스마 있고 대중적인 지도자를 필요로 했다는 점이다. 하지만 빌헬름 1세는 보나파르트나 카이사르가 아니었다. 많은 독일인이 황제를 좋아했다지만, 나폴레옹이 프랑스 국민에게 절대권력을 위해 투표하도록 설득했을 때와 같은 마력을 빌헬름 1세에게서 찾기란 불가능했다.

비스마르크는 적어도 목소리의 음색과 발성만 두고 봤을 때 분명 위대한 연설가는 아니었다. 역사학자 폴커 울리히Volker Ullrich는 비스마르크의 "경직되고 어눌한 말투"와 "갈대 같이 가는 목소리"를 지적하면서, 그렇다고 그의 연설에 호소력이 떨어진 적은 없었다고 덧붙였다. 비스마르크는 음색과 어조의 단점을 보완하려고 정확하고 다채로운 어휘를 구사했다. 학창 시절 선생님들은 그의 웅변 실력이 매우 탁월한 수준이라고 평가했다. 비스마르크는 뛰어난 언어 연상법을 통해 적수를 손쉽게 자극하거나 어르고 달래며 자신의 편으로 만들었다. 그의 독특한 체격이 이런 효과를 더 높였다. 그는 6피트 2인치의 키에 딱 벌어진 가슴, 금발 머리와 그와 똑같은 인상적인 금발 콧수염을 가진 곰 같은 사내였다. 이 거대한 체구의 남자가 자신감 넘치고 강철 같은 눈빛으로 회의장에 들어서면, 사람들은 모두 멈춰 그의 말을 경청했다. 철의 재상은 정치 경력 동안 자신만의 전설을 차근차근 만들어갔다. 그는 괴짜 귀족으로 원내 진출했으나, 1840년대에 기성 의원들과 외교관들, 혁명가들과 좌충우돌하면서 (1862년 유명한 연설에서 그 자신이

'강철'이라는 말을 꺼내기 전부터도) 순식간에 '강철의 남자'로 떠올랐다. 통일 전쟁을 선동하고 또 승리했을 때, 그는 명실상부하게 국민적 영웅이 되었다.

1893년경의 오토 폰 비스마르크

빌헬름 황제와 비스마르크의 관계는 한층 복잡했다. 1861년 프로이센 국왕으로 즉위할 당시부터 빌헬름은 비스마르크를 총리로 임명하는 데 주저했으나, 1862년 군사 개혁 위기를 겪으면서 그를 파리에서 베를린으로 소환했다. 그리고 곧 그 사나운 조언자에게 의존하게 되었다. 비스마르크가 엠스 전보에서 국왕의 말과 행적을 바꿔치기한 것은 외교적으로든 개인적으로든 터무니없는 행동이었다. 하지만 빌헬름에게 그의 뜻을 거스를 도리가 없었다. 1871년 독일 제국이 선포된 후, 빌헬름은 연방정부의 일상 업무에 관심을 잃었다. 그는 프로이센의 왕이었을 뿐이지, 독일의 황제이고 싶었던 적이 없었다. 그것은 단지 비스마르크의 바람이었다. 그래서 빌헬름은 차츰 프로이센궁과 시골 휴양지를 오가며 사냥과 파티를 즐길 뿐 새로운 제국의 운영에는 신경 쓰지 않았다. 비스마르크는 공화주의자가 아니었고 군주제에 각별한 존경심을 가졌지만, 국가 원수가 국정 운영을 총리인 자신에게 일임하도록 헌법을 설계했다. 마치 상점의 주인이 관리자를 고용하고 다시는 상점에 발을 들여놓지 않아도 되도록 말이다. 독일의 카이사르가 있었다면, 그 인물은 빌헬름이 아니라 바로 비스마르크였다.

현실 정치가로서 비스마르크는 자신이 입안한 법률 통과를 위해서라면 양심의 거리낌 없이 무엇이든 마다하지 않았다. 그러한 그의 태도를 가감 없이 드러내는 "법률은 소시지와 같다"라는 유명한 비유는 제2제국의 입법 과정이 얼마나 혼란스럽고 불유쾌했는지 잘 보여준다. 비스마르크는 본인의 뜻을 관철하고자 국왕과 의원들을 회유하고 협박하는 등 가능한 방법을 총동원했다. 그에게 허락되지 않은 일이란 없었다. 치밀하게 계획된 정치 수사가 통하지 않는다고 판단되면, 정적에게 화를 내며 협박하거나 공개적으로 모욕했고, 때로는 눈물을 흘리거나, (아주 극단적인 조치가 필요한 경우에는) 사임하겠다고 위협했다. 그러면 프로이센의 혼백을 자처하는 늙은 황제 빌헬름은 이 달갑지 않은 독일 제국을 홀로 통치할지 모른다는 불안감에 휩싸여 비스마르크를 자신의 옆에 둘 수만 있다면 무엇이든 약속하려 했다.

비스마르크는 강박에 가까울 정도로 모든 국정을 통제했다. 그는 내각의 고위 관료와 공무원들의 업무를 세세하게 관리했고, 업무와 권한의 위임에 매우 인색했다. 그런 성향 때문에 당대 정치권에 연고주의가 상당히 강력했다. 1874년 그는 장남 헤르베르트를 공직에 입문시켰고, 훗날 빌헬름 2세가 될 국왕의 손자와 친교를 맺도록 도왔다. 또한 유럽에서 독일의 입지를 다져야 할 국면에 봉착하자, 1886년 그가 신뢰하는 측근 헤르베르트를 외무장관으로 임명했다.

한편, 비스마르크와 아우구스타 황비의 관계는 갈수록 나빠졌다. 1848년 혁명 당시 비스마르크가 그녀에게 시아주버니인 프리드리히 빌헬름 국왕에 대한 음모에 가담할 것을 제안했던 사건이 결정적이었다. 아우구스타는 비스마르크가 참기 힘들 정도로 오만할 뿐 아니라 황제에게 지나친 영향력을 행사한다고 생각했다. 그녀는 총리와 식사 자리에 동석하는 것조차 거절할 정도여서 빌헬름 황제가 불만스럽게 여길 정도였다. 또한 비스마르크는 황태자비인 빅토리아 공주와도 사이가 크게 틀어졌다. 프리드리히 황태자는 영국인 아내 빅토리아 마리아 루이제와 결혼하면서 영국 헌법을 모델로 하여 한층 자유로운 정부 구조를 희망했다. 빅토리아 여왕 역시 그녀 자신과 독일인 배우자 앨버트 공이 함께 통치하는 모습을 이상적인 부부상으로 장녀 빅토리아에게 강조했다. 한편 비스마르크는 프리드리히 황태자가 명목상의 통치자로 남고 그의 아내가 중요한 결정을 좌우하는 모습에 노골적으로 불쾌감을 드러냈다. 한 걸음 나아가, 역사학자 조나단 스타인버그Jonathan Steinberg는 비스마르크가 어린 시절부터 뿌리 깊은 여성 혐오를 품었을 것이라고 주장한다. 어쨌든 분명한 사실은 그가 아우구스타와 빅토리아를 그녀들의 남편을 조종할 때 걸리적거리는 참견 많은 여성으로 취급했다는 점이다. 어쩌면 그 자신의 정치적 설득력에 오점이 남는 데 단순히 분개했던 것일지도 모른다.

총리의 주된 임무는 제국의회를 통제하는 것이었다. 헌법 구조상 의회는 법률을 발의할 수 없었으나 정부가 제출한 법률안을 부결시킬 수 있었으며 실제로도 종종 그렇게 했다. 비스마르크는 자신의 계획을 관철하려면 의원 394명을 대상으로 설득하고 눈물 흘리고 허세 부리는 것 이상을 해내야 했다. 그는 동맹과 밀실정치를 교묘하게 조종하면서 국민자유당의 파괴 같은 무자비한 계략을 번갈아 구사했다. 이 점에서 보나파르트 황가의 공화주의적 독재 모델과 결정적인 차이가 있었다. 19세기의 프랑스 황제 두 사람(나폴레옹 1세와 그의 조카 나폴레옹 3세를 뜻한다)은 모두 호전적인 의회를 상대로 소모적인 전투를 벌일 필요가 없었다. 국가 대표들을 단 하나의 강력한 지도자에게 집중시키려면, 다양한 의견 차이로 발생하는 결함과 분열을 방지하는 것이 관건이다. 두 나폴레옹의 시선에서 볼 때, 바로 그 지점에서 프랑스 혁명은 잘못 흘러갔다. 하지만 비스마르크는 그런 사치를 부릴 여유가 없었다. 아무리 강력한 카리스마를 행사할지라도, 그는 시간이 갈수록 파벌화되는 국민 대표들과 싸워야 했다. 작금의 헌정 체제는 총리가 황제에게만 책임을 지도록 규정했으나, 법률 통과에는 국민의 대표들의 동의 없이는 불가능했다.

국민의 애정을 받았으나 카리스마가 부족한 빌헬름 1세는 나폴레옹의 소임을 수행할 필수 자질을 갖추지 못했다. 결정적으로 빌헬름은 새로운 제국에 관한 관심이 부족했고, 신하들도 이를 모르지 않았다. 그러므로 1871년 이후 독일 국민에게 그의 의지를 강요하려 했다면, 그는 거센 역풍에 부닥쳤을 것이다. 언뜻 보면 카이사르의 이미지는 비스마르크에게 훨씬 더 어울렸다. 비스마르크의 권위적인 풍모와 엄청난 인기는 자신이 제정한 헌법의 제약을 넘어서는 권위를 부여했다. 그런 그조차도 제국의회에서 국민 대표를 통한 국민의 동의를 확보하지 않고서는 통치할 수 없음을 잘 알았다. 많은 독일인이 비스마르크를 조국을 건국한 대장장이로 추앙했고, 그의 사후에 수백 개의 기념비를 세워 칭송했지만, 당시는 민족주의와 권위주의 못지않게 자유주의와 민주주의가 팽배했던 시대였다. 마르쿠스 프루츠Markus Prutsch는 "비스마르크의 권력은 놀라울 정도로 막강했지만, 그의 평생에 걸친 정치적 입지는 '교체 가능성'이란 틀 내에서 작동했다"라고 분석했다. 다시 말해 독일 제국의 총리는 현대 독재자의 지위와 엄연한 차이가 있었다. 독일의 카이사르는 존재하지 않았다.

문화투쟁 : 비스마르크와 독일 가톨릭

통일 독일에서 오스트리아가 제외되면서 그 종교적 구성에도 큰
변화가 있었다. 독일어권에서 가장 큰 가톨릭 지역의 하나가 배제
되면서, 비스마르크는 가톨릭을 확실히 소수 종교화했다. 종교개
혁과 30년 전쟁과 같은 역사 흐름 속에서 독일은 독특한 종교적 지
형을 형성했다. 독일 북부 지역에는 주로 개신교가 득세한 반면,
남부 지역에는 가톨릭이 지배적이었다. 라인란트는 대부분 가톨릭
영향이 컸던 지역이라서 1815년 프로이센에 병합되던 때부터 벌써
긴장의 분위기가 역력했다(한 세기가 흐른 후에도, 1949년 서독의
초대 총리인 콘라트 아데나워 같은 저명한 라인란트 출신들은 여
전히 프로이센주의에서 벗어나려고 노력했다). 프로이센이 남부까
지 세력을 확장하자, 가톨릭 신자들 사이에서 불안감이 고조되었
다. 개신교와 가톨릭이 끔찍한 내전을 벌이며 대립했던 30년 전쟁
의 트라우마는 독일인의 정신에 깊은 상흔을 남겼으며, 1871년 당

시에는 종교적 갈등이 더욱 커질 것이라는 전망이 지배적이었다. 게다가 프랑스 혁명과 그 후의 나폴레옹 개혁으로 인해 프랑스와 그 위성 국가에서 가톨릭 교회의 영향을 최소화하려는 경향이 거세졌는데, 라인연맹도 예외는 아니었다. 이러한 급진적인 세속화의 물결이 유럽 전역을 휩쓸면서, 교회와 국가의 관계에 대한 광범위한 논의가 촉발되었다. 자유주의자와 진보주의자는 세속화에 대한 요구 수위를 한층 높였고, 이에 가톨릭 단체와 교황청은 방어적으로 대응했다. 가톨릭 교회 부설 학교, 클럽과 사회단체는 늘어난 회원들을 중심으로 정부의 영향력에서 벗어나기 위해 목소리를 높였다. 아이러니하게도 국가 권위로부터의 자유를 요구하는 목소리가 가톨릭의 정치화 물결을 일으켰다.

프로이센과 개신교 세력이 주도하는 독일 통일의 흐름에서 가톨릭 신자들이 자신들의 이익을 정치적으로 대변하려 했던 것은 놀랍지 않다. 1870년 12월에 결성된 중앙당Deutsche Zentrumspartei: DZP은 세속화에 맞서 독일 가톨릭의 교세를 지키고자 창당되었다. 중앙당은 분권화, 교회의 독립과 사회 개혁을 요구하는 프로그램을 채택하고, 이를 "이른바 프로이센 전통에 맞서 싸우기 위한 것"이라고 선언함으로써 당시 프로이센이 주도하는 정부를 향해 깊은 불신을 드러냈다. 중앙당은 비스마르크에 대항하는 강력한 세력이 될 잠재력이 충분했다. 사회 계급에 얽매이지 않는 유일한 정당으로서 독일의 모든 가톨릭 신자, 즉 전체 유권자의 1/3에 호소력을 발휘했다. 중앙당이 1871년 선거에서 이미 18.6퍼센트의 득표율로 제2의 정당으로 떠오른 상황에서, 비스마르크가 신중하게 대처하지 않는다면 독일 가톨릭 신자들의 집단적 각성이 정치적 행동으로 이어질 것이 불 보듯 훤했다. 이러한 추세는 가톨릭 신자 상당수가 정치, 경제, 사회 문제보다는 종교적 이익을 대변하는 정당에 표를 던진 것을 봐도 짐작할 수 있다.

비스마르크는 이 문제를 방치할 수 없다고 느꼈다. 간신히 봉합해 놓은 독일의 느슨한 연대에 교황이 개입할 가능성도 염두에 두어야 했다. 제1차 바티칸 공의회(1869년-70년)에서 교황 비오 9세는 하느님의 대리자인 교황은 어떤 사안에 대해서도 오류가 없으므로 만인은 이에 순종해야 한다는 '교황 무오류설'을 공식 발표했다. 이뿐만 아니라 1864년 '오류표'Syllabus of Errors를 발행해서 자유주의, 민족주의, 정교분리를 그릇된 사조로 규탄했다. 이는 교황 무오류설과 나란히 독일 가톨릭 신자들에게 심각한 내적 갈등을 일으켰다. 사실상 새로운 독일 국가가 표방하는 모든 것이 잘못되었다고 교황이 선언한 격이었기 때문이다. 다시 말해, 독일 가톨릭 신자들이 비스마르크의 리더십을 따른다면, 교황의 교리와 더 나아가 하느님의 뜻에 반해 행동하는 것으로 비칠 수 있었다.

이러한 정세에 대해 비스마르크는 크게 우려했다. 그가 제안한 독일 연합에 마인강 이남의 가톨릭 국가들을 가입시키려면 전쟁과 영리한 전술밖에 답이 없어 보였다. 게다가 라인란트의 가톨릭 신자들은 당시까지도 분리 독립을 요구하고 있던 동부의 폴란드 소수 민족만큼이나 고분고분하지 않았다. 프랑스-프로이센 전쟁

이후에는 알자스와 로렌 지역도 상대해야 했다. 비스마르크는 제국을 유지하기 위해 확실히 상황을 통제해야 한다고 판단했다. 이에 따라 독일 통일을 해치려는 세력을 '제국의 적'Reichsfeinde으로 규정하는 전술이 체스판에 등장했다. 공동의 목표 아래 모든 사회 계층을 결집하려는 독일 통합을 저해하는 내부의 적이라는 관념은 비스마르크에게 여러 맥락에서 아주 유용했다. 당분간 외세와의 갈등이 없는 평시에 국민 단결을 위한 차선책으로 보였다. 또한 정치화된 가톨릭에 대해 불안을 느끼고 있던 자유주의자 입장에서도 유리했다. 비오 9세는 자유주의를 이데올로기라고 비난했을 뿐더러 언론의 자유 등 모든 기본권을 싸잡아 성토했다. 심지어 1866년 대오스트리아 전쟁 중에도 군대 내의 가톨릭과 개신교 병사들의 잇따른 반목은 군기를 흐트러뜨렸다. 비스마르크와 그의 동맹자인 국민자유당은 독일의 통합을 위해 강력한 조치가 필요하다는 데 전적으로 뜻을 함께했다. 그들은 이 조치를 독일 민족의 영혼을 위한 전투, 즉 문화투쟁쿨투르캄프: Kulturkampf으로 접근했다.

비스마르크는 가톨릭 저항 세력을 초기에는 관료적으로 다룰지라도, 장기적으로 국가 주도 교육과 집단적 경험을 통해 하나의 국가로 발전시켜야 한다고 보았다. 그리하여 정치화된 가톨릭을 견제하고 교회와 국가를 분리하기 위한 다양한 조치가 도입되었다. 1871년 12월, 이른바 '교단 조항'Kanzelparagraph이 첫 번째 조치로 시행되었다. 이 법령은 교회가 정치적 의견을 표명하거나 정부를 비판하는 행위를 금지했다. 1872년 3월에는 〈학교감사법〉이 뒤따라 시행되었는데, 이 법령은 정부에 가톨릭 학교와 사립학교 등 모든 학교를 감사하고 사찰하는 권한을 부여했다. 이는 과격한 조치는 아니었지만, 유럽에서 성직자가 오랫동안 교육에 영향력을 미쳤던 관습을 고려할 때, 세속 정부의 자신감이 커지고 국가 권력이 국민의 사적 영역으로 확장되고 있다는 사례였다. 수 세기 동안 가톨릭 교회는 출생, 결혼, 죽음 등 삶의 주요 단계마다 촘촘히 개입해 왔다. 이제 비스마르크는 문화투쟁의 기치를 내세워 정부가 독일 청년들의 윤리 교육과 학제 관리를 책임지도록 했다.

총리는 〈학교감사법〉에 대한 초기의 비판을 무마하려고 다음과 같은 논지를 펼쳤다. 즉 폴란드계 학교들이 독일어를 공용어로 채택하기를 거부했기 때문에, 이러한 독일 통일을 저해하는 행위에 대한 감시가 불가피하다는 것이다. 물론 그가 폴란드의 분리 독립 운동을 경계하고 국정 교과를 통해 폴란드 청년의 민족 동화정책을 추진하려던 것은 사실이었다. 그러나 이를 핑계로 반동적인 교회가 교육에서 완전히 손 떼게 하고, 대신 세속적인 학제 과정을 도입할 기회를 노린 것도 엄연한 사실이다. 1872년 여름, 제국의회가 모든 예수회 교도를 독일에서 추방하는 법안을 통과시켰을 때, 비로소 최근의 조치들이 단순히 폴란드에 대한 유화정책 이상의 이데올로기 전쟁이라는 사실이 명백해졌다. 200명 남짓한 예수회 교도들은 모두 교황의 충성스러운 대리인들이었으니 곧 교황이 독일 정치에 관여할 것이라는 편집증적 불안이 최고조에 달했다. 이제 더 과감한 조치가 있을 것을 예상한 독일 가톨릭 신자들은 저항과 폭력으로 대응했다. 1873년 봄, 그들의 분노와 회의, 공포가 드디어 비등점에 도달했다. 문화투쟁이 본격적으로 펼쳐질 무대가 마련되었다.

'검은 국제주의자'라고 불리는 거대한 반동 운동에 대한 편집 증적 불안에 시달리던 비스마르크는 바티칸과의 외교 관계를 전면 단절하고, 1873년 교육부 장관 아달베르트 포크Adalbert Falk는 이른바 〈5월 법〉을 도입했다. 이로써 교회는 국가로부터 거의 완벽한 통제를 받게 되었다. 성직자는 독일 대학에서 정식 학위를 취득해야 했고, 성직자 임명은 정부에 신고해야 했으며, '성직자 문제를 다루는 왕실 법원'이 신설되었다. 자유주의 동맹은 교회를 정치적으로 통제하는 데 만족하지 않고 더 나아가 재정 기반을 약화하기 위하여 1875년 종교 단체에 대한 국가 지원금을 폐지했다. 비스마르크와 국민자유당은 또한 전통적인 출생, 결혼, 사망 등의 영역에서 국가 통제를 확대하고자 했다. 1774년 도입된 '시민 결혼'은 법적으로 유효한 결혼으로 유일하게 인정받았다. 물론 여전히 교회에서 결혼식을 올릴 수 있었지만, 법적으로 인정받으려면 시청에서 의식을 거쳐야 했다. 이는 문화투쟁이 단순히 가톨릭의 정치 활동을 제한하려는 조치일 뿐 아니라 독일의 정신적, 도덕적 권위를 높이려는 투쟁임을 분명히 보여준다.

이러한 중대한 조치에 교회가 강력히 반발한 것은 당연했다. 독일 가톨릭 신자들은 순순히 복종하기는커녕 오히려 서로의 연대를 더욱 굳건히 했다. 1877년 선거에서 중앙당은 무려 25퍼센트의 득표율을 얻었는데, 이러한 승리는 가톨릭 신자 대다수가 자신의 신앙을 정치 영역에서 대변할 정당에 투표했다는 것을 의미한다. 사실 개신교 신자들도 급격하고 공격적인 세속화에 불만을 느꼈다. 〈5월 법〉은 개신교 부설 학교와 기관, 결혼식에도 적용되었으므로 프로이센 보수주의자들도 가톨릭 신자 못지않은 불만과 우려를 품고 있었다. 종교적 요소는 제쳐두고라도, 자유주의 진보주의자의 신학적 상대주의를 경계해 왔던 보수적인 독일인들은 이 조치를 지나치게 급진적인 개혁으로 생각했다. 신은 죽었고, 그에 뒤따르는 비도덕적인 사회는 많은 이들에게 두려움의 대상이었다. 1870년대 후반 무렵, 문화투쟁은 비스마르크를 정치적으로 막다른 골목으로 몰고 갔다.

이제 비스마르크는 안전한 퇴로를 확보하면서 독일 가톨릭과 보수주의자들과 화해할 명분이 필요했다. 더구나 자유주의 운동이 쇠퇴하는 시기인 만큼 그 필요성은 더욱 절실했다. 경제적 관점에서는 당시 비스마르크는 제국의회 과반수에 해당하는 보수파로부터 보호관세를 도입할 것을 강하게 압박받고 있었다. 그래서 1878년 새 교황으로 선출된 레오 13세가 화해 의사를 타진해왔을 때 그로서는 화해의 시기가 아주 적절해 보였다. 현실 정치가인 비스마르크는 국민자유당과 오랜 동맹을 끊고 보수당·중앙당과 함께 새로운 다수파를 꾸렸다. 새로운 위험한 적, 즉 사회주의에 맞서려면 각 당의 강령 차이는 잠시 미뤄두어도 좋다고 판단해서다.

많은 학자는 이 다사다난했던 문화투쟁을 비스마르크의 잘못된 판단과 그로 인한 정치적 참사를 보여준 사례로 묘사하고 있다. 1872~73년의 느닷없는 피해망상이 비단 가톨릭 신자뿐 아니라 많은 독일인을 소외시키는 과민반응을 일으켰던 것은 사실이다. 〈5월 법〉은 여러 차례 번복되었고 가톨릭은 오늘날까지도 정치적 영향력이 상당하다. 그렇다고 해도 교회와 국가의 관계를 변화시키려는 문화투쟁의 궁극적인 목표가 완전한 실패는 아니었다. 그 때부터 특정 교파가 아니라 국민 의식에 최고의 문화적 척도를 두는, 세속 사회를 향한 수레바퀴가 움직이기 시작했다. 오늘날까지 결혼은 시민의 고유 권리이며, 국공립 학교에 다니는 어린이는 종교 교육을 강요받지 않으며, 종교 생활은 사적 영역으로 받아들여진다. 공격적이고 조급하게 시행된 문화투쟁은 당초 목표를 벗어났을 수는 있다. 하지만 결과적으로 문화투쟁의 승리자는 자유주의자들이었고, 그 후로 국가 정체성에서 종교가 다시는 제1의 위치를 차지하지 못했다.

메이드 인 저먼: 경제 대국으로 떠오르다

'메이드 인 저먼' 라벨이 붙은 제품은 오늘날 세계에서 가장 신뢰받는다. 이는 수출에 역점을 둔 독일 산업의 오랜 역사에서 비롯되었다. 초기에는 분단된 독일보다 프랑스와 영국이 훨씬 빠른 속도로 산업화와 근대화를 달성했지만, 19세기 중반 이후부터 독일이 빠르게 따라잡았다. 처음에는 관세동맹, 그다음에는 북독일연방, 마지막으로 통일된 제국 전역에서 경제 협력이 점점 활발해졌고, 이러한 흐름을 경제 사학자들은 제2차 산업 혁명이라고 불렀다.

　다른 유럽 국가보다 독일은 태생적으로 산업화에 적합했다. 무엇보다 지리적 조건이 이상적이다. 북쪽으로 바다를 접하고 여러 유럽 국가와 국경을 맞대고 있으며, 라인강, 다뉴브강, 엘베강, 오데르강, 슈프레강과 같은 수심 깊은 큰 강들이 국토를 가로지르고, 철로 건설에 이상적인 평야가 북쪽까지 광활하게 펼쳐져 있다. 효율적인 인프라 및 교역망을 구축하는 데 방해물이라곤 1871년까지 독일 주 정부 간의 공조가 부족했던 것뿐이었다. 또한 독일은 엄청난 인구와 이를 뒷받침할 수 있는 곡물이 충분히 생산되는 비옥한 농경지, 그리고 철광석, 석탄, 광물 등의 막대한 자원을 보유하고 있다. 일단 통일이 달성되자 독일은 국토와 인구 규모 측면에서 가장 큰 유럽 국가가 되었고, 이에 따라 최대 경제 강국으로 발돋움할 수 있는 잠재력을 갖추었다. 이렇듯 독일 제국은 세계 각국으로부터 부러움을 살 만한 이상적인 조건을 구비하고 있었다.

그리하여 1871년부터 독일은 '건국 호황', 다시 말해 특히 디자인, 가구, 예술의 독특한 스타일과 함께 건국시대Gründerzeit로 일컫는 경제적, 사회적인 일대 변화를 겪게 된다. 특히 베를린은 엄청난 건축 호황을 누렸다. 화려한 파사드 장식을 갖춘 우아한 주택들이 건설되어 신흥 부유층의 높아진 자신감을 만족시켜 주었다. 수도 베를린의 건축 대부분은 훗날 제2차 세계대전의 무자비한 폭격으로 파괴되었지만, 아직도 다른 도시에는 함부르크 시청, 뮌헨 마리엔 광장의 신청사 등과 같은 상징적이고 멋진 건물이 현존해 있다. 프랑스-프로이센 전쟁에서 독일이 승리를 거두고 프랑스가 1875년 3월까지 50억 프랑의 배상금을 지급하기로 합의하면서 독일 경제 상황은 한층 좋아졌다. 막대한 배상금을 기반으로 프로이센은 철도 인프라의 재정 투입과 국유화를 추진할 수 있었다. 1880년까지 독일의 철도는 연간 43,000명의 승객을 수송하며 프랑스 철도망의 규모를 압도했다. 그런데 다른 유럽 국가들의 것과 달리 독일 철도는 단순히 승객 수송 외에도 원자재와 생산물의 지점 간

연계 운송에 중점을 두고 운영되었다. 이에 따라 루르 지방의 산업 중심지가 각광받았고, 북쪽의 함부르크와 브레멘 항구 사이에는 급행 노선이 놓여졌다. 산업 집중화로 인해 농촌 지역은 고립되었으나, 독일 경제 전반은 빠른 속도로 경쟁국을 따라잡았다. 특히 중공업 분야에서 늘어나는 노동 인구와 더불어 교통망은 대단한 강점이 되었다. 1870년에서 1872년 사이에 선철(여러 원재료가 혼합된 철의 종류로 재제련을 거친다)의 생산량이 61퍼센트나 증가했는데, 이조차도 수요가 111퍼센트가 증가하여 공급이 늘 턱없이 부족했다. 이에 따라 선철의 가격은 90퍼센트가 뛰었고, 이렇게 거둔 제철 분야의 초과이윤은 건설, 기계류, 제조 등 부대 산업에 재투자되었다.

제국의회 건물을 위한 공모전(1872)에 우승한 루트비히 본슈테트의 오리지널 디자인

통일에 따른 즉각적인 경제적 부흥, 1870년 승리에 들뜬 민족주의 풍조의 만연으로 독일 경제는 자신감을 회복했다. 대중은 새로운 민족 국가는 무엇이든 해낼 수 있다고 믿었다. 이러한 기상을 담아내기 위해 새롭고 장엄한 독일 의회 건립이 추진되었다. 1872년 103명의 건축 설계안이 경합을 벌인 후, 최신 공학 기술이 뒷받침되어야 하는 강철과 유리 돔이 있는 네오바로크 양식의 건물이 당선작으로 선정되었다. 이미 필라델피아의 독립 기념관과 런던의 수정궁이 전 세계인의 상상력을 사로잡았으니, 이제 독일이 빛을 발할 차례였다. 경제가 빠른 속도로 성장할 것이라는 기대감이 커지면서 막대한 자금이 투입되었다. 초창기부터 비스마르크와 그의 자유주의 동맹은 자유시장 정책을 선호했기 때문에 경제 규제는 거의 드물었다. 비스마르크는 통일된 독일 시장을 조성하기 위해 가장 신뢰하는 자유 시장주의자를 적극 등용하기를 원했고, 결국 새로운 독일 관방장관으로 루돌프 폰 델브뤼크Rudolph von Delbrück가 임명되었다. 델브뤼크는 효율을 가장 중시하는 전형적 관료로서, 이미 북독일연방에서 비스마르크의 오른팔로 활약하며 역량을 발휘한 바 있었다. 이는 1871년 당시 금융 거래 규제가 거의 없었다는 것을 의미한다. 오늘날에도 여전히 주요 기업으로 활동하는 도이체방크와 코메르츠방크와 같은 기업들이 이때 시장에 출현하여 대규모 독점과 카르텔을 주도했다. 건국시대의 열광적인 경제 분위기를 타고, 대규모의 민간 자금이 금융 산업 투자에 유입되었고 주가는 평균 50퍼센트 넘게 상승했다. 마침내 포화 상태에 도달한 유럽 금융 시장이 1873년 곤두박질치듯 폭락하자, 이 모든 것이 일시에 멈췄다. 1873년 10월 베를린에서 발생한 대공황은 독일 경기 침체를 예고하는 최초의 전조가 되었다.

관점에 따라서는, 최초의 경제 위기가 독일 산업에 중장기적으로 나빴던 것은 아니었다. 어떤 면에서는 제국 초기 몇 년 동안 과열되고 있던 비정상적인 성장세를 숨 고르게 해준 측면이 있었다. 성장률은 정체되었으나 급격히 하락하지는 않았고, 생산 속도가 정상화되면서 다른 나라에서 흔히 나타나는 과잉 생산 문제를 예방할 수 있었다. 그렇지만 이러한 경제 흐름에 취약할 수밖에 없었던 계층, 특히 중산층과 노동 계급은 고통을 겪었다. 농촌 지역에서 도시로 몰려들어 높은 임금을 받던 산업 노동자들의 일부는 별안간 실직했다. 충격을 완화해줄 복지 혜택도 없고 가족의 보호망에서도 벗어난 그들은 이제 빈곤과 열악한 환경에 처했다. 노숙자로 전락한 이들은 임시 일자리를 구하려 독일 도시의 추운 거리를 배회하며 음식 찌꺼기를 구걸했다. 이는 그들이 기대했던 도시의 현대적인 삶과는 거리가 멀었다. 지난 2년간 투자와 은행업으로 큰돈을 번 중산층 역시 금융위기를 버틸 실물 자산이 없었기에 모든 것을 잃는 경우가 허다했다. 값싸고 작은 연립주택에 비좁게 살면서, 쇠락한 중산층은 더 나은 시절로의 복귀를 꿈꿨다. 많은 독일인이 자유시장에 환멸을 느꼈고, 은행권의 살찐 고양이들에 대한 분노는 곧 그들을 견제하기 위한 정치적 조치를 요구하는 목소리로 바뀌었다. 자유방임 자본주의의 시대는 끝났고 델브뤼크와 같은 자유주의자들은 무대에서 퇴장할 때가 되었다.

비스마르크는 경제 정책의 방향에 대해 이렇다 할 고집을 내세우지 않았지만, 압박은 더욱 거세졌다. 전 세계적인 곡물 과잉 생산으로 인해 러시아, 아르헨티나, 미국으로부터 저렴한 수입 곡물이 밀려 들어와 독일 농업의 경쟁력을 크게 갉아먹었다. 그러자 독일산업가중앙협회와 같은 강력한 압력단체가 결성되어 독일 산업에 대한 더 많은 보호무역을 요구했다. 비스마르크는 진로를 바꿔야 했다. 그를 위해 10년 넘게 봉사했던 충성스러운 델브뤼크가 1876년 공직에서 쫓겨나면서 첫 번째 희생양이 되었다. 또한 보호주의 정책을 절대 승인하지 않을 국민자유당과의 협력 관계도 접어야 했다. 그렇게 비스마르크가 자유주의 배를 버리고 보수주의 배로 갈아타게 될 상황이 무르익었다.

1878년 선거에서 중앙당이 23.1퍼센트의 득표율을 기록하며 인기가 높아진 것은 역설적이지만 무엇보다 문화투쟁 기간에 벌어진 비스마르크 정권의 반가톨릭 공세에서 비롯된 바가 컸다. 독일제국당과 독일보수당은 당시 제국의회 의석수의 27퍼센트를 차지했다. 반면 국민자유당은 의석의 약 1/4을 잃으며 몰락했다. 비스마르크는 가톨릭과 보수주의자들에게 보호주의 경제 정책을 지지하고 사회주의 및 자유주의에 반대하는 연정을 약속하면서 어제의 정적들이 문화투쟁을 잊고 용서하도록 설득했다. 결국 그의 설득이 통해 원내 다수당 연합이 탄생했고, 그에 힘입어 1879년 6월 12일 관세법이 통과되었다. 이제 톤당 10마르크의 관세가 부과되는 수입 선철은 가격이 17퍼센트 이상 인상되어 독일의 가격경쟁력을 따라갈 수 없었다. 농업 분야에서도 수입 밀에 톤당 70마르크의 관세가 부과되어 대토지를 소유한 융커 친구들을 만족시켰다. 신구 엘리트가 뭉친 로비 집단인 이른바 '철과 호밀의 결혼'은 1880년대에 막강한 권력 블록이 되어 향후 수십 년 동안 경제 정책과 더 나아가 사회 정책을 지배하게 되었다.

경제 전반에서 농업은 산업에 비해 비중이 크게 줄었으나, 기계화와 기술 향상에 따라 경이로운 수준으로 높은 성장률을 나타냈다. 1873년에서 1913년 사이에 밀 생산량은 50퍼센트 이상 증가했으며, 질산나트륨을 비료로 사용하고 증기 구동 기계를 도입한 덕분에 돼지 사육두수도 700만 마리에서 2,500만 마리로 증가했다. 이러한 급격한 생산량 증가는 경제적으로 두 가지 영향을 초래했다. 첫째, 과잉 생산은 가격과 임금 하락으로 이어져 농업은 더 이상 매력적인 투자처가 될 수 없었다. 둘째, 날씨와 수확량의 변동이 좋지 않은 여건에도 식량이 충분히 생산됨에 따라 안정적이고 풍부한 영양 공급이 가능해졌다. 이에 따라 독일 인구는 빠르게 증가하여 1890년 비스마르크 재임 말기에는 거의 5천만 명에 달했다. 이는 곧 상당한 규모의 내수 시장 확보와 더 많은 노동력 공급으로 이어져 독일의 경제 성장 속도를 한층 높였다.

비단 철, 석탄, 농업 등 전통적인 산업 분야만 성장한 것이 아니었다. 중장기적으로 독일에 가장 중요한 산업 분야는 화학, 전기 제품 및 기계 공학 등의 신산업이었다. 1871년에서 1913년 사이에 독일의 기계류 수출은 6배 증가했으며, '메이드 인 저먼'이라는 레벨은 정교하게 제작되고 내구성이 뛰어나며 혁신적인 제품의 이미지를 연상하게 했다. 이 분야에서만 전체 독일 수출량의 7퍼센트를 차지했다. 1880년대의 초기 연소 엔진과 세계 최초의 자동차는 두 차례의 세계대전으로 인한 혼란과 재앙을 겪으면서도 현재까지 변함없는 독일 경제가 가야할 방향을 제시하고 있다. 전기 분야 역시 훌륭했다. 회사와 도시 전체로 전기를 공급하기 시작했던 지멘스Siemens와 아에게AEG 같은 기업들은 비스마르크 제국에서 가장 성공한 독일 기업이 되었다. 마지막으로 화학 분야에서도 바스프BASF와 바이엘Bayer과 같은 거대 기업들이 오늘날까지 시장을 선점하며 독일의 경제 성장의 주춧돌이 되었다. 이렇듯 방대하고 수익성 높은 신산업 분야는 고도로 전문화되고 혁신적인 성과로 이어졌다. 또한 신산업 분야에서 필요로 하는 숙련된 산업인력들은 높은 임금과 좋은 근무 조건을 요구할 수 있는 교섭력을 갖췄다. 고도의 전문화에 따라 독일 기업이 생산하는 제품은 경쟁 상대국이 거의 없으니 정상가격 이하로 판매할 유인이 없었다. 독일 수출품의 품질과 명성은 높은 수준의 가격을 담보했고 산업가, 노동자, 국가에 상당한 수익으로 돌아왔다.

다시 말해 새로운 독일 국가는 자원과 인력을 착취하는 세계 식민지 네트워크의 이점을 누리지 못하고도 강력한 경제 대국을 건설할 수 있었다. 이 젊은 국가는 제국주의에 너무 늦게 합류하여 영국과 프랑스와 같은 세계 제국을 발전시킬 기회를 놓쳤지만, 그렇다고 경제적으로 뒤처질 리는 없었다. 1873년의 짧은 후퇴는 신생 경제를 좌절시켰다기보다는 건국 시대의 과잉 성장을 정리하는 계기가 되었다. 자유무역에서 보호무역으로 전환한 독일은 바야흐로 현대 산업 대국으로 성장해서 서유럽의 이웃 국가들과 본격적으로 경쟁하기 시작했다.

독일적인 것이란 무엇인가?
비스마르크 통치기의 사회

1878년에 독일의 유명한 작곡가 리하르트 바그너는 "독일적인 것이란 무엇인가?"라는 질문에 대한 답을 내놓으려 했다. 1865년부터 이 문제를 계속 고민해 왔던 그는 무려 13년이 지나서야 그 자신이 "이 문제에 더 나은 답변을 할 자격이 없다"라고 결론지었다. 바그너는 〈니벨룽의 반지〉와 같은 오페라로 대중에게 잘 알려졌을뿐더러 정치적 행보와 기이한 생활 편력으로도 명성이 높았다. 특히 바그너를 둘러싼 반유대주의 논쟁만큼이나 배우 미나 플래너와 격정적인 결혼 생활은 악평을 불러일으켰고, 그는 가는 곳마다 쌓이는 청구서를 피하려고 런던과 파리로 도망을 다녀야 했다.

그러나 바그너는 초기 사회주의 운동과 1848~49년 혁명에서 왕성하게 활동했다. 다른 독일 민족주의자들과 마찬가지로, 그는 독일 제국의 첫 10년이 끝날 무렵에 드러난 성과에 환멸을 느꼈다.

1848~49년에 바리케이드에서 싸웠던 투쟁의 시간, 그리고 혁명의 여파로 보낸 정치적 망명의 시간은, 마침내 찾아온 1871년 조국 통일의 순간에 그럴 만한 가치가 있었던 듯 보였다. 하지만 1878년 무렵 그는 냉소주의에 물들었다. "우리가 자유 무역에 투표했을 때, 독일인의 심장도 한껏 뛰었다. 그런데 그때나 지금이나 온 나라에 궁핍이 만연하다. 노동자는 굶주리고 산업은 병들었으며, 오로지 '사업'만이 번창하고 있다." 1871년 새로운 사회에 대한 원대한 희망을 품었던 1세대 '독일인'의 전형적인 인물이었던 바그너는 자신이 꿈꾸던 통일의 영광과 비스마르크 제국의 현실이 충돌하는 모습을 보면서 불안과 더 나아가 불신을 느꼈다.

처음에는 대부분 독일인은 새로운 독일 제국의 미래에 대해 낙관적이었다. 역사학자 미하엘 슈튀머Michael Stürmer가 지적한 것처럼, 급속한 산업화 및 급속한 경제 발전으로 사람들은 자기 자신과 자녀들이 '더 행복하고 더 오래 지속되는 삶'을 누릴 것이라는 기대감에 부풀었다. 1871년에서 1873년 사이에 모든 사회 계층에 팽배했던 이른바 진보 낙관주의Fortschritt Optimismus에 대해, 후일 미국 역사학자 프리츠 스턴[21]Fritz Stern은 '민족적 중독'과 '무절제한 교만'이 뒤섞여있다고 비판했다. 개인적인 삶에서도, 실질적인 진보의 증거는 뚜렷한 듯 보였다. 임금은 상승했고 새로운 일자리가 생

---

21) 프리츠 스턴(1926~2016)은 독일 유대계 태생의 미국 역사학자이다. 그는 "근대성의 본질을 온전히 이해하지 못한 엘리트 정치인과 지식인들의 문화적 절망감이 정치화되면서 나치가 출현하게 되었다"라고 지적하면서, 독일 파시즘의 배후로 19세기 말 독일 지식인 사회에 팽배했던 극우적 인종주의 운동을 지목했다.

거났으며, 의학 분야에서는 로베르트 코흐Robert Koch 같은 인물이 유럽 최상층 엘리트와 경쟁했다. 독일은 많은 국민이 바라 마지않는 위대함의 길로 접어들었고, 국민의 사기가 높아졌다.

그런데 1873년에 닥친 금융위기로 이러한 낙관론의 기세가 한 풀 꺾였다. 부르주아-자본가의 자유주의 방식이 독일의 위대함과 진보로 가는 지름길인 듯 보였으나, 이제는 소수의 사업가와 은행가에게 이익이 될 뿐 사회의 나머지 계층은 후퇴하는 체제라는 의혹이 일었다. 리하르트 바그너를 필두로 한 반유대주의적 궤변은 유대인 금융가들이 자기 이익을 위해 독일을 분열시키려 한다고 주장했다. 1873년은 확실히 사회 각 계층에서 자유주의에 대한 보수의 역습이 거셌던 해였다. 귀족들은 더 이상 토지 소유권과 귀족 작위만으로 부와 정치적 영향력을 보장할 수 없다는 것을 깨닫고 두려워했다. 기계화, 대량 생산, 산업 경쟁으로 인해 그들의 사회적 지위는 현격히 약화하였다. 하류층에 해당하는 노동자 계급은 1873년부터 1880년대까지 이른바 '장기 불황'이 지속되면서 힘겨운 나날을 보내고 있었다. 독일 경제는 미국 등 다른 서구 경쟁국들에 비해 타격이 크지는 않았으나, 투자 의욕 저하, 근로 조건 악화 등 악조건이 비일비재했다. 복지, 건강 및 안전, 고용 등에 관한 법률적 보호가 부족한 여건에서 노동자들은 인정사정없이 이윤 극대화에 전념하는 고용주의 선의에 의존해야 했고, 때로는 그런 기대조차 쉽지 않았다. 전반적으로 임금은 계속 상승했으나, 1873년 위기 이후로도 경제 규모 팽창과 생활비의 가파른 상승세는 여전했다. 경제 역사학자인 게르하르트 브라이Gerhard Bry의 추정에 따르면, 1871년과 1874년 사이에 생활비가 무려 14퍼센트 이상 치솟았다가 간신히 물가 관리가 가능한 수준을 되찾았다. 그러나 당시 착취의 문화, 도시화 및 프롤레타리아화가 곪을 대로 곪은 상황에서, 하층민의 분노가 커졌다. 노동자들은 영광스러운 조국을 꿈꾸었으나, 아무리 열성적으로 일해도 벗어나기 힘든 경제적, 사회적 곤궁에 갇히고 말았다. 1870년대부터 1880년대까지 미국으로 떠난 독일 이민자 수가 2배 가까이 증가했는데, 물론 문화투쟁으로 인한 종교 박해를 피해 건너간 가톨릭 신자들도 많았지만, 분명 불평등한 사회에 대한 환멸에서 떠난 이들도 상당수였을 것이다.

1873년의 금융위기는 논외로, 2차 산업혁명의 부작용으로 가속화된 도시화 과정은 장기적인 숙제를 남겼다. 제국의 새로운 수도였던 베를린에서 나타난 수치를 보면, 비록 극단적인 예일 수 있지만, 당시 인구 이동의 규모를 짐작할 수 있다. 프로이센과 북독일연방의 수도로 일찍이 부흥기를 맞이한 베를린은 1871년 913,984명의 인구가 거주하는 독일 최대의 도시였다. 그런데 1890년 비스마르크의 임기가 끝날 무렵 2배 이상 증가한 190만 명이 베를린을 고향으로 생각했다. 대부분의 독일인은 여전히 시골에 살았으나 (1910년까지 대도시 거주자는 인구의 1/5에 불과했다), 대세는 이미 기울어졌다. 주 정부는 기반 시설과 주택 건설을 개량하는 데 최선을 다했다. 하지만 상당수 규정은 도시화 바람이 본격적으로 불기 전에 제정된 경우가 많아서 도시 문제를 감당하기에 턱없이 부족했다. 베를린의 인구밀도는 도시화가 진행된 루르 지역의 2배에 달해 다른 도시보다 더 큰 고충을 야기했다. 그래서 '베를린 임대 주택(미츠카제리네)'Mietskaserne 현상이 나타났다. 영어에 가장 가까운 번역은 '연립주택'이며, 두 용어 모두 거주자가 집 전체가 아닌 건물의 작은 부분, 즉 아파트나 방 한 칸에 거주하는 임대 숙소를 의미한다는 점에서 비슷하다. 하지만 독일어로 'Miet'란 '임대'이고 'Kaserne'은 '막사'라는 뜻이므로, 미츠카제리네는 스파르타식의 음산하고 비좁은 주거 환경을 떠올리게 한다. 당시에는 계획 구역에 대한 허가 규정이 미미했고, 주택 건설의 시급성을 고려해서 안락함보다 신속함과 비용 절감이 우선되었다. 따라서 수많은 주택 단지에서 환기 및 공용 공간이 크게 부족했고 적절한 위생 예방 조치도 취해지지 않았다. 이는 여러 가구가 공용으로 사용하는 어둡고 눅눅한 생활을 의미했으며, 임대주택은 곧 도시 노동계급의 곤경을 대변하는 대명사가 되었다. 특히 베를린과 함부르크의 상황이 가장 열악했다. 아르노 홀츠[22]Arno Holz는 임대주택의 어둠과 음침함에 매료되어 다음과 같은 시를 남겼다(《당신의 지붕은 별 끝까지 닿아 있다》Ihr Dach stieß fast bis an die Sterne, 1898년 작품).

> 지붕은 거의 별까지 닿아 있다.
> 안뜰에는 꿀벌이 윙윙거리는 공장,
> 손풍금의 낑낑대는 소리로 완성되는

---

22) 아르노 홀츠(1863~1929)는 독일 대표 시인으로 노벨 문학상 후보에 9번이나 올랐다.

이곳이 진짜배기 임대주택!
지하실에는 쥐가 둥지를 틀었고,
1층에는 물 탄 럼주와 맥주가 있고
그리고 5층까지 줄줄이 늘어선 모든 아파트의 문 뒤에는
교외 주민의 불행이 숨어있다.

독일의 철도망은 더 많은 인구의 이동성과 접근성을 높이는 수
단보다는 산업적 맥락을 우선하여 설계되었기 때문에, 도시와 다른
도시, 항구, 강, 국경 간 연결성이 훨씬 중시되었다. 그러다 보니 시

베를린 임대주택 전형적인 내부 사진 (베를린 독일역사박물관 소장)

골의 인구는 발이 묶였다. 도보나 말을 계속 타고 다닐 수밖에 없는 독일 마을과 촌락의 주민들은 그 지리적 반경이 매우 좁았다. 전화, 라디오, TV, 인터넷이 없던 시절이라서 거주지를 넘어 세상과 연결되는 통로는 신문만이 유일했다. 세상과 '단절'된 느낌은 곧 '낙오'된 분노로 바뀌었고, 도시인이 열광하는 진보에 대해 시골 주민들은 방어적이고 보수적인 자세로 대했다. 근대성과 '영리한 도시 사람들'에 대한 뿌리 깊은 회의가 시골에 만연했다. 증기 기관차가 기차역부터 수백 마일 떨어진 곳까지 승객을 편안하게 데려다주는 멋진 광경은 그런 문명의 수혜를 접할 수 있는 이들에게나 열정을 불러일으킬 뿐이며, 여기서 소외된 이들은 그 기술이 상징하는 세상, 그리고 자신들의 삶이 평가 절하되는 방식에 대해 분노를 느꼈다.

한편 또 다른 사회적, 지리적 영역에서도 보수적인 반동이 일었다. 1873년 자본주의의 위기는 중산층에 독특한 영향을 끼쳤다. 교사, 중소기업 경영자, 힘 있는 산업 자본가까지 광범위한 직업군에 속하는 이들은 대체로 독일 통일을 가져온 자유주의 운동을 열렬히 지지해왔다. 그러나 1873년 이후 자본주의에 대한 재평가가 이루어지면서 신뢰의 위기가 찾아왔다. 신흥 부유층에 대한 구엘리트들의 속물근성이 중산층의 마음속으로 파고들었다. 이러한 경향은 군대와 귀족 엘리트들의 관습과 생활 방식에도 영향을 미치기 시작했다. 1871년만 해도 맞춤 정장을 선호하던 사업가들이 지금은 명예 군인 직함을 사거나 예비군 부대에 편입하여 군인 제복을 입고 결혼식을 올리는 것을 자랑스럽게 여겼다. 아울러 가구, 헤어 스타일, 관습도 귀족의 것을 모방했다. 돈과 영향력이 있는 사람들은 그토록 열망하는 '폰'von을 자신의 이름에 붙이기 위해 작위를 사거나 귀족과 혼인을 맺으려 했다. 이렇듯 1880년대의 보수의 흐름과 더 나은 시대로 회귀하려는 열망이 한데 섞였다. 근래에 얻게 된 지위와 부를 불안해하며 자신들의 시대가 운을 다했다며 한탄했던 엘리트들은 귀족 가문의 혈통을 쳐다보며 부러워하기 시작했다. 프로이센의 군국주의 유산, 그리고 독일의 가치로 숭상해 온 충성심, 권력에 대한 열망이 한데 뒤섞이면서 아주 위험한 경향이 나타났다.

이러한 전반적인 보수적 흐름은 각계 계층의 여성들에게도 공통되게 나타났다. 물론 한편으로는 전통적인 치렁치렁한 드레스가 종종 블라우스나 셔츠에 롱스커트를 입는 실용적인 복장으로 바뀌어 편안한 패션이 자리잡기도 했으나, 기혼여성들이 집에서 자녀, 집, 난로를 돌보며 남편을 내조하는 근본적인 풍조는 바뀌지 않았다. 1891년까지 대학에 진학할 수 없었던 여성은 중산층 직업을 가지기 쉽지 않았다. 유일한 예외가 교사인데, 그나마 통상 결혼 전까지만 허용되었다. 노동계급 여성의 지위에는 더 큰 변화가 있었다. 산업화 이전에 여성은 농장에서 일손을 돕고 농기와 장비를 수리하며 수확에 기여하고 가축을 돌봐야 했다. 산업화 초기에는 많은 여성이 집에서 옷감을 짜며 남편의 수입을 보조하는 역할을 했다. 1870년대와 80년대에는 점점 더 많은 노동계급 여성이 일터로 나갔다. 이러한 변화는 아주 서서히 진행되었다. 1882년 당시만 해도 공장에서 일하는 근로 여성의 수는 약 50만 명에 불과했는데, 이는 아내가 아이들을 돌보며 집에 머물 수 없다면 남성 가장이 가족을 부양할 능력이 부족해서라는 사회적 낙인 때문이었다. 대부분 여성들은 저숙련의 단순노동에 종사하며 남성 근로 임금의 60퍼센트 수준을 받았다. 하지만 여성 운동이 점차 활발해지면서 출산휴가 도입, 야간 노동과 중노동 금지 등 여성 근로 조건에 관한 법률이 일부 개정되기도 했다.

1860년대 중반부터 조직화한 초기 여성 운동에 대해서는 최근 많은 연구가 이루어졌다. 그러나 이 운동이 여성 공장 노동자를 대변한다고 출발했으나, 정작 운동을 주도하는 계층은 부르주아 출신 여성이라는 점을 기억해야 한다. 더구나 그 저변에는 종종 다른 정치적 대의와 함께 진행되었다. 여성 해방 단체의 대표적 인물 중에서 자녀를 양육하고 가족 생계를 위해서 생업을 이어가는 여성들은 매우 드물었다. 학교 교사이자 러시아 혁명가의 동반자였던 클라라 제트킨Clara Zetkin과 같은 초기 페미니스트들의 사례를 보면, 어떤 면에서는 여성 노동운동이 당시 국제 사회주의와 밀접하게 연관되었다는 사실이 드러난다. 독일여성협회ADF 같은 조직들은 출신배경과 지향점 면에서 중산층이 주류를 이루었으며, 활동 목적도 여성의 대학 진학, 사회 진출, 평등한 법적 권리 보장 등을 위한 것이었다. 그들은 급진적인 여성 사회주의자들과 거리를 두고 활동했다. 그 어느 쪽도 대다수 독일 여성을 대표하지 않았고, 전반적으로 여성의 전통적인 역할 관점에서 벗어나지 못했다. 그들은 좋은 어머니와 착한 아내가 되기를 원했고, 동시대 남성들 못 지않게 여성 조직에 대한 요구를 마뜩치 않게 여겼다. 이러한 문화 가 진정으로 변화하기 시작한 것은 제1차 세계대전 직전부터 종전 후까지 여성의 권리, 참정권, 평등을 위한 대규모 시위가 벌어지면 서부터였다.

"독일적인 것은 무엇인가?"라는 물음은 제국 내 수많은 민족 적, 종교적 소수자들이 있는 한, 대답하기 쉽지 않은 문제였다. 닐 맥그리거가 시사했듯이, 물리적 경계가 뚜렷하지 않은 대륙 국가 독일은 문화적으로도 정의하기 쉽지 않다. 언어의 지형이 항상 지 리적 또는 정치적 지형과 일치하지도 않았다. 1871년 독일 제국 경 계 내에는 폴란드, 덴마크, 프랑스계 시민 수백만 명이 소수 민족 으로 남아 있었다. 이들의 분리 독립 요구는 새로운 국가의 구조적 통합에 실질적인 위험 요인이 되었다. 이러한 위협을 인식한 비스 마르크는 '제국의 적'을 재빨리 간파하여 (그 자신이 인용한 문구 대로) '네거티브 통합' 과정을 통해 최대한 통제하려 했다. 달리 말 하면 그들이 시간이 갈수록 (즉 현세대는 아닐지라도 적어도 다음 세대에서는) 문화와 언어 측면에서 진정한 독일인이 될 수 있도록 효과적으로 강제하고 압박하고 달래야 한다는 뜻이다. 이를 위해 비스마르크는 학교, 법정 및 공공 기관에서 유일한 공식 언어로 독 일어를 사용하도록 했다. 특히 폴란드 학교가 독일과 러시아 양국 에서 위협받는 폴란드 문화를 보존할 목적으로 이 규정을 종종 무 시하는 데 주목해서 현장 점검을 시행하기도 했다. 동프로이센 토지에 대한 정부 대출 제도는 독일인들이 폴란드인이 많은 지역에 이주해서 그곳 지역의 언어와 문화적 구성을 '희석'하려는 의도로 도입되었다. 또한 고등학교 및 대학교, 의무 병역은 의도적으로 혼합된 집단과 조직을 만들어냄으로써 외국 문화를 독일이라는 용광로에 녹여내도록 장려했다. 덴마크의 분리 독립 요구는 거의 무시되었는데, 이는 홀슈타인 지역에 살고 있는 덴마크인이 아주 소수인 데다가 그들의 문화와 언어가 독일과 비슷해서 시간이 흐르면 자연히 통합될 수 있다고 보았기 때문이다.

반면 독일에 합병된 알자스와 로렌 영토에 거주하는 프랑스인들은 다루기 어려웠으며 국지적인 저항운동을 그치지 않았다. 비스마르크는 평소대로 당근과 채찍 전술을 사용했다. 제국의회에 15명의 의석을 할당하여 지역 주민을 달래는 한편, (국가 주권의 보루라고 할 상원인) 연방참사원에서는 대표성을 인정해주지 않았다. 더 나아가 그는 알자스-로렌 주지사들을 연방정부에 우호적인 인사들로 임명하고 인구 유인책의 하나로 스트라스부르 대학을 재정 지원했다. 동시에 독일을 떠나고 싶어 하는 이들의 이주를 허용하여 1914년까지 40만 명이 프랑스로 떠났다. 이에 반해 분리주의를 주장하는 폴란드인에 대한 대우는 썩 좋지 못했다. 폴란드인 추방 정책에 대해 의회 반대가 거세지자, 이에 모욕감을 느낀 프로이센 당국은 1885년 독일 시민권이 없는 폴란드인 3만5천 명을 오스트리아와 러시아로 추방하는 등 정면 대응으로 사태를 해결하려 했다. 이 과정에서 비스마르크가 어떤 역할을 했는지는 많은 논쟁이 있다. 그는 이 조치를 공개적으로 비판했으나, 그렇다고 해서 프로이센 관료들에게 어떤 처벌이나 공식적인 질책을 하지 않았다. 국민을 독일화하려는 무감각하고 거친 시도는 실상 불필요한 것이었다. '네거티브 통합'의 저의를 담고 있든 아니든 간에, 의무 병역과 보통학교, 소수 민족간의 통혼은 동화에 도움이 되었다. 그렇지만 독일 국가에 대한 적대감이 강한 민족, 특히 프랑스인과 폴란드인들은 그런 무감각한 통합 대상이 되었을 때 당연히 더 큰 분노로 되갚으려 했다.

이른바 '유대인 문제'는 독일 민족주의의 맥락에서 상당한 논쟁을 불러일으켰다. 1871년 독일에는 51만 2천 명의 유대인이 있었고, 이들의 해방 문제는 통일 이전부터 격렬했다. 비스마르크와 빌헬름 황제는 유대교를 인종 문제라기보다는 종교 문제로 보았기 때문에, 유대인이 독일에 흡수되어 소수 민족으로 활동하지 않는 한 법적으로 완전한 평등을 보장하고 공직과 군인 진출을 허용했다. 이에 따라 기독교로 개종한 유대인 15,000명이 고위 공직에 진출할 수 있었다. 오히려 유대인 혐오를 부추기는 선동은 1873년 금융위기 당시에 불거진 것으로, 경제 상황에 대한 분노를 등에 업고 유대인 은행가에 대한 비방 문구가 거리에 나붙었다. 또 다른 반유대주의 물결이 1880년대를 휩쓴 것은 동유럽 지역의 대학살 이후 러시아와 폴란드 유대인들이 독일로 대거 이주하면서부터였다. 새로 도착한 유대인들은 독일어를 전혀 할 줄 몰랐고 교육 경험이나 전문 기술도 거의 없었다. 경제 위기 때 프로이센, 특히 베를린에 주로 정착한 이들 때문에 반숙련 독일 노동자의 임금이 한층 낮아졌다는 불만이 제기되었다. 비스마르크는 제국의회에서 가톨릭 보수 세력의 발언을 순화하려는 데 주의를 기울였지만, 정치적 자산을 쏟을 정도로 중요한 문제로 보지는 않았다. 1885년 폴란드인 강제추방령에 4,000명의 유대인이 포함되었을 때, 앞서 말한 것처럼 비스마르크는 유대인들이 고국을 떠나 대학살이나 반유대주의 폭력이 일상화된 국가로 이주해야 하는 상황을 외면했다. 어쨌거나 1910년 독일에 거주하는 유대인 숫자는 61만 5천 명에 달했고, 그들은 교육, 군대 복무, 문화 동화 정책에 힘입어 기독교인으로 개종한 이들과 함께 비스마르크의 제국에 정착하게 되었다.

이러한 문화적 분열, 회의, 불안에도 불구하고, 독일 사회는 1871년부터 1890년까지 점진적인 성장세를 이어갔다. 2년간의 병역 의무복무 제도는 청년층에게 획기적인 영향을 미쳤다. 젊은 남성들은 계급, 종교적 소속, 정치 노선과 관계없이 군대에서 국민으로서 소속감을 체험했으며, 이 경험은 평생 지속되어 다음 세대로 이어졌다. 근면, 시간 엄수, 정직, 정확성과 같은 가치를 중시하는 사회가 서서히 자리 잡았고, 이는 독일인의 내재한 성향으로 받아들여졌다. 비스마르크 통치 말기에는 계급, 나이, 성별, 종교 등 정체성이 각자 다르더라도 대부분 질서와 번영, 그리고 자신이 세운 국가 연합에 큰 가치를 두었다. 또한 한편으로 애국심에 충만한 이들은 불평등, 지리적 거리, 문화적 차이로 인해 사회 조직에 생긴 균열을 메우는 과정에서 끊임없이 갈등하기도 했다.

사회적 문제들: 비스마르크와 노동 계급

제2차 산업혁명의 고삐 풀린 자본주의는 광대한 부를 창출함으로써 전반적으로 생활 수준을 높였다. 또 한편으로는 생산자에게 새로운 부를 어떻게 분배할지를 놓고 공정성 논쟁이 일어났다. 인구의 급증과 도시화·기계화 과정이 맞물리면서 프롤레타리아트 계급이 늘어났다. 프롤레타리아트는 고대 로마에서 토지를 소유하지 못하나 자유롭게 노동력을 판매해 받은 임금에 의존하는 계층을 뜻했는데, 19세기에 카를 마르크스와 학자들에 의해 새롭게 소환된 용어다. 산업 혁명의 맥락에서 프롤레타리아트는 재료, 기계 및 기타 생산 수단을 소유하지는 않지만 직접 생산에 사용하며 고정임금을 받는 도시 노동자들을 뜻했다. 예를 들어 전통적인 직공은 시장에서 양털을 구매한 뒤 자기 소유의 베틀로 직물을 짜내 시장에 판매함으로써 이익을 얻는다. 그와 달리, 도시의 섬유 공장 노동자는 자신에게 제공된 기계식 베틀과 양털을 가지고 최종 제품을 만들면 또 다른 사람이 판매를 맡게 된다. 마르크스는 이렇게 분업화된 노동자는 본질적으로 노동에서 소외될 수밖에 없으며, 실제로 노동자가 받는 임금은 노동을 통해 창출되는 이윤과 거의 관계가 없거나 아무 관계가 없다고 주장했다. 초기 사회주의자들의 눈에는 자본가들이 모든 생산 수단을 소유하고 장악하고 있었다. 특히 당대는 노동 분업과 기계화로 인해 훈련이 거의 또는 전혀 필요 없는 일자리가 많이 생겨났기 때문에, 공장 소유주는 개별 노동자를 상대로 임금과 근로 조건을 마음대로 결정할 수 있었다. 아주 쉽게 대체할 수 있는 상품이 된 저숙련 노동자들은 서로를 구덩이 속에 몰아넣는 신세로 전락했다. 이러한 추세에 맞서 싸우는 유일한 방법은 조직화와 단결뿐이라고 초기 사회주의자들은 주장했다.

1848년 자유주의의 흐름과 사회주의 혁명에서 마르크스의 공산당 선언의 첫 대사는 불길하게 들렸다. "하나의 유령이, 공산주의라는 유령이 유럽을 떠돌고 있다. 옛 유럽의 모든 세력이 이 유령을 쫓아내기 위해 성스러운 동맹을 맺었다. […] 공산주의는 이미 모든 유럽 세력에 의해 하나의 권력으로 인정받았다." 그러나 1871년 무렵 이 유령은 더 이상 암울할 정도로 압도적이지 않았다. 독일 노동계급은 조국의 통일을 환호했고, 비스마르크와 빌헬름 황제는 국민 영웅이 되었다. 경제의 전망은 밝아 보였다. 1869년 빌헬름 리프크네히트Wilhelm Liebknecht와 아우구스트 베벨August Bebel이 주도하는 사회민주노동자당SDAP과 1863년 페르디난트 라살레^{Ferdinand Lassalle}가 이끄는 전국독일노동자협회^{ADAV} 등 노동 계급을 대표하는 정당들이 북독일연방에 속속 결성되었다. 그러나 1871년 3월 선거에서 이 정당들은 득표를 모두 합쳐도 3.2퍼센트에 불과해 2석의 의석을 얻는 데 그쳤다. 이미 살펴본 대로, 비스마르크는 판세를 꼼꼼히 관찰하면서 라살레와의 대담을 몇 차례 가져 자유주의자들을 긴장시켰다. 그러나 그는 공산주의 유령은 근거가 없다고 정확하게 진단했으며, 실제로도 새로 건설된 독일 제국의 안정화에 가장 큰 걸림돌은 따로 있었다.

게다가 노동 계층을 포함한 많은 독일인은 사회주의자들을 극단주의자이자 배신자로 취급했다. 1850년대부터 초기 사회주의자들은 국가에 충실하지 않고 사회 전복을 노린다는 뜻으로 '조국이 없는 사람들^{vaterlandslose Gesellen}이라고 불렸다. 그들이 조국에 대한 충성심이 전혀 없는 국제주의자라는 비난의 목소리는 특히 19세기 중반 유럽의 민족주의 기류 속에서 더욱 높아졌다. 사회주의자들은 1870년 나폴레옹 3세가 몰락한 후 등장한 프랑스 공화국에 대해 크게 공감했고, 특히 일부는 알자스와 로렌의 합병에 공개적으로 반대했다. 더구나 1871년 봄에 파리를 잠깐이나마 무력으로 장악했던 악명 높고 급진적인 파리 코뮌을 지지했던 이들도 있었다. 이 폭력적인 정권은 프랑스 장군 두 명을 살해하고 파리에 임시 독재 정권을 세웠는데, 열렬한 사회주의 지지자 사이에서도 비판이 제기되었다. 마르크스는 반동적 탄압으로부터 혁명을 방어하기 위해 '프롤레타리아 독재'의 필요성을 정당화했지만, 평범한 독일인의 눈에는 정치적 과잉의 나쁜 예일 뿐이었다. 따라서 통일된 군주정보다 정치적 극단주의를 앞세우는 사람은 대중의 공감을 받기 어려웠다. 이런 정세 속에서 비스마르크는 사회주의를 제국의 적들로 손쉽게 낙인찍을 수 있었다.

그러나 1870년대의 장기 불황이 노동 조건에 악영향을 미치기 시작하자, 사회주의 운동은 재차 대중의 관심을 끌기 시작했다. 많은 노동자는 단조로운 도시의 미로에 갇혀 하루 12시간 이상을, 때로는 일주일 내내 고된 노동에 시달렸고, 그들의 아내와 자녀들도 생계를 위해 공장에 내몰리는 경우가 많았다. 그들은 견딜 수 없는 상황으로 내몰렸다. 사회보장제도가 없는 실업은 곧 굶주림과 노숙자의 증가를 의미했으며, 노동자들은 고용주가 강요하는 조건에 따라 일해야 했고 아프거나 다쳤다고 해서 예외가 아니었다. 이제 노동자들이 자신의 이익을 위해 조직하고 투쟁해야 한다는 것은 정치적 이념 논쟁이 아니라 당장 긴박한 숙제가 되었다. 사회주의 운동에 참여하는 노동자들의 수가 꾸준히 증가했다. 이런 배경에서 1875년 사회민주노동자당SDAP과 전국독일노동자협회ADAV의 두 정당이 합병했다. 이 정당은 훗날 독일 사민당SPD으로 이름을 바꿔 오늘날에도 독일의 최대 정당의 하나가 된다. 물론 정당 지도자 중 일부는 계급 투쟁을 설교하고 당원들에게 무기를 들라고 촉구했지만, 대다수는 단순히 도시 노동 계급의 몫을 늘리는 사회 개혁을 원했다.

1872년 아우구스트 베벨과 빌헬름 리프크네히트가 반역죄로 재판을 받아 2년의 징역형을 선고받았을 때, 대중들은 조국에 대한 불충에 비해 너무 가벼운 형벌이라고 생각했다. 그래도 정부 당국은 두 핵심 인물을 감옥에 가둠으로써 운동을 무력화하는 효과를 거두었다. 그러나 1873년 이후 분위기가 반전되자, 비스마르크는 이제 탄압 수단으로는 노동계급의 분노를 잠재울 수 없다고 간파했다. 1877년 독일 제국의회 선거에서 사민당은 득표율 9.1퍼센트, 유효표 50만 표를 얻어 원내 12석을 차지했다. 비스마르크는 사회주의 단체의 조직, 출판, 자금 조달을 더욱 어렵게 만드는 억압적인 법안을 통과시키려 했지만, 제국의회 설득이 사실상 불가능함을 깨달았다. 국민자유당과 긴밀한 관계에도 불구하고, 이 법안은 어떤 회유와 협박, 뒷거래로도 통과되기 어려웠다. 표현의 자유는 국민자유당의 핵심 정책의 하나인 데다가 비스마르크가 자유주의 대의에 반하는 법안을 자신의 입맛대로 사용한다는 의심을 받았기 때문이었다. 전모가 언론에 공개되자, 비스마르크는 제국의회를 압박하기 위해 여론의 전환을 기다렸다.

그 기회는 1878년 봄에 찾아왔다. 5월 11일, 81세의 빌헬름 황제와 그의 딸 루이제 공주가 환호하는 시민들에게 손을 흔들며 베를린 중심부의 웅장한 운터 덴 린덴 거리에서 무개차를 타고 지나가고 있었다. 갑자기 한 남자가 도로로 뛰어들어 리볼버 권총을 겨누었다. 그는 두 발을 쏘고 곧 제압당해 바닥에 쓰러졌다. 이 와중에 도움을 주려던 목격자 중 한 명은 부상을 입고 며칠 후 사망했다. 두 발의 총알은 모두 빗나가 빌헬름 황제와 루이제 공주는 생명을 건졌으나 큰 충격을 받았다. 독일 국민도 마찬가지였다. 암살범은 에밀 막스 회델Emil Max Hödel이라는 배관공으로 라이프치히의 사민당 당원이었는데 무정부주의적 견해로 물의를 일으키고 제명된 인물이었다. 재판 과정에서 늙은 황제에 대한 동정 여론이 커졌고, 회델은 같은 해 8월 유죄 판결을 받고 사형당했다. 비록 회델이 제명되었던 인물이지만 한때 사민당에 몸담았다는 사실만으로도 제국의회가 반사회주의 법안을 통과할 공산이 커졌다. 비스마르크가 법안을 다시 제출했을 때, 국민자유당은 한 외톨이 암살자의 잘못을 이유로 기본적 자유의 억압을 정당화할 수 없다고 주장하며 법안을 재차 거부했다.

비스마르크에게 또 다른 기회가 찾아왔다. 제국의회 표결에서 패배한 지 불과 일주일 후인 1878년 6월 2일, 불굴의 빌헬름 황제가 다시 운터 덴 린덴 거리에 나와 국민의 환호를 받았다. 그런데 아무도 모르는 사이에 카를 노빌링Karl Nobiling 박사가 2연발식 산탄총을 들고 거리의 한 아파트에 자리 잡았다. 황제가 창문 아래를 지나갈 때, 노빌링이 쏜 총알 몇 개가 황제의 가슴과 하체에 맞았다. 암살자는 즉시 권총으로 자살을 시도했고 며칠 후 숨을 거뒀다. 심각한 중상을 입은 빌헬름은 궁전으로 급히 대피했다. 비스마르크의 비서 티데만Tiedemann에 따르면, 총리는 황제가 총에 맞았다는 소식을 듣자마자 지팡이를 바닥에 내동댕이치며 "지금 당장 제국의회를 해산해야겠어!"라고 외쳤다고 한다. 빌헬름의 건강을 궁금해한 것은 그 후였다. 전형적인 현실 정치가였던 비스마르크의 첫 번째 관심사

1878년 6월 2일 독일 황제 빌헬름 2세에 대한 테러:
독일의 아나키스트 카를 노빌링이 쏜 총에 황제는 부상을 입었다.
(1878년 6월 8일, 르 몽드 일러스트)

는 이 상황을 어떻게 활용해야 제국의회와의 전투에서 승리할 것인가였다. 황제는 자신이 쓰고 있던 피켈하우베Pickelhaube 군모 덕분에 치명상을 피할 수 있었다.

노빌링은 회델보다 사민당과 연관이 미약했지만, 이번에는 황제가 실제로 부상을 입었다는 사실이 중요했다. 비스마르크는 제국의회를 해산하고 새로운 선거를 소집했다. 그는 자유주의자들이 반사회주의 법안을 거부함으로써 빌헬름을 보호하지 못했으니, 저 사악한 두 번째 암살 시도에 도의적 책임이 있다고 주장했다. 독일 국민은 군주를 지키기 위해 투표장에 결집했다. 사민당은 20만 표를, 그와 협력했던 국민자유당은 13만 표를 각각 잃어 모두 합해 29석의 의석을 잃었다. 더 이상 대중의 지지 기반을 잃을수 없었던 나머지 자유주의자들은 보수당과 나란히 법안에 찬성표를 던졌다. 그 결과 1878년 10월 법안이 통과되었다.

이른바 〈반反사회주의법〉은 이렇게 탄생했다. 이에 따라 노동조합, 공개 회합, 출판물을 포함한 모든 사회주의 조직의 결성이 금지되었으며, 사회주의자들은 체포된 숫자만 1,500명에 달했고 남은 이들은 경찰의 연행을 피해 해외로 도피했다. 그러나 어떤 법률도 더 이상 유럽의 사회주의와 사회 개혁을 송두리째 도려낼 수 없었다. 사민당의 정당 활동은 금지되었지만, 개별 후보의 무소속 출마를 막을 근거는 없었기 때문에 빌헬름 리프크네히트, 아우구스트 베벨 등 일부 사회주의자들은 의회 원내에 진출하여 자유롭게 발언했다. 마침내 1890년 반사회주의 법이 폐지되었을 때, 사민당은 제국의회에서 1백만 표가 넘는 득표와 35석의 의석을 확보했다. 정치권의 세력이 훨씬 커진 사민당은 1912년 독일 의회에서 가장 큰 단일 정당으로 도약했다.

거스를 수 없는 흐름을 파악한 비스마르크는 발 빠르게 '국가 사회주의' 정책을 내놓으며 노동자 계급을 자신의 편으로 끌어들이려 했다. 억압적인 법률의 채찍에 당근을 더한 이 정책은 노동자 계급의 정치적 분노를 해소할 만한 진보적인 조치들이 포함되었다. 구체제의 가장 확고한 신봉자조차도 이른바 '사회 문제'를 해결할 필요성에 공감했기 때문에, 그가 고안해 낸 복지 정책에 대한 반발은 거의 없었다. 1883년 비스마르크는 최대 13주의 병가를 제공하는 〈질병보험법〉을 통과시켰다. 이어서 1884년에는 고용주가 전적으로 자금을 부담하는 〈상해보험법〉을 제정하여 직장의 보건 및 안전 환경을 크게 개선했다. 가장 혁명적인 조치는 아마도 1889년에 제정된 〈노령 및 장애법〉으로 70세 이상의 노인과 중증 장애인은 연금 혜택을 받게 되었다.

비스마르크의 사회복지 정책은 종종 억압적인 반사회주의 법률을 보완하기 위한 수치스러운 뇌물로 묘사되기도 하지만, 당대의 맥락에서 이해할 필요가 있다. 그는 아직 현실화하지 않은 사회주의 위협에 과잉 반응했다. 그러나 동시에 그의 시대에서 가장 실질적이고 진보적인 복지 국가를 구현했다. 노동자들을 침묵하게 하고, 자유주의자들에 대한 대중의 신뢰를 폄하하고 보수주의의 세력을 굳건히 하기 위해, 비스마르크는 아마도 현실 정치에 가장 부합한 조치를 선택했다. 그리고 그의 조치가 유럽에서 가장 퇴행적인 정치 체제에 복지 국가의 토대를 쌓아 올린 것이라면, 왜 그토록 많은 노동자가 기존의 사회 정치 질서를 계속 지지했는지도 충분히 이해할 법하다.

대외 정책

오토 폰 비스마르크는 1877년 외교 정책의 원칙을 제시한 저 유명한 키싱엔Kissingen 문서에서 모든 결정에 꼬리표처럼 따라붙는 "연합의 악몽"을 언급한 바 있다. 유럽 대륙의 중심부에 독일 제국을 건설하는 것은 애초부터 주변 강대국들이 연합세력으로 뭉쳐 독일의 운신의 폭을 제약하고 최악의 경우 공격할 위험마저 안고 있었다. 따라서 비스마르크는 독일의 영토 욕심은 이미 '포만 상태'라서 독일 문제의 해결이 곧 유럽 세력 판도의 대대적 재편을 의미하지 않는다는 점을 강조하려고 고심했다. 물론 저변에는 독일이 프랑스를 쉽게 이기지 못할 것이라는 현실적인 계산도 깔려 있었다. 알자스와 로렌 지역의 합병으로 인해 양국 사이에 "대대로 내려온" 적대감이 더욱 공고해졌기 때문에 양국 갈등은 가까운 미래에도 계속 되풀이될 수밖에 없었다. 그러므로 비스마르크의 목표는 동쪽에서 지원을 약속받아 프랑스를 고립시키는 것이었다. 1863년

초 그는 이렇게 말했다. "정치의 비결이요? 그건 바로 러시아와의 우호조약이라오."

　1870년 프랑스-프로이센 전쟁 이후 경제적, 정치적 혼란을 겪었던 프랑스에 기회의 창이 열렸다. 나폴레옹 3세가 퇴장한 프랑스 공화정은 여전히 군주제 체제를 유지하고 있는 러시아·오스트리아와 달갑지 않은 동맹을 맺고 있었다. 정치적으로 기민한 비스마르크는 1870년과 1815년 프랑스의 패배 사이에 유사점을 깨달았고, 오스트리아와 러시아에 1815년 프로이센과 맺었던 이른바 '신성 동맹'을 상기시켰다. 드디어 과거의 재림처럼 1873년 러시아 차르, 오스트리아-헝가리의 황제와 독일 황제 사이에 이른바 '삼제협상'三帝協商이 체결되었다. 이 협상은 주로 동유럽과 발칸 반도를 장악하기 위한 것이었으나, 당시 고립되어 있던 프랑스로서는 상당한 위협이 되었다. 1873년 마지막 남은 독일군이 철군하자 프랑스는 대규모로 재무장을 시도했다. 아주 치밀한 현실 정치가였던 비스마르크는 프랑스의 병력 과시가 더 진전되기 전에 선제 대응하기로 결심하고, 1875년 이른바 '임박한 전쟁' 위기를 의도적으로 도발했다. 친정부 성향의 〈베를린 포스트〉지에는 비스마르크가 정보를 흘린 듯한 기사들이 연일 프랑스의 선제 공격을 예측하는 보도를 쏟아냈다. 동시에 비스마르크는 말과 군수 물품의 대프랑스 수출을 중단하여 눈앞에 전쟁이 다가왔다는 환상을 조장했다. 결국 프랑스는 러시아와 영국에 화급하게 지원을 요청했고, 두 나라로부터 독일의 침략은 절대 용납하지 않겠다는 확답을 받았다. 비스마르크가 키싱엔 문서에서 묘사했던 것처럼, 결국 이 사건은 독일이 현재 영토를 넘어 제국을 확장할 만한 외교적 운신의 폭이 없다는 것을 만천하에 드러냈다. 연합의 악몽, 그리고 그에 수반되는 양대 전선two-front war의 위험성은 곧 제국의 멸망을 뜻하므로, 그만한 위험을 감수하면서까지 독일이 영토 확장전에 나설 수 없었다. 적어도 빌헬름 2세가 늙은 총리의 행간을 제대로 읽고 이해했다면 이를 깨달았어야 했다.

독일이 '정직한 중재자'로서의 이미지를 쌓아나가기 위해 비스마르크는 남은 정치 인생을 얽히고설킨 동맹과 재보장의 외교관계 구축에 힘썼다. 1877년~78년 발칸 위기가 발생하여 오스트리아와 러시아 양국이 전략적인 요충지의 세력 확충을 위해 경쟁했을 때, 비스마르크는 유럽 열강들을 베를린 의회에 초청하여 전쟁을 일으키지 않도록 중개했다. 최초로 베를린이 유럽 열강 정치의 중심 무대로 부상했으며, 이것이야말로 비스마르크가 의도했던 바로 그 '정직한 중재자'의 역할이었다.

그러나 비스마르크가 러시아를 높이 평가했던 것만큼이나, 이 유라시아 거인과의 갈등은 오래 봉합될 수 없었다. 특히 1879년 독일의 곡물 관세는 그 전해 전염병 발생을 이유로 시행된 러시아산 육류 수입 금지 조치와 맞물려 러시아의 곡물 및 육류 수출 시장에 큰 충격을 주었다. 러시아는 의혹의 눈길을 보냈다. 더구나 독일의 통일 과정에서 중립을 지킨 대가로 독일 북동부 영토 중 발트해 연안 지역을 일부 양도받게 될 것이라는 러시아의 기대는 실현될 기미가 없었다. 1879년 8월 러시아의 차르 알렉산드르 2세는 삼촌인 빌헬름 1세 황제에게 보낸 편지에서 "따귀를 후려치는 듯한" 매우 거칠고 도전적인 표현으로 일관했다. 이 편지에서 차르는 독-러 관계를 악화시킨 책임자로 비스마르크를 직접 거론했다. 황제는 양국 관계를 원만하게 풀 요량으로 조카 차르를 회담에 초대했다. 한편 비스마르크는 오스트리아와의 방위 조약 체결에 힘써 1879년 이른바 2국 동맹을 성립시켰다. 1882년 이탈리아가 합류하여 삼국동맹 구도로 확대될 때까지, 러시아는 손 놓고 구경할 수밖에 없었다. 바야흐로 1881년 삼제 동맹을 1884년에 또 한 차례 연장하기 위해 러시아를 다시 협상 테이블로 불러낼 수 있는지가 비스마르크의 외교적 능력을 시험할 무대였다. 발칸 반도를 둘러싸고 오스트리아와 러시아의 관계가 돌이킬 수 없을 정도로 나빠지자, 비스마르크는 결국 양자 협정을 교묘하게 조종하려고 했다. 가장 대표적인 것이 1887년 러시아와의 재보장조약이었다. 프랑스와 오스트리아 연합을 무력화하기 위해 극비리에 체결된 이 조약은 독일과 러시아가 제3국의 공격을 받더라도 상호 중립을 유지한다는 합의를 담았다. 1886년부터 프랑스 국방장관 조르주 불랑제 Georges Boulanger가 독일에 대한 보복 전쟁을 수시로 거론하던 상황에서, 재보장 조약은 연합의 악몽에서 독일 자국을 보호하는 데 필수적인 보호 협정이었다.

1888년 빌헬름 1세가 승하했을 때, 독일을 둘러싼 유럽 국제 관계는 복잡하게 뒤얽혀 언제든 무너질 것 같았다. 오로지 철의 재상만이 그가 짜놓은 외교의 이면에 숨은 비밀을 온전히 이해할 수 있었다. 오로지 비스마르크만이 각국 정부와 외교관들의 속내를 꿰뚫고 외교 협상의 패를 완벽하게 사용할 수 있었다. 여기서 하나의 질문이 떠오른다. 과연 새로운 황제는 언제까지 이러한 비스마르크의 도박을 두고 볼 것인가?

제3장
세 명의 황제와 총리

1888~1890

"나는 세 명의 황제의 적나라한 면모를 보았는데,

전혀 고무적인 모습이 아니었다."

— 오토 폰 비스마르크

1888년, 세 황제의 해

황제 빌헬름 1세의 장수는 여러 사람을 놀라게 했다. 1871년 독일 제국이 탄생했을 때, 거의 74세의 고령이었던 그는 길고 긴 폭력으로 굴곡진 삶을 살면서 스스로 원한 바는 아니나 결국은 국가 상징의 신화 대열에 올랐다. 궁정 귀족들은 빌헬름 1세가 새로운 국가의 단일 대오를 이끄는 시기라곤 고작해야 아들 프리드리히 3세가 권좌에 즉위하기 전 몇 년에 불과할 것으로 내다보았다. 이러한 전망 때문에 정치권은 낙관과 비관이 엇갈리며 제각기 분파로 나뉘었다. 특히 프리드리히 황태자가 빌헬름 1세와 비스마르크의 보수적인 태세 전환에 대해 공공연히 비판하면서 정치권의 긴장은 더욱 팽팽해졌다. 황태자는 의회 개혁을 주창했고, 외교관계에서도 러시아보다 영국을 더욱 중시하는 노선을 취했다. 프리드리히 황태자의 아내 빅토리아는 영국 여왕 빅토리아의 장녀로서 궁정 내부에 적이 많았는데다, 그녀의 지적이고 예리한 기지와 재기발

랄함, 남편의 공무에 거리낌 없이 개입하는 처신은 보수 진영으로부터 교활하며 부적절하다고 비판받았다. 더구나 그녀는 남편보다 훨씬 강인한 의지의 소유자로 두 부자 사이를 이간질한 배후 인물이라는 소문까지 퍼졌다. 독일 황제가 고령이 되자, 양측 정파 모두에 기대감이 감돌았다. 자유주의자들은 오랜 기다림 끝에 변화가 올 것이라는 희망을 품었고, 비스마르크와 같은 보수주의자들은 임박한 정계 개편에 초조해했다.

빌헬름 황제의 재위가 길어질수록, 상황이 꼬여갔다. 황태자의 정치적 입지가 날로 높아지는 가운데, 황태손까지 정치적 의지를 피력하기 시작했다. 1880년대에도 할아버지의 체력이 여전하고 비스마르크와 나란히 국정 운영을 계속하자, 당시 20대였던 황태손 빌헬름 2세는 부친의 입지를 넘보며 활발하게 움직였다. 프리드리히와 빅토리아가 황제 부부로 일찌감치 통치를 시작했다면 불가능했을 상황이 전개된 것이었다. 젊은 빌헬름은 부모의 자유주의를 경멸하고 할아버지의 보수적 성향에 노선을 같이하고 있음이 날이 갈수록 분명해졌다. 왕실은 미래 권력의 향배를 놓고 둘 중 누구한테 더 공을 들여야 할지 갈피를 잡을 수 없었다. 호엔촐레른 가문의 황태자와 황태손 두 세대를 모두 만족시킨다는 것은 거의 불가능에 가까웠다. 다행히 이러한 난맥상은 저절로 해결되었다. 1887년 11월 12일, 프리드리히가 불치병인 인후암을 앓고 있다는 공식 발표가 궁에서 나왔다. 그가 오래 살지 못하리라는 것은 분명했다. 새로운 자유주의 시대를 꿈꾸던 사람들에게 청천벽력과도 같은 소식이었겠으나, 궁정 세력은 젊은 빌헬름 황태손을 중심으로 급속히 재편되었다.

비스마르크가 젊은 호엔촐레른 황태손과 함께할 준비를 하기에는 시간이 촉박했다. 총리는 오래전부터 자신의 아들 헤르베르트와 우정을 매개로 하여 미래의 황제 프리드리히와 거의 부자에 가까운 관계를 맺으며 외교, 궁정 음모, 정치 분야의 각종 통치술을 공유해왔다. 그런데 황태자의 병환이라는 돌발 변수가 비스마르크의 일생일대 업적을 수포로 돌릴지도 몰랐다. 때는 바야흐로 대러시아 전쟁이 역사의 지평선에 막 등장할 참이었고, 국내적으로는 독일 제국 건설과 해외 식민지 확장을 요구하는 목소리가 날로 강력해져서 비스마르크의 '포화' 정책이 좌초 위기에 놓였다. 게다가 사회주의 운동의 만만치 않은 성장세와 계속된 파업은 사회 전반에 심각한 혼란을 빚었다. 할아버지 황제는 90대에 가까워졌고 아버지 황태자가 암 투병 중인 가운데, 젊은 계승자는 왕위 도전을 위해 차분히 수권 능력을 키워나갔다. 비스마르크는 황태손을 "화를 참지 못하고 아첨에 취약해서, 스스로 무슨 짓을 하는지도 모른 채 독일을 전쟁으로 몰아넣을 다혈질"로 생각했으며, 또 그런 생각을 숨기려 들지도 않았다. 황태손이 부주의하게 혀를 놀리는 실책을 미리 막지 못한다면, 그간 공들인 외교적 노력이 허사가 되고 독일은 전쟁의 구렁텅이로 빠질지도 모를 일이었다.

1888년 3월 9일 빌헬름 1세가 90세의 나이로 승하하자, 그의 아들 프리드리히 3세가 황제의 자리를 계승했다. 그러나 그는 인후

암에 굴복할 때까지 고작 99일을 통치했을 뿐 궁정 인사와 정책 변화를 이끌기엔 시간도 능력도 부족했다. 만약 빅토리아가 황비의 짧은 재위 기간과 이후 황제의 모후라는 지위를 활용해 독일 정치에 영향력을 행사할 희망을 품었다면, 그것은 순전히 그녀의 착각이었다. 빌헬름 2세가 태어날 때부터 두 모자는 사이가 좋지 않았다. 더구나 최근 수년간 상호 불신이 극에 달해 빌헬름 2세가 공개적으로 절연을 밝혔을 정도였다. 프리드리히가 최초로 암 진단을 받았을 때 빅토리아는 수술 대신 요양을 추천한 영국 주치의를 지나치게 두둔했다. 그런데 막상 시신을 부검해 보니 그의 후두 조직에 큰 종괴가 발견되어 상당히 오래 전부터 암 전이가 진행되었음이 밝혀졌다. 빅토리아가 비수술적 치료법을 옹호한 것은 돌이킬 수 없는 잘못된 결정이었다. 이로써 남편을 잘못 이끌어 온 배후로 지목되었던 그녀가 또다시 궁중 비방의 한복판에 휘말리게 되었다. 그래서 1888년 6월 15일 빌헬름 2세가 29세의 나이로 독일 황제로 즉위했을 때, 빅토리아는 아들 곁에서 아무런 역할도 할 수 없었다.

1888년~1890년: 엘름의 두 남자

빌헬름 2세 황제는 진심으로 비스마르크의 존재가 정권 유지에 필수 불가결하다는 사실을 인정했다. 적어도 당분간은 말이다. "내가 처음부터 총리 없이 국정을 운영하지는 않겠지만, 적절한 때가 되면 … 비스마르크의 협력 없이도 해낼 수 있기를 바란다."[23] 확실히 이 대목에서 그의 태도는 할아버지가 융커에게 정서적으로나 정치적으로 의존했던 것과는 결이 달랐다. 그의 할아버지는 프로이센의 권력 확장 수단으로 독일의 통합에 마지못해 동의했지만, 빌헬름 2세는 독일인을 대표하는 신절대주의적 황제상을 염원했다. 그는 스스로 독일을 부흥시켰던 신화적인 프레데릭 바르바로사 대제의 환생으로 여겨지길 원했으며, 그 옆에 총리나 다른 정치 실세들을 위한 자리를 남겨둘 생각이 없었다. 자기 고유의 카리스마를 맹신했던 빌헬름은 한 치의 의심도 없이 국민들에게 순수한 힘의 존

---

23) Clark, C. M(2007) <황제 빌헬름 2세> p.24에서 인용 – 글쓴이 주

재로 사랑받고 존경받으리라고 확신했으며, 필요하다면 두려움의 대상이 되는 것도 서슴지 않았다. 독일 제국을 하나로 묶고 번영의 토대를 이룩한 비스마르크적인 국내 및 대외 정책의 복잡한 구도를 황제는 이해할 능력이 없었다. 더구나 헌법이 전적으로 비스마르크와 빌헬름 1세와의 관계를 바탕으로 설계되었다는 점도 이 난국을 더욱 꼬이게 했다. 황제와 총리의 상호 의존적 구조는 둘 중 하나가 지배적이고 다른 하나는 이를 수용하는 역할을 맡을 때나 가능했다. 그런데 지금은 두 명의 완고한 프로이센인이 독일 함선의 조타수에 나란히 올랐으니, 절대 좋은 징조가 아니었다.

황제와 총리 사이의 갈등은 곧 수면 위로 떠올랐다. 공장과 거리에서 사회주의 운동의 영향력이 커지면서 비스마르크는 반사회주의적 법률을 영구히 유지하여 사실상 모든 사회주의 활동을 원천적으로 봉쇄하려 했다. 이는 결과적으로 대중의 분노에 불을 지폈고, 파업과 군중 소요를 능숙하게 해결할 인물이 요청되었다. 비스마르크가 1889년 10월 연방의회에 법안을 상정했을 때부터, 빌헬름은 집권 초기부터 어려움이 닥칠 것을 우려했다. 법안 검토만으로도 군대 개입이 불가피할 정도로 연쇄적인 시위와 파업이 일어날 것이라고 내다본 빌헬름은 총리에게 법조문을 순화해달라고 요구한 바 있었다. 마침내 1890년 2월 4일 황제는 노동 여건 개선을 위해 구체적인 지원을 다 하겠다고 칙령을 공표했다. 그토록 원했던 국민의 사랑을 얻기 전부터 피비린내 나는 노동 학살의 길을 갈 수는 없었다. 수십 년 동안 유순한 호엔촐레른에 길든 비스마르크는 한 치의 양보도 없이 빌헬름의 태도 변화를 요구했다. 그러자 제국의회는 고대해 왔던 기회가 왔음을 깨달았다. 수년에 걸친 비스마르크파의 독주가 끝났다는 것을 감지하자, 정치인 페터 라이헨스페르거Peter Reichensperger 등 중앙당의 동맹 세력조차 비스마르크의 반사회주의 법안이 좌초되도록 내버려 두었다. 둘로 나뉜 국가 기구의 최상층에 강력한 수장이 두 사람이나 있을 자리는 없었다.

1890년: 조타수를 잃다

1890년 3월 18일 총리가 제출한 사임서는 몇 달 동안의 망설임 끝에 내려진 결정이었다. 2월 20일의 선거 결과는 유효 정족수에는 턱없이 부족했다. 사민당은 19.7퍼센트의 득표율로 24석을 추가로 획득해 가장 큰 정당이 되었고, 개혁 성향의 중앙당 역시 106석으로 굳건한 세를 유지했다. 권력에 집착하는 필사의 몸부림으로 비스마르크는 과감한 조치를 시도했다. 지난 3월 2일, 그는 현 체제와 반역적인 제국의회를 포기하고 대신 공동 의사 결정 방식을 채택하자는 제안을 내놓았는데, 이는 공개적으로 헌법을 전복하고 독일 귀족정으로 가자는 것이나 마찬가지였다. 이 음모가 좌절되자, 비스마르크는 보수 대연맹을 되살리기 위해 중앙당 당수인 루트비히 빈트호르스트Ludwig Windthorst에게 접근했다. 당연히 빈트호로스트는 비스마르크의 제안을 거절했다. 그는 프로이센의 구정치 시대의 종언이 다가왔으며 빌헬름 2세에게 통치 권력이 넘어갔다는 것을 예감한 데다가 반정부 시위대에 가톨릭 신자의 비중이 높다는 점도 민감하게 받아들였다. 현재처럼 눈부신 의석수를 유지하려면 당원들의 개혁 요구를 대변해야 했다. 중앙당 당수는 쇠락해가는 옛 스타를 도울 능력도 생각도 없었다. 이제 비스마르크는 적대적인 제국의회와 그를 해임할 기회만을 노리고 있는 권력에 굶주린 황제 사이에서 옴짝달싹 못 하는 처지가 되었다.

1890년 3월 15일 아침 비스마르크는 한 시간 내로 외무부로 와서 빌헬름 황제를 알현하라는 전갈을 받았다. 비교적 작지만 고풍스러운 외무부 청사는 총리 관저의 바로 옆 건물인 빌헬름 슈트라세 76번지에 있었다. 2층짜리 건물은 위상에 비해 공간은 협소했으나, 제국의 내무와 외무를 겸임했던 비스마르크의 동선을 고려해 정해진 것이었다. 빌헬름은 군대의 측근들과 정치 고문들을 배석시킨 자리에서 노쇠한 융커의 보고를 다 들은 후, 그에 대한 모든 지지를 거둬들이겠다고 감정 섞인 결론을 내리면서 마침내 권력 투쟁을 종결지었다. 모두가 지켜보는 자리에서 펼쳐진 이 어색한 장면은 늙은 총리의 시대가 끝났음을 뜻했다. 만인의 군주로부터 신뢰를 잃은 비스마르크는 사임할 수밖에 없었다. 사임서 작성에만 이틀이 걸렸다는 사실만 봐도, 이것이 얼마나 중대한 전환이며, 동시에 철의 재상이 당대와 후대에 남겨질 본인의 이미지에 얼마나 공들였는지를 보여준다. 비스마르크의 기준에서도 탁월한 문체로 작성된 이 우아한 편지는 사임에 대한 책임을 전적으로 빌헬름 황제에게 돌렸다.

"군주제와 폐하를 위한 봉사를 자랑스럽게 생각해왔고 또 오랜 세월 영원할 것으로 믿어 왔던 저로서는, 전지전능한 폐하와 제국과 프로이센의 정치 생활에 익숙해진 삶에 마침표를 찍는 일이 매우 고통스럽습니다. [...] 폐하의 뜻을 조상 대대로 헌신해 온 신료의 경험과 재능을 활용하고자 하신다고 헤아리지 않았다면, 저는 진작에 이 사임서를 폐하께 올렸을 것입니다. 이제 폐하께서 더는 저를 원치 않으심이 확실하므로, 제 결정이 너무 시기상조가 아니냐는 여론의 비난을 두려워하지 않고, 모든 정치 생활에서 은퇴하고자 합니다."

오토 폰 비스마르크의 사임은 빌헬름 2세의 사적 통치에 의한 새 시대의 시작을 의미했다. 독일은 경험 많은 조타수를 내보내고 31살의 젊은 황제를 전면에 내세우게 되었다. 독일과 유럽을 비롯한 전 세계가 옛 시대의 종언과 새 시대의 개막을 지켜보고 있었다.

제4장

빌헬름의 제국

1890~1914

"황제는 마치 풍선과 같다. 줄을 꽉 잡아당기지 않으면,

그가 어디로 튈지 아무도 모른다."

— 오토 폰 비스마르크

개인 통치인가?
아니면 그림자 황제인가?

"제왕의 의지가 최고의 법이다." 이는 1891년 빌헬름 2세가 뮌헨의 황금 서적에 남긴 글귀로, 한 젊은 황제가 통치자의 자화상을 완벽하게 요약한 자화자찬 섞인 선언이었다. 독일 국민은 비스마르크와 같은 위압적인 늙은 관료가 아니라 자신들의 황제에게서 새로운 제국의 영광을 맞이하며, 차이를 극복하고 국가적 구심점을 찾게 될 것이다. 이 '통합과 화합의 정책'이 바로 빌헬름 황제 치세의 초창기 특징이 된다. 그러나 이 정책의 근원에 도사리고 있는 원칙들은 위험할 뿐만 아니라, 특히 독일의 위대함을 가로막는 잠재적인 적에 대한 뿌리 깊은 적대감이 깔려 있었다. 사회주의자, 민주주의자와 외국의 경쟁자들이 그러한 적들이었다. 젊은 황제는 궁전과 성에 화려하고 정교한 파사드를 세웠는데, 이는 빌헬름 슈트라세에 있는 총리 관저의 검약한 내실과 뚜렷이 대비되었다. 그리하여 황제가 재창조하려던 군주제의 권력상은 많은 이들에게 뒤떨어지고 시대착오적으로 받아들여졌다. 세기가 바뀔 무렵, 그 힘은 서서히 사라지기 시작했다.

자신감 넘치는 빌헬름 2세의 사진, 1902년

1890년부터 1914년까지의 시기를 흔히 '빌헬름 시대'라고 부르는 데는 타당한 이유가 있었다. 1871년부터 1890년까지 독일 제국의 첫 번째 시대를 비스마르크가 풍미했던 것처럼, 제1차 세계대전에 이르러 군부에 주도권을 뺏기기 전까지 빌헬름 2세 역시 전횡을 부렸다. 영국, 이탈리아, 네덜란드 등에서 위세가 기울어져 가는 군주제의 수호자로 자처했던 것은 매우 아이러니한 상황이었다. 주변 국가들의 국왕과 왕비는 입헌주의에 따라 '자동 서명 기계'에 지나지 않았지만, 비스마르크도 총리 자신을 독일 헌법의 중심에 세우려 했다. 빌헬름은 또 다른 꿍꿍이가 있었다. 그는 황제의 권력을 나눠가질 총리도, 의회도, 각료도 원하지 않았다. 한스-울리히 벨러[24]Hans-Ulrich Wehler의 표현을 빌리자면, "빌헬름은 총리와 황제의 두 역할을 하나로 합치려고" 했다. 세기의 전환기에 이르러서야 빌헬름 2세는 뒤늦게 이러한 개념이 완전히 실현 불가능한 것임을 깨닫게 된다. 빌헬름 황제가 헌법과 특히 제국의회를 경계했기 때문에, 황제 개인의 고문들과 강력한 로비스트 및 압력단체가 법령과 규범의 견제를 받지 않고 비공식적인 권력을 행사했다. 더구나 황제는 19세기 후반 유럽의 소용돌이 속에서 홀로 설 수 있는 인품이나 정치적 통찰력을 갖추지 못했다.

국내외적으로 비스마르크의 정계 은퇴 이후에 동정적인 언론이 연일 쓰디쓴 정치 논평을 쏟아내고 유럽 강대국들이 변화의 급

---

24) 한스 울리히 벨러(Hans-Ulrich Wehler)는 나치의 기원을 제2제국에서 찾는 '사회적 제국주의론'을 제시한 역사학자이다.

물살을 타는 가운데, 짧은 식견과 부족한 경험을 지닌 빌헬름은 고립무원의 처지에 놓였다. 국내에 사회주의와 민주화의 물결이 거세게 일었고, 러시아의 관계 악화 등 대외적 압력도 만만치 않았다. 원하든 원치 않든 간에, 빌헬름은 누군가의 도움이 필요했다. 비스마르크의 헌법 체제를 애시당초 고려하지 않았던 빌헬름은 이른바 '카마릴라camarilla라고 불리는 개인 고문들에 의지했다. 그의 넘치는 자신감과 뻔히 드러나는 불안감이 묘하게 뒤섞여 자신만의 독특한 기질을 형성했고, 아첨꾼과 교활한 조정자들이 측근이 되어 정부의 의사 결정을 좌지우지했다. 그 예가 빌헬름의 친구인 필립 추 오일렌부르크Philipp zu Eulenburg이다. 12살 연상인 오일렌부르크 백작은 세련되고 단정한 외모와 잘 다듬은 매너로 젊은 황제에게 깊은 인상을 남겼다. 오일렌부르크 백작 역시 젊은 호헨촐레른을 보자마자 매료되었다. 백작은 신비롭고 낭만적인 성향으로 음악 작곡과 시작에 전념한 결과 몇몇 작품을 헌정하여 황제의 과장된 자아상을 완벽히 만족시켰다. 두 사람은 그들이 구현하고자 하는 왕권에 대한 이상을 공유했고, 서로의 우정은 매우 깊어져 백작이 빌헬름 황제를 부를 때 2인칭 대명사du를 쓸 정도였다. 황제의 두터운 호의에 힘입어, 백작은 프로이센 특사 등 다양한 직책을 두루 맡은 데 이어 친인척을 주요 직책에 등용시켜 자신만의 권력 기반을 구축하기에 이르렀다. 예를 들어 백작의 사촌 아우구스트August와 보토Botho가 각각 궁전 대신과 내무부 장관에 임명되었고, 이 베일에 싸인 측근 집단에는 (나중에 총리가 되는) 베른하르트 폰 뷜로Bernhard von Bülow와 폰 몰트케'von Moltke 백작이 속해 있었다. 황제에 대한 막강한 영향력을 행사하는 카마릴라야말로 공화당과 자유주의자들이 경계해 마지 않는 "조정되지 않은 권위주의"로 발전할 가능성이 농후했다.

하지만 그 모든 결점에도 불구하고, 황제에게는 만인의 상상력을 사로잡는 매력이 있었다. 그의 활기차고 자신감 넘치는 태도는 옛 비스마르크 정권의 침체 및 교착기에서 벗어나 새로운 시작을 알리는 듯했다. 1890년대에 독일 경제와 사회가 겪고 있던 급격한 변화를 몸소 실천하는 듯 보이는 젊고 충동적인 군주는 많은 이들에게 호감의 대상이었다. 근대 기술에 대한 그의 어린아이와 같은 관심은 증기 기관부터 선박까지 거의 모든 영역을 망라했다. 독일이 기술 혁신의 선도자가 된다면 국민 사기의 앙양과 국가 건설에 이바지할 수 있다고 황제는 확신했다. 그러한 신념 속에 황제는 수많은 과학 프로젝트를 장려했고 '카이저 빌헬름 협회'(1911년에 설립된 기관으로 현재는 막스 플랑크 협회로 알려져 있다)와 같은 기관 설립을 후원했다. 또한 그는 최초의 자동차 경주대회의 하나인 독일 그랑프리의 초창기 행사를 1907년에 주최하기도 했는데, 훗날에 이 대회는 그를 기려 '황제 대회'라고 명명되었다. 그는 전국을 돌아다니며 공장, 항구, 대학들을 방문했고, 현대적인 것에 대한 열정을 독일인들 사이에 널리 전파했다. 사실 그는 한시도 가만히 있지 않았다. 수도 베를린에 머무는 날이 평균 100일도 채 되지 않아서 '여행하는 황제'라는 별명이 생겼다. 그렇게 그는 의도적으로 할아버지와 상반되는 이미지를 구축했다. 할아버지 빌헬름 1세는 공개 행사에 나설 때도 있었지만 주로 프로이센을 고향 삼아 뒷전에 물러나 있는 삶을 좋아했다. 이렇듯 빌헬름 1세가 늙고 겸손한 전형적인 프로이센 사람이었다면, 빌헬름 2세는 젊고 진취적인 독일인이었다.

빌헬름 황제의 성품을 둘러싼 최근의 흥미로운 논쟁은 각각 영국인과 호주인인 존 뢸John Röhl과 크리스토퍼 클라크Christopher Clark가 주도했는데, 이 주제를 정면으로 다룬 독일 학자는 거의 없었다는 사실을 되새겨봄 직하다. 독일인들이 역사 서술에서 빌헬름에 대한 언급을 피하는 배경에는 트라우마가 작용했다고 존 뢸은 냉철하게 지적했던 바 있다. 뢸은 제2차 세계대전이 끝난 후에 마지막 독일 황제가 어떻게 "존재하지 않는 인물"이 되었는지를 기술했다. 이는 영국인들이 빌헬름의 할머니인 빅토리아 여왕에게 한없는 매혹을 느꼈던 것과 상반된다. 우선 빌헬름의 전기적 생애와 그의 기질에 대한 여러 주장은 다소 신중하게 접근할 필요가 있다. 빌헬름의 결점을 샅샅이 찾아낸 후, 그의 병리학적 기질과 광기의 번뜩임 때문에 제1차 세계대전의 발발과 그 후의 갈등이 초래되었다고 해석하는 것은 사실 크나큰 오류다. 그는 당대의 산물이었으며, 독일의 군국주의, 민족주의 및 불안정성이 그의 성장 과정에 강렬한 흔적을 남겼다는 사실을 결코 잊어서는 안 된다.

빌헬름의 무능함과 이로 인한 정치적 식견의 부족은 많은 학자들이 여러 차례 제기한 바 있었다. 먼저 빌헬름의 출생 과정부터 순탄하지 않았다. 제왕절개 수술을 피하고자 의사는 모친의 자궁에서 태아를 무리하게 꺼냈고 그 과정에서 어린 왕자는 날 때부터 어깨 신경을 크게 다쳤다. 남은 생애 동안 왼팔을 움직일 수 없는 불구로 남아야 했다. 그는 스스로 국가의 화신으로 여겼기에, 이러한 신체적 장애를 독일인 초상의 오점이라고 느꼈다. 그래서 가급적 팔을 등 뒤로 감추고 장갑을 늘 끼고 다녔으며, 멀쩡한 오른팔만으로 식사하는 법과 승마와 사격술을 익혔다. 그렇지만 남은 생애 동안 신체적 흠결은 그의 불안감의 근원이 되었다. 물론 이러한 상황이 그의 정책 결정에 얼마나 영향을 미쳤는지는 쉽게 단정할 수 없다. 빌헬름의 해군 양성 정책과 실수투성이 외교 정책이 상당 부분 어린 시절의 트라우마에서 비롯되었다는 추정은 다소 지나친 듯하다. 그러나 그의 신체적 장애가 뿌리 깊은 불안감의 배경이 되었고, 그가 군사적이고 남성적이며 호방한 것들에 대해 무조건적 애정을 쏟게 된 원인의 하나임은 분명하다.

한편 빌헬름의 영국에 대한 애증 관계는 충분히 예상한 대로였다. 영국 왕실과 긴밀한 인척 관계 때문에 그는 어린 시절의 대부분을 영국에서 보냈고, 영국의 제국주의, 해군, 귀족 문화에 깊이 매료되었다. 할머니 빅토리아 여왕이 가장 좋아했던 와이트 섬의 오스본 하우스에서 어린 왕자는 솔렌트 해협을 경유해 포츠머스와 사우스햄프턴을 드나드는 영국 해군의 영광스럽고 당당한 모습을 홀린 듯 지켜보았다. 빌헬름은 뛰어난 요트선수로 경기에 직접 참가하기도 했고, 1904년 황제컵 대회를 주최하기도 했다. 소년 시절에 빌헬름은 삼촌인 영국 왕세자에게 "언젠가 나만의 함대를 갖고 싶다"라고 털어놓은 적도 있었다. 1889년 빅토리아 여왕의 관함식에서 독일 함대가 부진한 평가를 받자, 빌헬름은 다른 나라들이 부러워할 만한 해군을 갖추기로 결심했다. 또한 그는 영국 귀족풍을 선호해서 종종 영국 귀족 복식을 갖춰 입었고, 제1차 세계대전 중에 튜더 양식을 모방해서 포츠담의 체칠리아궁 건축을 주도했다. 빌헬름이 느낀 매혹과 경쟁심의 이면에는, 이웃한 영국이 독일이 달성하려는 이상적인 모델인 동시에 반드시 이겨야 하는 경쟁자라는 것을 뜻했다. 한편으로는 그의 유아적인 세계관을 보여주는 한 단면으로, 종종 이러한 유아적 기질은 왕실 측근인 팽창주의자들과 전쟁광들의 손에 쥐어진 위험한 도구가 되었다.

1890년부터 1914년까지 빌헬름의 역할은 이렇듯 쉽게 조종당하는 '그림자 황제'로 종종 평가절하되어 왔다. 1918년 승전국들은 제1차 세계대전의 책임이 황제에게 있다고 판단했는데(그렇기에 평화 정착을 위해 황제의 퇴위는 타협할 수 없는 항복 조건이 되었다), 이에 대해 후세 사람들은 다르게 평가하고 있다. 제2차 세계대전의 후폭풍이 빌헬름의 의사 결정 능력에 대한 평가를 반전시켰다. 양대 세계대전 사이에 의미 있는 연관성을 찾으려 했던 역사가들은 프로이센의 군사주의적 궁정 문화를 역사 서술의 연결고리로 보았다. 결국 히틀러 정권에서 자행된 극악무도한 전쟁범죄에 대해 빌헬름에게 직접적인 책임을 돌릴 수는 없었다. 그렇게 빌헬름이란 인물은 독일인 집단 기억의 뒤안길로 물러났다. 빌헬름은 실권을 쥐고 있던 자들에게 악용된 괴팍한 도구가 되었다. 이 역사 서술은 문제를 지나치게 단순화하고 빌헬름을 너무 경시하는 경향이 있다. 1890년에 빌헬름이 왕위에 올랐을 때, 분명 그는 독일에 대한 명확한 비전을 품고 있었다. 그는 강력한 중앙집권적 군주제를 갖춘 통일 국가를 염원했고, 이를 위해 전 세계를 압도하는 해군력을 바탕으로 기술적이고 군사적인 우위를 점하려고 했다. 이러한 목표에 몰두한 나머지, 불안정한 외교 여건을 경고하는 비스마르크의 조언이나 거리와 공장에서 일하는 노동자들의 요구에 귀 기울이지 않았다. 빌헬름이 재무장 계획을 대규모로 가동했기 때문에 유럽 국가 전쟁을 도발하는 제국주의 정책이 뒤따랐다는 가정은 옳지 않으나, 적어도 그가 그럴 가능성이 농후한 노선을 선택했다는 것은 엄연한 현실이다.

경제 대국으로 떠오른 제국 독일

1900년경의 베를린

높은 잿빛 석조건물들이 들어선 격자로 뻗은 길고 널찍한 도로에는 전차가 덜컹거리고, 땅 아래로는 포츠담 광장행 지하철[25]이 지나간다. 운전기사가 운전하는 벤츠 차량에 탑승한 젊은 발터 라테나우Walther Rathenau[26]가 베를린 구시가지의 샤를로텐부르크 궁전, 흉하기 짝이 없는 노이에 바헤와 알테스 무제움을 둘러보고 있다. 여느 독일 도시보다 베를린은 당대의 급격한 변화를 잘 보여준다. 몇 년 전만 해도 에디슨의 전등은 경이로움 그 자체였다. "쇼세 거리에서 어린 발터는 놀라움에 가득 차서 이 발명품의 스위치를 껐다 켰다가 했는데, 그의 아버지가 장난감이 아니라며 황급히 밀치는 바람에 그만 땅바닥에 나동그라지고 말았다."

1899년 라테나우는 아에게 이사회에 합류했는데, 불과 4년 전에 베를린 최초의 지하철 건설 공사를 맡았던 아에게AEG는 당시에 벌써 독일 최대 전기회사로 급성장해서 지멘스와 함께 가전 시장을 양분하고 있었다. 현대 기술의 경이로움에 매료된 황제는 라테나우를 비롯한 산업계 인사들을 궁전으로 초대해 토론을 즐겼고 연구개발을 적극 후원했다. 독일 전국이 그러했지만, 특히 베를린은 전환기에 놓여 있었다. 말이 끄는 마차가 전기로 움직이는 전차와 나란히 달렸고, 카데베KaDeWe 백화점과 같은 화려한 쇼핑몰에서 몇 발짝만 더 걸어가면 신낭만주의적 색채가 물씬 풍기는 거

---

25) 지하철U-Bahn은 1896년 착공되어 1902년 완성되었다.

26) 독일계 유대인인 발터 라테나우(1867년~1922년)는 저명한 유대인 사업가이자 AEG사의 설립자인 에밀 라테나우의 아들이다. 1915년 부친이 사망한 후, 그는 AEG사의 2대 사장으로 취임했고, 제1차 세계대전 당시 재건부장관을 맡아 전시 경제를 이끌었다. 1922년 2월부터 외무부 장관을 역임했으나 우익 민족주의 단체인 영사 조직에 의해 암살되었다.

리가 나타났고 곧이어 회색의 주택 단지가 들어선 음산한 노동자 지구로 이어졌다. 베를린은 1905년까지 2백만 명의 주민이 몰려들며 "한적한 프로이센의 요충지에서 제국의 수도로" 빠른 속도로 탈바꿈했다. 또 한편에서는 과학 기술 활동의 붐이 불꽃처럼 일었다. 내연기관, 전기, 의학의 분야에서는 1870년대와 80년대 실용성의 장벽을 뚫고 산업 전반에 널리 응용되었다. 막스 플랑크와 같은 선도적인 물리학자들은 베를린에서 연구활동을 하며 카이저 빌헬름 소사이어티의 일원으로 활동했다. 그 후로 세계 유수의 과학자들이 수도 베를린으로 차례차례 모여들었는데, 그들 중 대표적 인물이 바덴뷔르템부르크 주의 울름Ulm 출신인 알베르트 아인슈타인이었다. 한스-울리히 뷜러가 제국 독일 경제 연구에서 개괄적으로 밝혔듯이, 이러한 수준 높은 연구와 강력한 재정 지원 덕분에 독일 신산업은 "1895년 3월 이후 독일 경제를 회오리바람이 몰아치는 듯한 호황기로 이끌었다."

제1차 세계대전 때부터 1950년대까지 거의 쉴 틈 없이 이어진 경제적, 정치적 궁핍 때문에 독일 국민은 황제의 제국이 거둔 번영에 대해 약간은 장밋빛으로 물든 환상을 품고 있었다. 지리적, 시간적, 구조적 측면에서 고르지 않은 성장세에도 불구하고, 독일 경제는 동시대인들에게 전반적으로 호황으로 인식되는 고성장을 경험했다. 비스마르크 시대의 비약적 성장세에 이어, 1895년~1900년 시기에 독일 국내 산업 생산량은 1/3 이상 증가했다. 높은 수준의 초과 이윤은 생산 및 연구개발에 재투자되어 1913년까지 독일 경제의 총부가가치가 75퍼센트 가량 증가했다. 내수 시장만으로는 이러한 방대한 생산량을 감당하기 어려웠던 독일은 해외시장 개척에 적극 나섰고, 그 결과로 독일의 수출 규모가 1880년 29억 마르크에서 1913년 101억 마르크까지 치솟았다. 제1차 세계대전이 일어나기 직전, 함부르크 항구를 통과하는 상품의 총가치는 안트베르펜과 뉴욕에 이어 세계 3위를 기록했다. 독일 조선업 또한 해상 산업에 대한 빌헬름의 개인적인 애정에 힘입어 세계 생산량의 1/10을 차지할 정도로 놀라운 속도로 성장했다. 이렇듯 독일은 세계 1, 2위를 다투는 경제 대국이 되었다. 이러한 부흥 분위기에 휩싸여 국가에 대한 자긍심이 넘쳤던 독일 국민과 황제는 대외 정책에 대한 비스마르크의 경고를 지나간 시대의 유물처럼 받아들였다.

그러나 급속한 발전상이 남긴 깊은 감동은 전체 그림의 한 단면에 지나지 않았다. 특정 신산업이 미래의 번영으로 나아가는 동안, 독일 경제의 다른 분야들은 뒤처지거나 불황과 호황이 반복되는 경기 순환에 빠졌고, 특히 1901년과 1907년에 닥친 경기 침체는 독일 경제에 상당한 타격을 입혔다. 그리하여 반자본주의 정서와 경제적 불안감이 암암리에 국민의 마음속에 똬리를 틀었다. 이미 수년 전에 마르크스가 산업화 국가는 이윤에 대한 끝없는 욕구로 구조적인 경제 문제에 봉착하리라 예측했었는데, 세기의 전환기에는 대다수 시민은 이 예측이 옳았음을 알게 되었다. 1871년 4,100만 명에서 1910년 6,500만 명으로 인구가 증가한 데다가 생산 설비의 기계화로 비숙련 노동자가 양산되면서 노동력은 산업가들의 수

요에 따라 언제든 공급되는 상품이 되었다. 생산량이 포화 상태에 달하자 대량 실업이 일어났고, 그 충격은 도시 임금 노동자들에게 집중되었다. 첫 번째 심각한 파고는 1907년 대공황으로 31만 9,000명이 실직할 때 닥쳤다. 얼마 되지 않은 1913년에 34만 8,000명의 실업자가 발생하면서 종전의 기록을 갈아 치웠다. 임금 역시 전반적인 경제 성장 속도를 따라가지 못했다. 1890년에서 1914년 사이에 실질 임금은 서유럽은 평균 약 4퍼센트 올랐으나, 독일의 경우 1퍼센트 상승에 그쳤다. 그렇다면 그동안 축적된 부는 어디로 갔을까? 이에 대한 답변은 이른바 "보이지 않는 부문"인 금융 서비스 부문으로 부가 집중되어 신흥 투자자들에게 막대한 수익을 안겨 주었다는 것이다. 독일은 세계 3위의 채권국이 되었고, 국내 은행들은 현금 흐름 대부분을 중소기업이 아니라 대규모 신디케이트에 몰아주었다. 이때부터 은행가와 금융 엘리트에 대한 유착 의혹이 싹트기 시작했고, 한편으로 지배계층은 구미에 맞게 반유대주의를 은연중에 조장했다. 발터 라테나우 같은 부유한 유대인 기업가와 투자자들은 발 빠르게 독일의 전통을 따라 기독교로 공개적으로 개종했으며, 옛 상류층의 매너리즘과 스타일에도 상당한 영향을 미쳤다. 하지만 그런 움직임만으로는 자유 자본주의에 불만을 품은 이들의 의심과 적대감을 해소하기에는 턱없이 부족했다.

상대적으로 규제가 적은 시장의 또 다른 부작용은 뵐러가 자신의 저작에서 철저하게 파헤친 바 있었던 '기업 자본주의'corporate capitalism의 부상이었다. 경제의 독점화와 카르텔화로 인해 임금과 생활 조건이 점점 악화 일로를 겪고 있던 임금 노동자들의 눈에는 아담 스미스와 초창기 자본주의 이론가들이 중시했던 시장 원리의 '보이지 않는 손'이 마냥 무력해 보였다. 동일 업종에 속한 공장과 기업들은 합병 또는 협약 체결을 통해 임금과 가격을 효과적으로 통제함으로써 이윤을 보호했다. 피고용인들은 급여와 근로 조건 교섭에서 힘의 균형을 잃었다. 기업가들과 비슷한 수준의 교섭력을 확보하려는 열망은 곧 노동조합 가입률의 증가로 이어졌다. 1913년 노동 조합원의 숫자는 300만 명에 달해 노동 계급의 정치화가 가속화되었다. 1912년 사민당은 제국의회에서 최대 단일 정당이 되었고, 제1차 세계대전 직전까지 반정부 세력의 원천이었다.

비관론이 팽배했던 또 다른 분야는 농업이었다. 1871년에는 독일 인구의 약 2/3가 주민 2,000명 미만의 마을에 살았지만, 1910년에는 그 비중이 40퍼센트 미만으로 떨어졌다. 농촌 인구는 제 가치를 인정받지 못하는 소수로 전락했다. 새로운 비료와 기계화, 농업 연구개발 덕분에 생산량은 급증했으나, 끝내 가격 폭락으로 귀결되었다. 1890년까지 농작물 가격은 20퍼센트 하락했고, 다른 경제 부문과 마찬가지로 평균적인 농부들은 부유해지기는커녕 더욱 가난해졌다. 이는 부분적으로 현대 경제에서도 종종 드러나는 구조적인 문제였다. 식량의 대량 생산은 필연적으로 낮은 가격으로 이어질 수밖에 없고, 그에 따라 수익률이 계속 낮아지면 농업 부문의 지속 가능성은 점점 줄어들게 된다. 하지만 당대 독일의 또 다른 문제는 귀족 엘리트, 특히 프로이센의 융커들이 문화적 변화에 저항했다는 점이다. 융커 계층은 토지 소유와 자신들의 생활 방식을 신흥 부유층의 불쾌한 '탐욕 문화'로부터 보존해야 하는 전통으로 여겼기 때문에, 현대 경제의 관리 기법과 혁신, 투자를 등한시했다. 그래서 농업 부문은 봉건적 전통과 대량 생산 사이에서 좌초되었고, 결과적으로 많은 농업 노동자들은 도시로 내몰렸다. 게다가 빌헬름 정권은 낙후한 농촌과 번화한 도시를 연결하려는 노력을 거의 외면했다. 단절되고, 과소 평가되고, 가난에 짓눌린 농민들의 분노가 커졌고 문화적 균열은 한층 더 커졌다. 1913년까지 33만 명의 회원을 확보한 독일농민연맹 같은 조직은 오히려 지주 계층의 회원들을 대변하는 데 급급했고, 소농민과 농업 노동자들은 분노에 찬 침묵 속에서 고통을 겪었다.

대담한 젊은 황제의 지도력 아래 자신감을 회복한 독일은 비스마르크의 외교 정책이 그어 놓은 경계를 뛰어넘어 경제적 기회를 모색하려 했다. 신구 엘리트층 모두 경제적 팽창주의를 요구하는 데 목청을 높였다. 융커들은 농업 과잉 생산 문제를 해결하기 위해 수출 시장이 필요했고, 산업가들 역시 원자재 공급량이 생산 능력을 따라가지 못할까 봐 우려했다. 두 집단은 영국과 프랑스가 전 세계에 걸쳐 제국을 건설했던 사례를 들어 독일 또한 경제 제국 건설에 나서지 않는다면 장기적으로 경쟁에 뒤처질 것이라고 주장했다. 이들이 주축이 되어 범독일연맹과 같은 강력한 압력단체를 결성하고, 사회 다원주의 이론을 내세워 독일이 유럽에서 위상을 지키려면 투쟁에 나서야 한다고 설득했다. 자연히 제국 건설은 독일 국가의 생존 문제가 되었다. 범독일연맹은 가장 규모가 큰 압력단체는 아니었지만, "돈과 언론에 영향력 있는" 회원들이 주로 가입했기 때문에 국민 여론의 향배를 좌우할 수 있었다. 특히 1914년까지 4만 2천 명의 회원을 보유했던 '독일 식민지 협회'와 긴밀한 공조하에 활동했다. 이들 단체가 후원한 의원들의 숫자도 상당했다. 영국과 경쟁하려는 빌헬름 자신의 환상과 열망을 배후에서 조종해왔던 이들 단체는 이제 설득력 있는 이론으로 무장하고 경제적 실증자료를 내세웠다.

1890년부터 1914년까지 이 자신감 넘치는 국가는 팽창주의를 전면에 내걸고 강력한 경제 대국의 하나로 등장했다. 재정적이든 외교적이든 간에, 비스마르크는 독일의 야심을 중부 유럽에 머물러야 한다는 신중한 태도를 견지했다. 반면 빌헬름은 그의 권고를 무시하고 전 세계로 확장하라는 민족주의적 요구를 강조했다. 처음부터 사회 다원주의의 호전성이 짙게 깔려 있다는 것을 감지한 유럽 강대국들은 바싹 긴장했다. 독일이 세계 강국들 사이에서 정당한 위치를 찾기 위한 투쟁을 본격적으로 거론하면서, 세력 균형 개념은 역사의 뒤안길로 사라졌다. 철강과 석탄 보유량, 산업 생산량, 인구 등 여러 면에서 영국과 프랑스를 압도했던 독일은 1914년 무렵에는 전쟁에 필요한 요소까지 골고루 갖추었다. 이 야심만만한 신생 경제 강국이 위대함을 향해 가는 길을 가로막는다면, 그 어떤 강대국과도 전쟁을 피할 전략적 이유가 없었다. 또한 지속적인 기술 성취와 경제 발전이 국가적 자부심을 든든히 떠받치는 상

황에서, 독일인들은 서로의 차이를 뛰어넘어 불타는 애국심과 단
결력을 발휘했다. 실로 '사회 제국주의'의 매력은 대단한 것이었다.

새로운 노선: 레오 폰 카프리비
1890년~1894년

1890년 3월 18일 비스마르크의 사임서를 받아 든 빌헬름 2세는 즉시 고위 측근들을 소집하고 신임 총리를 발표했다. 제국의회에 통보하거나 협의하는 조치는 아예 염두에도 없었다. 비스마르크의 후계자로 프로이센 장군 레오 폰 카프리비Leo Von Caprivi 임명을 결정했던 때부터, 황제는 카프리비에게 총리직의 미래가 불투명하니 일시적인 임명이라고 미리 귀뜸할 정도였다. 황제는 측근들의 조언을 들으며 절대 군주로 통치하기를 희망했고, 그러한 연륜을 쌓고 국민 지지를 얻을 때까지 정국 운영을 도와줄 사람이 필요했을 뿐이었다. 하지만 빌헬름 측근의 하나였던 카프리비조차 빌헬름의 절대주의의 시대에 대한 순진한 공상 이면에 도사린 정치 현실을 꿰뚫고 있었다.

비스마르크의 후임으로 독일의 총리가 된 레오 폰 카프리비를 베를린 시민들이 환영하고 있다.

레오 폰 카프리비의 총리 임명은 실로 흥미로운 선택이었다. 20년의 세월 동안 독일 제국 건국의 아버지로서 탁월한 리더십을 발휘했던 비스마르크는 카프리비에게 넘기 힘든 기념비와 같았다. 더구나 그는 비스마르크를 대체할 만한 인물이 아니었다. 물론 효율적이고 분별 있는 조직 관리자로서 육군 장군 카프리비는 뛰어난 승전 기록을 경신하며 명성을 떨쳤다. 그는 프로이센 육군 참모총장 헬무트 폰 몰트케의 유능한 부하 중 하나로 빠르게 진급했으며, 마침내 프랑스-프로이센 전쟁 당시 39세의 비교적 젊은 나이에 제10군단 참모총장으로 임명되어 논란이 되기도 했다. 하지만 카프리비는 곧 능력을 증명해서 군대 안팎에서 많은 존경을 받았을 뿐더러 대중에게도 널리 알려졌다. 전쟁이 끝난 후 그는 프로이센 국방부에서 근무하다가 1883년 독일 해군 부제독이라는 보직을 받았다.

1888년 빌헬름 2세가 황제 자리에 올라 독일 해군을 영국에 필적할 정도로 키우겠다는 소신을 밝혔을 때, 카프리비는 이에 동의하지 않고 해군 부제독을 사임한 후 종전의 육군 보직으로 돌아갔다는 점이 매우 흥미롭다. 그는 원칙을 중시하는 프로이센 장교로서, 전 세계를 돌아다니며 영국과 프랑스 군대와 충돌하기보다는 유럽 방어 목적에 충실해야 한다는 입장을 굽히지 않았다. 그러니 비스마르크가 자신의 후임으로 카프리비가 임명된 것을 무척 반가워했던 것도 어찌 보면 매우 당연했다.

미국 역사가 로버트 매시Robert Massie가 묘사했듯이, 카프리비는 "프로이센 장교의 흠 잡을 데 없는 모범"이었다. 그는 59세의 독신 남성으로 "스파르타적인 삶"을 살았으며, "담배를 피우지 않았고, 친한 동료나 적이 거의 없었다. 그는 역사서를 즐겨 읽고 영어를 유창하게 구사했다. 또한 그의 태도는 늘 차분했고, 행동은 개방적이고 친절했으며, 언동 역시 매우 현명했다."

이런 측면에서 그는 과도기적 총리에 최적인 인물로 보였다. 평판이 좋고 실적이 입증된 무난한 신하였다. 고집스럽고 외골수인 비스마르크와 달리, 프로이센 장교 카프리비는 충성스러운 총리가 될 것이라고 빌헬름은 믿어 의심치 않았을 것이다. 그런데 그의 특징이라 할, 이마가 훤히 드러나는 헤어 라인, 덥수룩한 흰 콧수염, 크고 둥근 두상이 전임자 비스마르크의 모습과 닮았던 것은 우연이 아니었던 것 같다. 언변이 유창한 총리의 외양을 보고 빌헬름은 자신이 유순한 행정가를 찾았고 입헌 군주제에서 일인 통치로 손쉽게 전환하는 데 완벽한 조합이 되리라고 생각했을 것이다. 하지만 머지 않아 인재를 고르는 황제의 분별력은 정말 형편없는 수준인 것으로 드러났다.

카프리비의 총리직 수행은 처음에는 순조로운 출발을 보였다. 카프리비는 《베를린 타게블라트》와의 인터뷰에서 "위인과 위업의 시대를 지나 국가를 정상상태로 되돌리는 것"이 자신의 임무이며, 전임자를 흉내 낼 욕심은 없고 단지 독일을 대내외적으로 안정시키기 위해 무난한 노선을 선택하겠다고 말했다. 이는 독일 국민, 비스마르크, 빌헬름 황제 등 모두의 요구에 부응하는 것이었다. 카프리비 총리가 취임한 지 9개월 후인 1890년 크리스마스 날, 황제는 할머니 빅토리아 여왕에게 다음과 같은 편지를 보냈다. "우리는 카프리비와 잘 지내고 있습니다. […] 그는 이미 벗들의 애정뿐만 아니라 야당의 존경을 받고 있습니다. 독일이 배출한 최고의 인물 중 하나라고 생각합니다." 최우선 과제의 하나가 국민에게 사랑받고자 하는 열망이었던 빌헬름은 비스마르크의 공격적인 반사회주의 노선과 분명히 선을 긋고자 했다. 카프리비도 화해만이 앞으로 나아갈 길이라는 데 동의했다. 두 사람은 다 함께 국내 정치의 '새로운 노선'에 착수했는데, 그들의 노선은 계급투쟁을 종식하고 독일 제국을 대내외적으로 단결하려는 것이었다.

1890년 총선에서 사민당은 가장 높은 득표율을 기록했다(그런데도 총 의석의 10퍼센트 미만밖에 얻지 못했던 이유는, 3계층 선거제 하에서는 인구가 적은 보수적 농촌 지역이 사민당에 투표하는 프롤레타리아트가 모여 사는 도시의 인구 밀집 지역보다 선거구가 상대적으로 유리하게 획정되었기 때문이다). 사민당의 성장세가 뚜렷해지자, 빌헬름이 해군 예산 편성을 늘리는 데 의회 동의를 얻으려면 여전히 인기 있는 가톨릭 중앙당뿐만 아니라 노동자의 지지를 얻어야 했다. 법적으로는 비스마르크의 반사회주의법이 아직 발효 중이었으나 카프리비 정권은 이를 시행하지 않았을뿐더러 그마저도 곧 완전히 폐지했다. 따라서 사회주의자들은 제한 없이 자유롭게 선거운동을 할 수 있었고, 노동 계급은 정치적 목소리를 낼 수 있었다. 카프리비는 또한 중앙당의 폴란드 분파와 타협하여 독일어를 사용하는 어린이가 거의 없거나 전혀 없는 학교는 폴란드어를 쓰도록 허용했다. 오랜 반사회주의 및 반가톨릭 시대의 끝 무렵에 시행된 이 두 가지 조치는 화해의 국면을 조성했다.

임기 두 번째 해에 접어들자, 카프리비는 여기서 더 나아가야 한다고 판단했다. 1891년 그는 사회 개혁을 위한 제반 조치를 한 보따리 풀었다. 일요일에는 노동하지 않고 쉴 권리가 부여되었고(이는 오늘날까지 독일 노동의 전통이 되었다), 13세 미만의 아동 노동은 금지되었으며, 여성의 근로 시간은 일주일에 최대 11시간 이내로 제한되어 결과적으로 여성 노동력을 값싸게 착취하는 관행이 줄어들게 되었다. 이러한 온건한 화해의 기조는 총리의 정치 스타일에도 그대로 스며들었다. 비스마르크는 장관이 군주를 개별적으로 알현하는 것을 금지하는 등 베를린 정치의 막후를 통제하려 했던 반면, 카프리비는 내각, 공무원, 제국의회 및 연방참사원 의원들에게 협력과 토론의 장을 활짝 열어주었다. 그는 빌헬름과 정치인 간의 회의에 참석을 고집하거나 그에 대해 시시콜콜 알려 들지 않았다. 또한 프로이센 각료와 연방 각료가 정기적으로 만나 정책을 조율하도록 적극 장려했다. 그는 어떤 정당과 신념에 대한 강한 충성심을 드러내지 않았다. 그 대신 카프리비는 현실 정치에 대해 무자비하게 군림하기보다는 온건하고 실용적인 총리로 행동했으며, 가능한 한 친구를 폭 넓게 사귀되 정치적 반대파에게 제국의 적이라는 꼬리표를 달지도 않았다.

20년간의 치열한 내분과 밀실 음모 끝에 독일 정치에 실용적이고 정직하며 화해적인 접근 방식을 도입한 그의 처사는 분명 찬사받을 만했지만, 다소 순진해 보이기도 했다. 몇 년의 억압 끝에 사회주의자들에게 언론의 자유를 허용하자, 거리와 공장에서는 시끄럽고 추악한 장면이 연출되었고 파업이 끊이질 않았다. 이를 못마땅하게 여긴 공장주들과 산업가들은 제국의회 내 극단주의 세력에 동조하기 시작했다. 비스마르크가 떠난 후 통제 불능이 된 보수당의 급진파 의원들은 더 과격하고 무모하게 행동했으며, 위계적인 군주제에 대해 강력한 지지를 과시하려고 종종 제복을 입고 등장해 '황제 만세!'Heil를 귀청 터지게 외쳐댔다. 마침내 급진주의자들은 당내 온건 보수주의자들과 결별하고 최종 승리를 거뒀다. 1892년부터 제국의회의 보수파 의원들은 완전히 우익적이고 반유대주의적인 성향의 정치인들이 주류를 이뤘다. 1893년에 결성된 농민연맹의 강력한 재정적, 정치적 후원과 떠들썩한 여론을 등에 업고, 그들은 위험한 반대를 계속 제기했다. 비스마르크와 달리 카프리비는 이런 영구적인 분쟁을 감당할 정치적 담력이 부족했다.

외교 정책 면에서도 카프리비는 비스마르크와 크게 달랐다. 철의 재상의 아들이자 수제자였던 헤르베르트 폰 비스마르크는 아버지가 퇴임한 지 며칠 만에 외무장관직을 사임한 후 복잡하고 혼란스러운 외교 무대를 떠나 은퇴했다. 황제의 측근인 아돌프 마르샬 폰 비버슈타인Adolf Marschall von Bieberstein 남작이 후임으로 임명되었지만, 그는 외교적 경험이나 임기응변의 재주를 찾기 힘든 사람이었다. 더구나 카프리비 특유의 직설적이고 솔직한 스타일은 유럽의 깨지기 쉬운 평화를 지키기 위해 오스트리아, 러시아, 프랑스, 영국의 상충하는 이해관계에 맞서 위협과 음모, 약속을 설득력 있게 펼치는 능력과는 거리가 멀었다. 카프리비는 한숨을 쉬며 "비스마르크는 공 세 개로 저글링을 할 수 있었겠지만, 나는 고작해야 공 두 개로만 저글링을 할 수 있다"라고 선언했다. 총리가 된 후에도, 그는 전임자가 오스트리아 몰래 러시아와 재보장 조약을 맺었다는 기밀 정보를 알지 못했었다. 그런 터무니없는 상황에서 그는 1890년 6월에 종료될 조약에 대해 정책 결정을 내려야만 했다. 가장 큰 위험 부담은 오스트리아가 동맹국 독일이 적국과 비밀

협정을 체결한 것을 알게 된다면 양국 관계가 깨질 수 있다는 점이었다. 반대로, 러시아 외무장관 니콜라이 기르스Nikolay Girs가 노골적으로 위협했듯이, 독일이 러시아와 재보장 조약을 파기할 경우 러시아가 프랑스와 손을 잡으리라는 것은 불 보듯 훤했다. 또 다른 난관은 비스마르크가 사임한 직후에 빌헬름 황제가 차르한테 곧 조약을 갱신할 것이라고 언질했다는 점이었다. 물론 황제는 새 총리에게 그런 내막을 알리지도 않았다. 그래서 카프리비가 조약을 갱신하지 않기로 결정했을 때, 러시아인들은 당연히 굴욕감을 느꼈다. 양국간 외교 관계는 냉랭히 얼어붙었다.

두 번째 난관은 1879년 관세법이 여전히 시행되는 가운데 독일의 수출과 통상에 닥친 경제적 어려움이었다. 관세법으로 인해 인위적인 무역장벽이 높아지자, 독일 내 곡물 수급 부족으로 식량 가격이 상승했다. 이는 결국 생활비에 상당한 압박으로 나타났다. 이를 해결하는 방법은 관세 인하뿐이었다. 그래서 카프리비는 1892년 겨울에 오스트리아, 이탈리아, 벨기에와 무역 협상을 연이어 체결했고, 그 후 2년 동안 작은 나라들과도 협정을 체결했다. 이러한 행보에 자연히 보수적인 압력단체와 농민연맹 동지들은 분노했다. 그들은 반유대주의와 반자본주의적 수사를 들먹이며 총리의 정책을 독일 산업과 농업을 공격하는 행위라고 비난했다. 또한 세계화된 유대인 금융 엘리트들이 탐욕을 부려 독일의 가치를 훼손하도록 방치했다고 공격했다. 카프리비는 여전히 황제의 지원을 받고 있어서 이러한 쇼비니스트들의 주장을 무시하려 했지만, 1894년 끝내 군주와 보수파들과 돌이킬 수 없는 결별을 하게 되었다.

1893년은 카프리비에게 종말의 시작이었다. 군인 출신인 그는 군대 현대화와 군비 증강을 위해 일련의 개혁법안을 제국의회에 제출했다. 법안은 의무 복무 기간을 3년에서 2년으로 단축하는 대신, 상비군을 8만 4천 명 증원하는 내용이었다. 제국의회가 개혁안 통과에 협조하지 않자, 카프리비는 의회를 해산하고 선거를 통해 우호적인 의원들로 다시 원 구성을 시도했다. 처음에 이 전략은 성공한 것처럼 보였지만, 카프리비가 군부 조직에 간섭할 것을 우려한 빌헬름 측근의 군 엘리트들은 악의적이고 조직적인 반대 운동에 나섰다. 빌헬름 황제는 한동안 총리를 지지해왔으나, 1893년 선거에서 노동자 파업과 사민당의 승리로 사회주의 정서가 급성장하자 무엇이 최선인지를 두고 총리와 견해를 달리했다. 카프리비는 황제에게 더 많은 양보를 촉구한 반면, 황제는 노동 계급에 대한 유화책이 번번이 실패하는 데 진절머리가 나서 사회주의 운동을 탄압할 공격적인 조치를 원했다. 일찍이 1888년 빌헬름은 "나는 폭도들의 왕이 되고 싶다"라고 선언했었다. 하지만 당시의 '사교적인 황제'는 그로부터 4년 동안 점점 더 절박해지는 프롤레타리아트를 달래는 과정에서 냉소와 환멸을 느꼈다. 이제 카프리비는 보수주의자와 왕실 고문들에 이어 황제까지 가세한 반대 세력의 벽에 마주하게 되었고, 더 이상 총리직을 유지할 수 없었다. 마침내 그는 1894년 10월에 사임했다. 짧았던 화해의 실험은 그렇게 실패로 돌아갔다. '새로운 노선'은 막을 내렸다.

호엔로에 후작과 권력 재편:
1894년~1900년

레오 폰 카프리비의 후임자를 찾는 것은 쉽지 않았다. 유능하고 정직한 장교였던 카프리비는 최소한 존경받을 만한 인물이었다. 그런데 그가 보여준 것이라곤 점점 더 꼬여만 가는 해결 불가능한 국면뿐이었다. 즉 제국의회에서 사회주의자, 가톨릭 신자, 자유주의자, 보수주의자의 이해관계를 균형 있게 조정하는 것, 그리고 귀족들과 군부, 빌헬름 황제를 동시에 만족시킨다는 것은 불가능해 보였다. 더구나 카프리비의 임명 자체가 황제가 통치권을 장악하기 전에 선택한 고육지책에 불과했다는 사실도 빼놓으면 안 된다. 어쩌면 황제가 단독 통치할 시기가 도래한 것일까? 빌헬름은 계급, 정파, 교파를 초월한 왕권의 고무적인 힘에 대해 신비주의적인 믿음을 지녔으며, 무엇보다 자기 자신이 카프리비와 비스마르크가 이루지 못했던 꿈을 성취해서 분열하는 독일인들을 흑·백·적 삼색기 아래 통합할 것이라고 굳게 믿었다. 하지만 이를 해내려면 반드시 민족의 위대함이 고무되어야 했다. 게르만인의 패권 국가Welt-macht는 누구도 부인할 수 없는 국가적 자부심의 원천이 될 것이다. 비스마르크와 카프리비는 바로 이 지점에서 실수를 저질렀다. 독일의 야심을 담기에 '옛유럽'은 너무 작은 그릇이었다. 독일은 이미 거의 모든 면에서 이웃한 유럽 국가들을 앞서지 않았는가? 후임 총리는 빌헬름과 독일 국민, 또는 독일과 패권국가들 사이에서 어중간한 입장을 취해선 안 되었다.

1869년 요제프 크리후버가 그린 호엔로헤–실링스퓌르스트의 초상화

총리 직무에 가장 적합해 보이는 후보자는 클로트비히 추 호엔로헤-실링스퓌르스트Chlodwig zu Hohenlohe-Schillingsfürst였다. 그는 황제와 먼 인척이었고 젊은 황제는 어린 시절부터 그를 잘 알았기 때문에 빌헬름은 그를 "클로트비히 삼촌"이라고 부르며 '뒤'du라는 호칭을 썼다(실제로 빌헬름의 장모가 호엔로헤의 사촌 누이다). 호엔로헤뿐만 아니라 다른 친척들이 정부에서 영향력 있는 직책을 대거 맡고 있다는 점은 헌법 체계에 황권을 확대하려는 빌헬름으로서는 아주 믿음직했다. 또한 호엔로헤가 비스마르크보다 그리 젊지 않은 75세의 고령이라는 점도 오히려 긍정적이었다. 황제는 자신이 제도 개혁을 주도할 때까지 경력을 착실히 쌓아가는 야심 있는 젊은 총리가 아니라 제국의회에 "밀짚 인형"으로 내세울 총리가 필요했기 때문이었다. 호엔로헤는 제국의회 내 모든 당파를 아우를 수 있는 절충적인 후보로 내세우기 적당했다. 그는 프랑크 계통의 가톨릭 신자였기 때문에 남부 지역의 이해를 대표하는 동시에 중앙당과의 가교가 될 것으로 기대되었다. 한편으로 그는 1848년부터 프로이센이 주도하는 독일을 주장해 왔으며, 비스마르크의 문화투쟁에도 지지를 보냈다. 그는 교황이 지상 최고의 도덕적 권위자라는 관념에 동의하지 않았고 가톨릭 신자의 저항을 촉구하는 교황의 부름에 반대했기 때문에, 중앙당 당원들의 눈에는 반역자로 비춰질 때도 있었다. 또한 그는 변함없는 정치적 온건파였다. 비록 원내 진출 초기에는 자유주의자나 개방적 보수주의자라고 평가받았으나, 당시에는 무소속으로 활동했기 때문에, 빌헬름은 묵묵히 일하는 다수파를 이끄는 총리로 호엔로헤를 가장 적당한 인물로 판단했다. 1885년 비스마르크가 호엔로헤를 알자스-로렌 주지사로 임명했던 것도 비슷한 이유였는데, 그의 가톨릭 배경과 온건론이 프랑스어권의 성난 주민들을 독일 제국의 시민으로 흡수하는 데 도움 될 것이라고 여겨졌기 때문이다. 요컨대 그가 특별히 성공적이지 않았으나 부단하게 충성심을 입증함으로써 여러모로 적임자처럼 보였다.

빌헬름이 호엔로헤를 베를린으로 불러 제국 총리가 되어 달라고 당부했을 때만 해도, 사실 그는 황제의 제안이 달갑지 않았다. 황제가 꼭두각시를 찾고 있다는 것을 누구보다 잘 알고 있었기에, 호헨로헤 자신은 육체적으로나 정신적으로나 총리직에 적합하지 않으며 훌륭한 대중 연설가도 못 된다고 둘러댔다. 게다가 직위를 유지할 만한 정치자금도 없었다. 그러자 빌헬름은 손사래를 치며 총리에게 12만 마르크의 연봉을 주겠다고 약속했고, 이로써 호엔로헤는 황제의 개인적 후원에 전적으로 기댈 수밖에 없었다.

1894년 10월 취임 직후 호엔로헤의 최우선 과제는, 자신이 염려했던 대로, 새로운 반사회주의 법안을 통과시키는 일이었다. 더구나 당시 제국의회는 독일 유권자의 ¼ 가량이 표를 몰아준 44명의 호전적인 사회주의자가 활동하고 있었다. 따라서 그는 법안 본문에 무정부주의자들의 이름을 구체적으로 언급하지 않고, 대신 "국가와 사회의 근간에 의문을 제기하는 사람들"이라고 표현했다. 하지만 아무리 에둘러 표현한들, "폭도들의 왕" 노릇에 완전히 질린 빌헬름 황제가 거리와 공장의 소요를 잔인한 방법으로 끝장내려 한다는 것은 누구나 예상할 수 있었다. 1895년 제국의회가 이 법안을 폐기했을 때, 빌헬름은 분노에 휩싸였다. 황제는 제국의회 해산을 요구하고 계엄령을 도입함으로써 군주의 신성한 뜻을 방해하는 이 우스꽝스러운 상황을 완전히 끝장내고자 했다. 호엔로헤는 황제에게 이러한 조치가 남부 주들과 독일 국민의 저항을 불러일으킬 것이니 재고해달라고 촉구했다. 독일이 격렬한 내전을 치를지도 모를 상황에서, 재보장 조약이 만료된 후 카프리비가 막지 못했던 프랑스와 러시아의 군사 동맹 체결은 향후 독일을 집어삼킬지도 모를 연합의 악몽을 되살렸다. 마침내 황제는 이성을 되찾았다. "밀짚 인형" 총리는 예상보다 강단 있는 인물로 드러났으나 오히려 그의 운신의 폭은 더욱 좁아졌다. 반사회주의 법안을 둘러싼 정치 개편으로 인해 호엔로헤는 결국 물러났고 빌헬름의 일인 통치는 정점을 향해 치달았다.

1896년 1월 18일, 빌헬름은 독일 제국 선포 25주년 기념식에서 "독일 제국은 바야흐로 세계 제국이 되었다"라고 선언했다. 사회주의자들은 조롱과 분노가 섞인 반응을 보냈다. 이는 황제에게 두 가지를 한 번에 증명했다. 사민당은 "조국이 없는 동료들"이라는 과거의 주장이 옳았다는 점, 그리고 그들에게 주도권을 넘겨준다면 광기만 남을 것이라는 점이었다. 헌법에 구속되는 한, 빌헬름은 제국의회의 동의 없이 법안을 통과시킬 수 없었으나, 본인의 뜻대로 공직자들을 임명하고 해임할 수 있었다. 빌헬름은 총리의 강력한 조언을 무시하고 프로이센과 연방의 공직에 보수주의자와 그의 동조자를 대거 등용하기 시작했다. 이들은 언뜻 빌헬름의 국정 정신을 구현하려는 듯했지만, 종종 자신의 의제를 관철하기 위해 황제를 조종했던 것으로 훗날 드러났다.

필립 추 오일렌부르크는 젊은 황제의 주변 인물들 중 빌헬름2세에게 가장 영향을 미쳤다

빌헬름은 측근 집단 중 많은 인사들을 영향력 있는 지위에 등용했다. 그들은 브란덴부르크에 있는 필립 추 오일렌부르크의 영지 이름을 따서 리벤베르크 서클^{Liebenberg Circle}이라고 불렸다. 그

중 핵심 인물은 1897년 외무부 장관으로 임명된 베른하르트 폰 뷜로였다. 뷜로 역시 오일렌부르크와 마찬가지로 낭만적인 취향을 가졌으며 몇 년 동안 세련된 매너와 영리한 처세술로 황제의 마음을 사로잡았다. 엄밀히 말하면 내각의 장관인 그는 총리에게 종속되어 있었다. 그러나 처음부터 호엔로헤와 뷜로 사이에 모종의 합의가 있었는데, 바로 총리직이라는 독이 든 성배는 호헨로헤가 가능한 한 오래 들고 있는 대신, 뷜로가 막후의 책임을 맡기로 한 것이었다. 빌헬름은 뷜로에게 독일 함대를 건설하고 해외 진출을 확장하라는 두 가지 임무를 지시하면서 동시에 영국과 전쟁을 유발하지 말라고 당부했다. "뷜로는 나의 비스마르크가 될 것이다"라는 유명한 말과 함께, 빌헬름은 이 불가능한 외교 정책의 성과를 기대했다. 황제의 바람에 부응하기 위하여 뷜로는 1897년 알프레드 폰 티르피츠Alfred von Tirpitz 를 독일제국해군청의 참모총장으로 임명했다. 상징적인 갈지자 수염을 가진 티르피츠는 어린 빌헬름이 해군에 대한 품었던 열광을 공유했다. 1897년부터 1914년까지 그는 독일의 해군력을 영국에 이어 세계 최대 규모로 키우기 위해 광범위한 개혁을 추진했다. 물론 외교적으로 신중하게 관리하려는 뷜로의 노력에도 불구하고, 이 함대정치Flottenpolitik와 그에 따른 군비 증강은 분쟁의 핵심이 되었고 끝내 제1차 세계대전으로 귀결되었다.

빌헬름의 측근 중 가장 영향력 있는 인물은 두말할 것 없이 필립 추 오일렌부르크였다. 그가 젊은 황제를 좌우한 배경은 그의 정치적 재능이나 친척 관계만이 아니었고 심지어 직접 알현하지 않고서도 영향을 미쳤다. 빌헬름과 *끈끈한* 연대는 "공간적 관계라기보다는 정서적 관계"였으며, 실제로 그는 베를린의 궁정을 드나들기보다는 황제와 보내는 여가를 더 좋아했다. 빌헬름은 자신보다 열두 살 많은 오일렌부르크를 베를린의 정치적 음모에 오염되지 않은 인물로 느끼고 정신적 지주로 삼았다. 두 사람은 낭만주의 시, 신비주의, 오컬트에 대한 관심사를 함께 주고받기도 했다. 오일렌부르크는 "[자신의] 한쪽 손에는 사냥총을, 또 다른 손에는 노래책을 들고" 빌헬름에게 가장 가까운 정치적 조언자가 되었다. 그는 정서적 친밀감과 진정한 우정을 바탕으로 젊은 황제가 자신의 아버지나 비스마르크한테서 찾지 못했던 멘토에 대한 동경심을 자극했다. 물론 진실된 우정은 오일렌부르크의 정치적 도구로 활용되기도 했다. 그는 절친한 친구 뷜로를 국무장관 후보로, 그리고 결국에는 총리 후보로 빌헬름에게 추천해서 실제 임명까지 받아냈다. 1897년 뷜로가 첫 직책을 맡기 위해 베를린으로 소환받았을 때, 그는 도중에 기차에서 내려 오일렌부르크를 만나 빌헬름을 어떻게 대해야 할지 조언을 구했다고 전해진다.

그렇다면 과연 1900년대에 빌헬름은 완전히 정국을 장악했을까? 그는 확실히 그렇다고 생각했다. 빌헬름은 패권국가로 향하는 독일의 황제로서의 통치술에 대해 공개적으로 즐겨 말했다. 또한 그는 스스로 국가의 의인화이자 "세계 권력은 황제의 신성한 통치 권력의 연장선"이라고 생각했으며, 이를 실천하고자 하는 내각

장관들과 고문들을 중용했다. 그는 진정으로 모든 사건의 중심에 자신이 있다고 믿었다. 뷜로가 이러한 황제의 인식을 교묘하게 부추겼고, 자기 자신은 기꺼이 "황제 일인 통치"의 도구에 불과하다고 공공연히 밝혔다. 오일렌부르크 역시 뷜로에게 늘 강조하기를, 빌헬름을 올바른 길로 인도할 뿐 결코 강요해서는 안 된다고 했다. 두 사람은 젊은 황제의 모순과 정치적 식견의 부족, 안전의 욕구 등을 영리하게 이용했다. 호엔로헤가 정치 무대에서 물러난 후, 후임이 된 뷜로가 헌법 게임을 벌였으나 이는 분명히 빌헬름의 의지를 따랐을 뿐이다.

그러나 크리스토퍼 클라크가 총체적으로 조망했듯이, 장관들을 황제의 측근으로 교체한다고 해서 절대군주제의 새 시대가 열리는 것은 아니다. 아무리 내각을 교체한다 한들, 국방 예산을 쥐고 흔들어 법률 통과의 길목에 있는 제국의회를 마법처럼 사라지게 할 수 없었다. 독일 국민이 선출한 대표들의 동의 없이는 빌헬름은 세계정치 노선에 뛰어들거나 독일 해군을 확장할 수 없었다. 국민이 표를 점점 더 많이 몰아주면서 1912년 사민당이 제국의회의 단일 최대 정당이 되자, 빌헬름은 마냥 이를 무시하지 못했다. 빌헬름이 집권화된 일인 통치를 세우려고 했다면, 독일의 느슨한 연합은 산산이 흩어지고 내전 가능성도 커졌을 것이다. 독일을 통합하여 완전히 황제의 통치 아래 두는 것은 사실상 불가능했다. 빌헬름은 당면한 현실을 받아들여야 했다.

아래로부터의 압력에 더해, 군주제는 엘리트들에 의해서도 견제당했다. 측근 집단은 모든 것이 황제의 동의하에 이루어졌다는 인상을 심어주면서 황제에게 강력한 정서적, 정치적 영향력을 행사했다. 게다가 더욱 대담해진 군 지도부는 산업가, 융커, 압력단체의 편에 섰다. 빌헬름과 유일하게 공통된 분모는 세계정치였다. 비스마르크와 카프리비가 감히 엄두 내지 못했던 그런 방식으로, 황제가 독일의 위대함을 향한 노선에 뛰어들어 세계 패권의 잠재력을 실현할 수 있다면 독일의 노동자, 엘리트, 정치적 적수들도 뒤따를 것이다. 그 길만이 유일한 길이었다.

세계정치 : 태양이 비치는 곳

"[우리는] 풍요롭고 유망한 미래가 있는 이 땅에서,

다른 국가와의 경쟁에 독일이 뛰어들지 않는 것은 애시당초 바람직

하지 않다고 생각합니다.

("브라보!")

독일인들이 한 이웃에게 땅을, 다른 이웃에게 바다를 내주면서,

그들 자신에게는 순수한 교리가 지배하는 하늘을 허락했던 시대가

있었습니다.

(웃음 -"브라보!")

이제 그런 시대는 막을 내렸습니다.

해운, 무역 및 산업의 이익을 촉진하고 융성하게 하는 것이 우리의

최우선 과제입니다. [...].

요약하면, 우리는 그 누구도 우리의 그늘에 두고자 원치 않으나,

태양이 비치는 곳에 우리의 자리를 내어달라고 요구합니다."

– 1897년 12월 6일 제국의회 회의장에서 당시 외무장관 베른하르트 폰 뷜로의 연설

빌로의 이 연설은 내부 권력 교체의 맥락에서 식민지를 향한 독일의 야망을 토로한 것으로, 종종 독일 외교 정책의 분수령으로 해석되었다. 비스마르크와 카프리비가 독일의 야망을 대륙 지배로 제한하려 했던 반면, 빌헬름과 그의 추종자들은 독일의 식민지 제국을 꿈꾸며 제국 건설에 시동을 걸었다. 이는 대부분 사실이다. 앞서 살펴봤듯이, 비스마르크는 독일이 유럽 강대국으로서 "포화 상태"에 이르렀다고 몇 번이고 강조했고, 카프리비는 식민지 확장을 위해 해군력 증강을 요구받자 이에 굴하지 않고 해군 참모총장직을 내려놓기까지 했다. 이러한 광경은 1894년 이후 정부 각 계파와 황제 및 측근이 세계정치를 공개적으로 지지했던 것과는 사뭇 대조적이었다. 현실 속에서 독일 팽창주의는 또 다른 모습으로 나타났다. 독일 식민지 대부분은 1880년대 비스마르크의 재임 기간에 획득했다. 브레멘 출신의 사업가인 아돌프 뤼데리츠Adolf Lüderitz가 남서 아프리카의 첫 번째 독일 영토를 매입했고, 훗날 남아프리카에서 앙골라에 이르는 해안선을 따라 총 22만 평방마일에 달하는 영토를 추가로 확장했다. 부족장이 생각했던 것보다 훨씬 더 넓은 영토를 속임수로 탈취한 그는 '뤼겐프리츠' 즉 거짓말쟁이 프리츠라는 악명을 얻었다. 그러자 비스마르크 역시 행동에 나서라는 대외적 압력을 받게 되었다. 1884년 선거가 다가오자, 비스마르크는 여론의 압력에 굴복하여 뤼데리츠의 아프리카 땅을 독일의 '보호' 하에 두기로 했으며, 다만 외교적 이유로 '식민지'라는 용어를 쓰지 않았을 뿐이었다. 그렇게 독일령 남서부 아프리카는 해외 진출의 서막을 알렸다. 같은 해 토고, 카메룬, 독일령 동아프리카(현재의 탄자니아, 부룬디, 르완다)가 차례로 추가되었고, 비스마르크는 유럽의 아프리카 지배권 조정을 위해 콩고 회의Congo Conference를 베를린에서 개최했다. 이듬해인 1885년 태평양 연안의 영토가 추가되었다. 따라서 비스마르크가 해외 진출을 금지했다는 것은 결코 사실과 다르다. 독일 사업가들과 다른 사적 이익 단체들이 앞다투어 해외 영토를 사들이는 상황에서 이를 막을 수단이 없었기 때문이었다. 그러나 카프리비 이후 정권과 차이점이 있다면, 정부가 그러한 경쟁을 공개적으로 막고 프랑스, 특히 영국을 안심시키기 위해 독일이 아프리카와 아시아에서 경쟁할 생각이 없다는 점을 강조하려 했다. 1897년 제국의회에서 행한 뷜로의 연설에서 명백히 알 수 있듯이, 그 이후로 분위기는 사뭇 달라졌다. 독일은 더 이상 다른 열강과 경쟁을 주저하지 않았고, 세계 무대에서 보통 국가로 전락하도록 방관할 생각이 없었다.

뷜로가 이 연설을 했던 때는 중국 진출이 논란되는 시기였다. 당시 동아시아에서 독일의 해군 기지로 활용하기 위해 자오저우만灣[27]을 임차하는 방안이 논의 중이었는데, 이 경우 대영관계 악화는 명약관화했기 때문이다. 당시 독일은 경제적으로 유럽의 경쟁국들을 모두 추월할 정도로 강력한 국가가 되었기에 어떤 대가를 치르더라도 굳이 마찰을 피할 필요가 없다고 판단하고 협상을 강행했다. 1898년 3월 6일, 중국과 조차지 계약이 체결되었다. 드디

---

27) 중국 칭다오 북서부 다구허 하류에 위치하는 도시를 일컫는다.

어 세계정치가 본격화되었다. 영국과 프랑스 경제만큼 제국의 비중이 크지 않지만, 독일 식민지 제국의 무시무시한 예고편과 같았다. 아프리카와 아시아의 영토에 다다르기 위해 독일 군함이 영국과 프랑스의 해안선을 지나 해협을 통과한다는 생각은 두 강대국의 심기를 거슬리는 일이었다.

빌로, 호엔로헤, 빌헬름 황제 모두 비스마르크의 외교적 능력을 발휘하지 못했고, 그 결과 고조되는 긴장과 의심을 방치했다. 신중한 외교 정책 관계의 고삐가 느슨해질 때 전직 총리이며 제국의 창시자인 비스마르크가 사망한 것은 꽤 상징적인 사건이었다. 1898년 7월 30일 비스마르크는 홀연히 세상을 떠났다. 제때 치료받지 못한 괴저병 고열로 인해 정신이 혼미해진 그는 사랑하는 아내 요한나(그녀는 4년 전에 사망했다)를 찾으며 숨을 거뒀다. 이렇게 1898년은 독일의 미래에 대한 비스마르크 고유의 비전이 종언을 고하는 해였으며, 동시에 건국자의 죽음으로 상징되고 후임자들이 현실화되는 해였다.

아무리 소규모라 할지라도 여러 대륙에 걸친 식민지를 획득하려면, 독일의 해군력이 크게 늘어나야 했다. 토착 반란 세력은 물론 경쟁하는 유럽 열강으로부터 식민지를 지키려면, 독일은 신속하고 강력한 해군을 통해 빠르고 효과적으로 공격할 수 있어야 했다. 전쟁 억지력을 놓고 보더라도, 사실 투자할 만한 가치가 충분했다. 이는 결코 독일에만 국한된 것이 아니었다. 모든 유럽 국가와 미국, 일본 등 멀리 떨어진 강대국들은 1890년대에 대규모 해군 투자를 시작했고, 만약 독일이 이 추세를 따르지 않았다면 홀로 뒤처졌을 것이다. 육군의 전투력만으로는 중장기적으로 정치적 평균에 머무를 것이라는 생각이 전 세계에 널리 퍼졌다. 이는 당시 민족주의 정서의 고조와 맞물려 있었다. 자국에 가장 최선을 강조하는 것이 유럽 민주주의에서 정치적 점수를 얻었고, 국제주의는 전복적이고 비애국적인 것으로 폄하되었다. 해군 쇼, 군사 퍼레이드 등의 국력 과시가 큰 인기를 끌어 표심을 얻는 데 도움이 되었다. 크리스토프 논Christoph Nonn은 이런 현상에 대해 독일이 막중한 경제적, 지정학적 무게에 비해 다른 열강보다 다소 불리하게 출발했다는 점이 작용했다고 지적했다. 이제 프랑스와 영국의 산업화 속도는 동반 정체되기 시작했으나, 독일은 모든 것이 놀라운 속도로 가속화되는 듯 보였다. 이러한 추세는 기존 강대국들은 암울한 전망으로 보였겠지만, 독일로서는 거부할 수 없는 희망이었다. 심지어 1890년대 이탈리아와 미국처럼 해군력이 약한 국가들조차 독일보다 훨씬 더 큰 함대를 보유하고 있었다. 반드시 상황은 역전되어야 했다. 1898년부터 대대적인 해군 확장 프로그램이 시작되었다. 알프레드 폰 티르피츠 제독의 지휘 아래 독일은 운명적인 '함대정치'의 길로 접어들었다.

제국과 해군력, 즉 세계정치와 함대정치 사이의 연관성은 전 세계의 학자, 정치가, 군사 전략가들 사이에서 오래전부터 정립된 이론이었다. 미국 해군 장교였던 알프레드 테어 마한Alfred Thayer Mahan은 『해양력이 역사에 미친 영향』에서 "바다를 지배하는 자가

A MOVING PICTURE

유보트 갑판에서 파괴된 배와 익사하는 사람들을 촬영하는 독일군 지휘관.
1890년대부터 시작된 잠수함 경쟁은 1914년 유보트 건조로 인해 독일의 우세로 판세가 바뀌었다.
윌리엄 알렌 로저스의 드로잉(1915년)

세계를 지배한다"라고 주장한 바 있다. 1890년에 출간된 이 책은 빌헬름 황제의 애장서를 넘어 집착하는 책이 되었다. 그는 친구에게 편지를 보내 "나는 마한 선장의 책을 읽는 것뿐만 아니라 통째로 삼키며 외우려고 한다네. 이 책은 모든 군함에 비치되어 선장과 장교들이 늘 인용하도록 했네"라고 썼다. 티르피츠 제독 역시 1898년 마한의 책을 독일어로 번역할 정도로 열렬한 팬이었다. 이 책이 모두의 필독서가 되어야 한다고 생각한 티르피츠 제독은 1898년 제1차 〈해군법〉 통과를 앞두고 제국의회에 압박을 가할 의도로 대중에게 8,000부를 무료로 배포하기도 했다. 제1차 〈해군법〉은 전함 16척의 건조와 영구적인 유지보수를 허용하는 내용이었다. 막대한 예산과 사민당과 보수파의 강력한 반대에도 불구하고, 제국의회 대다수는 티르피츠의 이른바 '위험 전략'에 무게를 뒀다. 현재 독일은 영국의 해군력을 따라잡기 어렵고, 영국 역시 독일의 해군력 확장을 가만히 두고 보지 않을 것이라는 발상에서였다. 그러니 유일한 해결책은 영국이 공격하기에 너무 위험할 수준으로 독일 해군력을 증강하는 방법뿐이었다. 티르피츠는 영국 해군력의 2/3 수준에 도달하면 영국이 공격보다 독일과의 동맹을 선택하리라고 예상했다.

이러한 전략은 영국과 독일이 공통된 해외 식민지 기반이 없었으므로 잠시나마 효과가 있었지만, 궁극적으로 양국의 이해관계는 양립할 수 없다고 판명되었다. 영국은 독일 해군에게 동아시아와 아프리카의 항구들을 기꺼이 빌려주었지만, 프랑스의 적대감을 감수하면서까지 독일 제국과 포괄적 동맹을 맺을 생각은 없었다. 1902년 협력이 결렬되고 1904년 영국은 북아프리카 정책에 관해 프랑스와 우호 조약을 체결했다. 빌헬름은 1900년 총리가 된 빌로의 부추김을 받아 두 나라 사이를 갈라놓으려는 서툰 시도를 벌였다. 1905년 봄, 황제는 프랑스 식민지였던 모로코를 방문했고, 그곳에서 백마를 타고 탕헤르를 지나 술탄을 만난 뒤 탈프랑스 독립을 전폭 지지한다고 선언했다. 프랑스의 북아프리카 이권 상실에 대해 영국의 지원 사격을 노린 계산이었다. 그러나 1년 후 이 문제를 해결하기 위해 소집된 알헤시라스 회의에서 독일의 대의를 지지한 것은 오스트리아뿐이었으며 다른 국가들은 전부 프랑스 편에 섰다. 이렇듯 제1차 모로코 위기는 아프리카에 대한 독일의 간섭을 표면화하는 동시에 유럽 열강 간 '우호 조약'을 재확인하는 계기가 되었다. 이탈리아와 러시아도 프랑스와 관계 개선에 나서면서 독일만 외통수에 몰렸다.

점점 고립되어 가는 외교 환경에서 티르피츠는 제국의회에 외교의 길은 이미 실패했으니 자신의 '위험 전략'이야말로 독일을 보호할 수 있는 유일한 방법이라고 설득했다. 그 결과 독일 함대가 2배가 될 때까지 매년 전함 3척씩 추가로 건조하는 내용의 제2차 〈해군법〉이 제국의회를 통과했다. 이에 대응하여 영국은 일반 전함 두세 척에 버금가는 강력한 전함 드레드노트호에 대한 연구 개발을 시작했다. 이러한 낌새를 알아차린 티르피츠는 총리와 외무부에 미리 알리지 않고 특별 조치를 감행했다. 그는 매년 2척의 드레드노트와 1척의 장갑 순양함 건조를 추진하는 세 번째 법안을 제국의회에 발의했는데, 이는 종전보다 35퍼센트의 추가 예산이 필요했다. 처음에 제국의회는 반대 움직임도 있었으나, 굴욕적인 모로코 위기를 겪은 후 국민 정서가 들끓자 애국 시민의 의무를 다하기 위해 1906년 제3차 〈해군법〉을 통과시켰다. 그런데 1908년에 통과된 제4차 〈해군법〉은 예산 위기를 불러와 정부가 무리하게 조선 사업을 추진한다는 논쟁이 분분해졌으며 마침내 뷜로 총리의 실각으로 이어졌다.

1914년 독일 제국의 식민지

막대한 재정 투입에도 불구하고, 독일은 영국과의 해군력 경쟁에서 패배했으며 더 나아가 유럽 열강들의 분노와 불신만 불러일으켰다. 1912년 독일의 신임 총리 테오도르 폰 베트만-홀베크Theodor von Bethmann-Hollweg는 결국 해군력 증강을 중단하고 영국과 동맹 재건에 나섰지만 이미 때는 늦었다. 영국으로서는 얻을 것은 없고 잃을 것만 많았다. 독일의 해군은 규모가 크지만 심각한 위협이 되지 않았다. 1914년 드레드노트급 전함을 기준으로 영국은 29척을 보유한 데 반해 독일은 17척에 불과했으며, 전 세계에 뻗어 있는 해외 식민지를 고려하면 프랑스와 러시아가 독일보다 훨씬 중요한 동맹이었다. 게다가 독일은 자국 식민지보다 영국 식민지에 더 경제적으로 의존했던 만큼, 영국은 독일과 동맹을 맺는다 해도 재정적 실리가 거의 없는 것으로 드러났다. 따라서 독일이 함대정치와 세계화에 매진해서 얻은 것이라곤 소수의 식민지와 세계 2위의 해군력이었으나, 그 대가로 치르게 된 희생은 외교적 고립과 다가오는 경제 파탄의 그늘이었다.

문화

독일 식민지 정책의 성과는 영토 확보라는 측면에서 미미했을지 모르지만, 독일 국민에 끼친 심리적 영향은 지대했다. "식민지 잡화상"Kolonialwarenladen은 1970년대에 일상품을 파는 골목 상점의 대명사가 되었으나, 당대에는 커피, 초콜릿, 담배, 설탕, 향신료, 차 등 이국적인 상품을 판매하는 곳이었다. 이러한 식민지 상품들은 1890년부터 독일 상점에서 널리 판매되었으며 광고 전단에는 코끼리, 야자수, 열대과일, 아프리카 부족민들의 정형화된 생활상을 담아 향수를 자극하곤 했다. 이러한 제품에 대한 선호도와 소비량은 엄청나게 증가했다. 1914년에 독일이 전 세계 커피 소비량의 1/3을 차지했는데, 이는 인구가 3,000만 명이 더 많은 미국에 이어 두 번째로 높은 수치였다. 어린이와 어른 모두의 상상력을 사로잡은 식민지 제국은 그야말로 독일인의 자랑거리였다.

이러한 식민지 열정은 더 광범위한 민족주의와 궤를 나란히 했다. 특히 후자는 세기 중반의 자유주의적 뿌리에서 서서히 멀어져 1900년 이후에는 '친구와 적'으로 가르는 공격적인 사고방식으로 바뀌었다. 자유주의자들은 민족국가가 법치주의를 담보하는 정치 체제라고 믿었다. 그런데 이제 국가는 정치뿐만 아니라 문화적, 민족적, 인종적 결집체가 되었다. 찰스 다윈이 1859년 저서 「종의 기원」에서 널리 알린 자연계의 생존, 투쟁, 경쟁의 개념은 「생존 경쟁에서 유리한 종족의 보존」이라는 제목으로도 출간되며 동식물뿐 아니라 인간에게도 적용되는 보편 법칙으로 해석되었다. 강자와 적자만이 살아남는 이 사회적 다윈주의 세계에서 국가와 민족은 자원과 공간, 궁극적으로는 생존을 위해 서로 끊임없는 투쟁을 벌이며 대립했다. 국가, 민족, 인종이라는 개념이 뒤섞여 '푈키쉬'völkisch라는 단어가 파생되었다. 헤르만 폰 피스터-슈바이후젠 Hermann von Pfister-Schwaighusen과 같은 자칭 언어 위생학자들은 기존 단어인 '국가'national는 라틴어에서 유래되었다는 점을 들어 '푈키쉬'라는 독일어로 대체하려고 했다. 이후 푈키쉬 운동은 자유주의자들처럼 국가를 언어와 문화적 관점에서 보는 대신, 민족과 인종의 잣대로 보기 시작했다. 앵글로-게르만 출신인 철학자 휴스턴 스튜어트 체임벌린Houston Stewart Chamberlain은 1899년 가장 영향력 있는 저서 〈19세기의 기초〉에서 민족주의의 이념적 토대를 공식화했다. 그는 현대 서유럽 국가, 그중에서도 게르만 민족이 고대 그리스와 로마의 풍부한 문화를 계승한다고 주장했다.

어떤 인류학자들은 모든 인종이 똑같이 재능이 있다고 가르치지만, 우리는 역사를 보여주며 이렇게 대답한다. 그것은 거짓말이다! 인류의 종족은 그 본성과 재능의 수준이 현저히 다르며, 일반적으로 게르만 민족은 가장 뛰어난 재능을 가진 아리안 종족에 속해 있다. [···] 육체와 정신 모든 면에서 아리안은 세계 민족 중에서 가장 걸출하며, 바로 그런 이유로 당연히 [···] 세계의 군주가 되어야 한다. **

이처럼 민족-인종의 기준으로 국가가 정의되면, 소수 민족은 기껏해야 기생충이 되거나 최악의 경우 적이 된다. 체임벌린은 유대인을 '근동'에서 유럽으로 건너온 '새로운 이민자 집단'으로 묘사했다. 그는 자신의 저서에서 일반적인 머리뼈, 얼굴 생김새, 체격 등의 차이를 상세히 설명하며, 유대인은 본질적으로 열등한 성격과 기질, 외형적 징후를 드러내는 인종이라고 묘사했다. 이 논리에 따라 범독일연맹 등 반유대주의 단체와 극우 보수 세력은 유대인 학살의 배경에 깔린 악의적인 수사를 선동했다. 반유대주의가 일상에서 광범위하게 받아들여졌고, 시민 평등권은 조롱받았다.

게르만 민족의 생존에 관해 불안감이 커지면서, 황제와 식민지 쟁탈, 훗날 전쟁 동원을 지지하지 않는 것은 곧 잠재적인 반역 행위가 되었다. 사회주의자, 유대인, 소수 민족, 그 밖에 국제주의자로 추정되는 자들은 제국의 대내외적 안보에 큰 위협이 된다고 여겨졌다. 이러한 경향은 선거와 정책 결정에 잘 활용될 수 있었다.

빌헬름과 총리는 사회 개혁을 적당한 수준에서 양보한다면, 사회주의자들이 우세한 제국의회에서도 해군과 군사 확장 프로그램을 관철할 수 있음을 깨달았다. 군사적인 것에 관심이 쏠려 있던 황제는 그런 관점에서 교육 개혁을 통과시키려고 노력했다. 이는 보기 드문 정치적 이니셔티브였다. 빌헬름은 교사와 교육공무원을 대상으로 한 회의에서 "지적인 지도자와 조국의 종복이 될 열성적인 인재들"을 육성하도록 교과 과정을 개편해야 한다고 설명했다. 이는 초기 민족주의자이자 교육자였던 프리드리히 루트비히 얀Friedrich Ludwig Jahn이 주도한 체조 운동Turnbewegung의[28] 전통과 맥이 맞닿아 있었다. 황제와 얀 모두 신체와 민족성 사이에 깊은 연관성을 찾아냈고, 이를 군사주의와 조국 수호의 이상적인 배출구로 받아들였다.

따라서 황제를 비롯한 대다수 독일인은 사회적 다원주의와 방어적 민족주의을 토대로 해서 군대에 대해 흥미롭고 낭만적인 관점을 발전시켰다. 나폴레옹 통치로부터 독일 땅을 해방하고 통일 전쟁을 치르는 동안 군대가 매우 특별한 역할을 맡아왔기에, 군인은 대중의 상상 속에서 독특한 지위를 차지했다. 독일 민족 공동체의 혈연에 뿌리내린 형제적 전우애에 대한 낭만화된 이미지는 모든 독일 남성이 군 생활을 하는 의무복무 기간에 더욱 짙어졌다.

---

28) 체조 운동은 베를린의 한 공원에서 창안한 것으로 독특한 의상을 입고 몸을 비틀거나 흔드는 훈련을 통해 신체적 기량을 닦고 애국심을 고취하는 것을 목표로 삼았다. 체조인은 신분과 계급을 초월하여 조국에 대한 사랑으로 단결하여 싸워야 한다는 애국 담론의 하나로 흡수된다.

오늘날까지 악명 높은 쾨페닉Köpenick 사건은 완벽한 사례라 할 수 있다. 1906년 실직한 구두수선공 빌헬름 프리드리히 포이트 Wilhelm Friedrich Voigt는 군대에 대한 독일인들의 맹목적인 믿음을 이용하기로 결심했다. 10월 16일 오전, 그는 중고 옷가게에서 장교복을 사 입고 어디까지 갈 수 있는지 시험해 보기로 하고 마을의 방위군 막사에 찾아가 4명의 보병에게 함께 가자고 제안했다. 사격장에서 6명의 병사를 더 데려온 뒤, 그는 기차를 타고 베를린 쾨페닉으로 향했다. 그곳에서 포이트는 '자신의' 병사들에게 시청을 점령하라고 명령했다. 그는 군복의 권위를 이용해 병사들을 지휘했을 뿐만 아니라, 지역 경찰에게 군 작전 수행 중에 치안 질서를 유지하라는 명령까지 내렸다. 포이트는 시장과 재무 담당자를 (사기 혐의로) 체포하고 4,000마르크(그것도 영수증까지 첨부해서!)를 몰수한 후, 병사들에게 두 그룹으로 나누어 한 그룹은 죄수들을 경비 초소로 데려가 심문하도록 하고 또 다른 그룹은 시청 앞에서 경비를 서라고 명령했다. 그런 다음 그는 다시 민간인 옷으로 갈아입고 유유히 사라졌다. 이 우스꽝스러운 일화는 일회성이긴 하나, 세기의 전환기에 독일 군복에 대한 대중의 복종과 존경을 잘 보여준 사례였다.

군대에 대한 애정 어린 시선과 함께 질서, 규율, 안정에 대한 갈망도 꿈틀대기 시작했다. 평범한 독일인들은 일상생활에서 경찰의 강력한 개입을 자연스럽게 받아들였다(심지어 경찰이 무단결석하는 아이들을 붙잡아 학교로 돌려보내는 학생 지도를 하기도 했다). 이러한 분위기는 주로 전직 군인들이 경찰에 지원하면서 더욱 일반화되었다. 한편 사회 지도층들은 사람들의 여가 시간이 늘어나자 노동 인구에 대한 통솔력을 잃을까 봐 불안해했다. 1871년 독일 노동자들은 일주일에 평균 72시간 동안 공장과 농장에서 일했는데, 1914년에는 주 평균 55시간으로 줄어들었다. 그런데 1885년과 1913년 사이 실질 임금은 25퍼센트 이상 상승했다. 독일인들은 더 많은 시간과 돈으로 여가를 즐길 수단을 찾아 나섰고, 지도층의 호불호와 상관없이 대중문화의 첫 징후가 나타났다. 1890년 초반 빌헬름은 노동 시간 단축이 "게으름을 조장할 위험"이 있다고 우려했지만, 대중문화와 뉴미디어의 확산은 막을 수 없는 흐름이었다. 라인 트라우프Rein Traub의 연구에서도 알 수 있듯이, 프랑스-프로이센 전쟁을 계기로 엽서라는 매체가 대중에게 널리 사용되게 되었다. 야전 서신에서 출발한 엽서는 예술 작품 이미지를 본떠 사랑하는 사람에게 보내거나 벽에 걸고 선물로 주고받는 등 대중적인 모티브가 되면서 상업적으로도 큰 수익을 냈다. 도시 집중과 사진술의 발달로 도시화와 풍경화 모두 새로운 경향으로 자리 잡았다. 많은 학자들은 이를 일상생활의 '미학화'라는 사회 현상으로 설명했다. 사람들은 주변에 아름다운 것을 두기를 원했고, 가구, 패션, 이웃에 관심을 가졌다.

교육 개혁은 세계에서 가장 높은 수준인 99퍼센트의 식자률識字率을 달성했는데, 이는 곧 가난한 임금 노동자라 할지라도 장시간 교대 근무 후에 문학적 안식을 찾는다는 것을 의미했다. 열렬한 독자층이라 할 인구는 1850년에서 1900년 사이에 약 5퍼센트에서 30퍼센트로 늘었다. 그렇더라도 황제와 지도층들이 실망했을지 모르나, 공장에서 반복적인 고된 노동 끝에 괴테의 시 등 고상한 문학작품을 읽을 것이란 기대는 너무 이르다. 대부분 노동자는 단조로운 일상을 벗어나 신나는 백일몽을 꾸는 등 다른 세계로의 탈출을 갈망했다. 펄프 픽션 소설은 값싸게 인쇄된 사본으로 팔려나갔고 산업가들이 세운 공장 부설 도서관의 대출 기록을 경신하곤 했다. 일부 소설은 신문 연재물로 인쇄되었다. 지금이나 마찬가지로 가장 사랑받는 장르는 로맨스, 범죄, 활극, 멜로 드라마였으며, 서부 이야기는 늘 대중의 호기심을 끄는 소재였다. 1893년에 출간된 카를 마이Karl May의 위네투Winnetou 3부작은 순식간에 인기 도서가 되었다. 마이는 서부에서 동방에 이르기까지 광범위한 모험담을 다뤘지만, 1899년까지만 해도 실제 외국 현지를 여행한 적은 없었다. 어쨌거나 독자들은 열광했고, 마이의 책은 전 세계적으로 2억 부나 팔리고 그 중 절반은 독일에서 판매되었다. 마이의 작품은 무엇보다도 휴식과 오락, 즐거움을 추구하는 동시대 사람들의 욕구를 잘 보여주었다.

한편 미래 지향적이었던 빌헬름을 비롯한 사회 지도층은 예술과 문화를 국가 정체성을 확립하고 보존하는 수단으로 여겼다. 황제는 독일 제국 선포식 그림을 그린 안톤 폰 베르너와 같은 민족주의 예술가들을 후원했다. 국가 기념물도 대량으로 발주되었다. 빌헬름 1세는 겸손하고 내향적인 인물이었으나, 1888년 사망한 후

카를 마이의 위네투(아파치족 추장) 3부작은 20세기에도 여전히 인기가 있어서 재판을 거듭했다

로는 신화화되기 시작했다. 그를 기리기 위해 약 400개의 기념비
가 세워졌고, 그중 가장 인상적인 것은 베를린의 국립 카이저 빌헬
름 기념탑인데 그의 손자가 가장 총애한 조각가 라인홀트 베가스
Reinhold Begas가 제작했다. 비스마르크의 기념비도 700개가 넘었다.
1860년대 초반부터 시작된 이 건설 작업은 1898년 비스마르크 총
리가 사망한 후 놀랄 만큼 빠른 속도로 추진되었다. 이른바 비스
마르크 탑이 가장 인기 있던 디자인으로, 234개의 비스마르크 탑
중 173개가 오늘날까지 건재하다. 지도층과 서민들이 도피와 모험,
전쟁 문화에 대한 사랑으로 일치단결했던 가장 인상적인 상징물

은 아마도 라이프치히의 전승기념비일 것이다. 500개가 넘는 계단이 300피트 높이의 콘크리트 탑으로 이어지는데, 이 탑은 나폴레옹 군대와 가장 유혈이 낭자했던 전투 현장에 세워진 것으로 추정된다. 1913년 시 예산 및 민간 기금으로 완공된 이 거대한 구조물은 주변 평야를 내려다보며 오늘날까지도 인기 있는 관광 명소로 남아 있다.

음악과 문학적 취향에 관해서는 빌헬름과 보수적 엘리트층은 일반 국민과 꽤 거리가 있었다. 리하르트 바그너의 오페라는 게르만 영웅 설화를 통해 감동적이고 애국적이며 교육적인 것으로 여겨졌고, 빌헬름은 황제가 되기 훨씬 전부터 포츠담의 〈바그너 협회〉 회원으로서 활동하며 애호가임을 드러냈다. 1883년 남편이 사망한 후 바이로이트에서 바그너 축제를 조직했던 바그너의 두 번째 부인 코지마 바그너와 황제가 개인적인 친분이 있을 정도였다. 바그너의 작품은 사회 상류층에 영향을 미쳤지만, 1907년까지 독일 근로자의 3/4를 차지했던 노동자들은 그런 부류의 음악에 그리 열광적이지는 않았다.

1914년까지 독일 사회 계층 간의 문화적, 이념적 균열은 계속 커졌으나, 전 영역에서 통일적 요소를 찾아볼 수 있었다. 대부분의 독일인은 질서, 규율, 군대에 대한 애정을 공유했다. 특히 군대는 동지애, 충성심, 모험에 대한 낭만적인 비전과 결부되며 카를 마이의 펄프 픽션과 바그너의 고급문화에서 각각 출구를 찾았다. 투쟁, 형제애와 적이라는 개념은 서로 극렬하게 대립하던 엘리트와 노동자 사이에 강력한 유대감을 형성했다. 따라서 1898년에서 1914년 사이에 계층간 합의를 끌어내기 위한 유일한 수단으로 빌헬름과 그의 총리들이 이러한 관념에 본능적으로 의지했던 것은 놀라운 일이 아니었다.

뷜로와 베트만-홀베크:
합의를 위한 탐색 1900년~1914년

황제는 1895년 "뷜로는 나의 비스마르크가 될 것이다"라고 외치며 국내외 정치적 성공에 대한 모든 희망을 이 매력적인 외교관에게 걸었다. 하지만 뷜로는 비스마르크가 아니었다. 사실, 그는 자신감과 우아함을 지니고 성공적인 외교 경력의 문을 열었던 인물이었다. 하지만 동시대 관찰자들은 그 부드러운 겉모습 뒤에 깊이가 없다고 느꼈다. 동료들 사이에서 '장어'라는 별명으로 불렸던 그는 "둥그렇고 친근한 얼굴, 웃는 듯한 푸른 눈, 세심하게 다듬은 콧수염"을 가진 말쑥한 청년으로 빌헬름의 측근 그룹에서 매력을 뽐내는 데 성공했다. 이는 부분적으로는 그가 황제와 절친한 친구 필립 추 오일렌부르크와 낭만적이고 신비롭고 심원한 것들에 대한 애호를 공유했기 때문이었다. 특히 오일렌부르크는 그를 외무장관직에 추천했을 뿐만 아니라 호엔로헤가 사임을 앞둔 때 총리직 후보로 내세웠다. 1900년 당시 호엔로헤는 81세의 고령으로 꽤 쇠약해진 상태였다. 빌로가 외무장관으로서 모든 결정을 좌지우지할 동안, 호엔로헤는 '그림자 총리'에 머물러야 했다. 심신이 지치고 자신이 동의하지 않는 정치의 꼭두각시 노릇에 좌절한 호엔로헤가 사임하자, 1900년 10월 17일 베른하르트 폰 빌로가 새로운 황실 총리로 취임했다.

처음부터 그는 세 명의 전임자가 시달렸던 것과 똑같은 정치적 분열과 대립을 답습해야 했다. 제국의회에서 사민당의 입지가 계속 커지면서 해군 및 군사 확장 프로젝트의 막대한 비용에 대한 예산 승인은 점점 더 요원해졌다. 유일한 해결책은 원하는 법안을 통과시키기 위해 다른 정당들과 대연정을 펼치는 것뿐이었다. 빌로는 이를 가리켜 "대통합"의 정치라고 불렀다. 그는 "제국의 국내 정책의 근본은 가능한 폭넓은 정책을 포용해야 하며, 여기에는 보수주의자, 민족적 자유주의자, 중앙당을 지지하는 온건한 성직자, 합리적인 좌파 자유주의자들이 함께할 여지가 있다"라고 설명했다. 그는 이러한 시도가 국민 통합과 "사회 혁명에 대항한 투쟁"에 도움이 된다고 생각했다. 무엇보다 사회 혁명이야말로 빌로를 위시한 지배계층을 두려움에 떨게 하는 유령이었다. 사민당은 좌파 자유주의자들과 연대하기 시작했고, 마침내 국민투표에서의 우위를 바탕으로 의회 의석을 크게 늘리는 데 성공했다. 아우구스트 베벨은 노동일 단축과 민주주의 확대와 같은 현실 정치적 목표를 염두에 두고 당을 개방했다. 이러한 목표는 혁명이 아닌 개혁을 통해 달성할 수 있는 것이었고 다른 정당, 더 나아가 제국주의 정권과 협력도 감수해야 했다. 그러나 여전히 프롤레타리아트의 혁명을 요구하는 사회주의 수사가 흔히 사용되었다. 실용적 현실주의와 급진적 야망의 기묘한 동거는 1891년 에르푸르트^{Erfurt} 강령에서 시작되었는데, 당내 양대 세력을 반영하는 이 강령은 혁명과 개혁을 동시에 요구했다. 어느 쪽이든 사민당은 기존 질서에 반대하는 강력하고 위험한 세력이 분명했으니, 다른 정당들을 매수하고 두들겨 패서라도 사민당에 맞서는 통일 노선을 취해야 했다.

베른하르트 폰 뷜로 총리

어떤 의미에서 이러한 노선은 함대정치의 목표와 궤를 맞춰 합리적으로 작동되었다. 육군과 달리 해군 장교단은 출신 배경과 문화면에서 대부분 부르주아에 속했다. 따라서 보수파가 종종 "오싹한 함대"라는 말을 사용할 때, 해군의 문화뿐만 아니라 자유 무역과 자본주의의 도구로서의 해군의 역할에 대해 경멸하는 뜻을 담은 것이었다. 그렇지만 독일의 식민지 야심을 위해 해군 확장이 필요하다는 데는 이론의 여지가 없었다. 따라서 적당한 양보안이 있다면 해군 자금에 관해서 언제든 과반수 합의를 도출할 수 있었다. 문제는 독일 함대를 확장해야 할지 말지가 아니라 어떻게 확장해야 하는지에 관한 것이었다. 자금 수입원의 하나는 수입품에 대한 관세였다. 빌로는 이를 미리 내다보고 1900년 전염병이 또다시 발생했다는 핑계로 사실상 러시아산 육류 수입을 금지했다. 그는 이런 조치가 보수파와 육군 엘리트들과 제국의회 의원들을 만족시키리라고 알고 있었다. 1902년 〈관세법〉에 대한 그들의 지지는 확고했다. 그 결과 수입 곡물에 대한 관세 부과로 국가 수입이 큰 폭으로 늘어났다. 문제는―그리고 여기서 빌로의 서투른 정치력이 확연히 드러나는데―이 수입을 과부 및 고아 지원 기금과 같은 사회사업에 사용하겠다는 약속을 중앙당이 요구했다는 점이다. 가톨릭 표가 점점 더 사민당으로 빠져나가는 상황에서, 중앙당 지도부는 이러한 자선 조치를 통해 지지 세력의 일부나마 유지하기를 희망했다. 따라서 관세가 도입되었지만, 급증하는 군사 및 해군 지출로 인해 임박한 재정 위기를 완화하는 데는 거의 도움이 되지 않았다. 전술적으로도 이 조치는 완전히 실패했다. 1903년 "관세 선거"에서 뷜로의 정책으로 인한 식량 가격 상승이 최대 논점으로 떠올랐다. 정권을 지지했던 모든 정당은 반사적으로 불이익을 받았고, 사민당은 31.7퍼센트라는 놀라운 득표율로 승리했다.

정치적으로 관세를 더 부과할 수 없는 상황에서, 급증하는 함대정치 비용을 조달하는 것이 뷜로의 골칫거리가 되었다. 남은 선택은 세금뿐이었다. 그러나 상품과 서비스에 부가가치세와 같은 간접세를 부과한다면 불공평하게 노동자와 빈곤층에 큰 타격을 입힐 것이다. 따라서 사민당과 중앙당은 이 대안을 받아들일 수 없었다. 또 자유주의 유권자들도 관세로 인한 물가 상승에 경악했던 터라, 정당들은 상황을 악화시키고 싶지 않았다. 마지막 유일한 선택은 부자들에게 세금을 부과하는 것이었다. 1906년 뷜로는 누진 상속세를 포함한 재정 개혁 프로그램을 내놓아 과반수의 지지를 얻었다. 기이하게도 뷜로의 대연정은 보수 정당을 사민당과 그 동맹에 대항하는 것이 아니라 정반대로 몰아갔다. 제국의회가 다수 국민의 이익을 우선하고 엘리트에 대항할 수 있음을 증명한 최초의 순간이었으리라. 연금, 복지, 보통교육에 자금을 대기 위해 별안간 귀족 지주들은 재산 일부를 국가에 헌납해야 했다. 같은 맥락에서 정권은 제국의회 의원의 급여와 상원 의원들의 경제적 자립에 추가로 동의했다. 정부가 아프리카 식민지에서 헤레로Herero 부족과 나마Nama 부족의 봉기를 잔인하게 진압하자, 사민당과 중앙당은 제국의회가 허락하지 않는 한 식민 통치 목적의 자금은 지원할 수 없도록 차단했다. 빌로는 진정으로 민주주의의 '램프의 요정 지니'를 호리병에서 꺼낸 것이었다.

1906년 말, 식료품 가격이 잠시 하락세로 바뀌자 대중의 불평이 잠잠해지기 시작했다. 빌로는 이 상황을 영리하게 이용했고 재선을 위해 의회를 해산했다. 식민주의에 찬동하는 분위기가 팽배한 가운데, 사회주의자의 목소리만이 광야에서 홀로 울려 퍼졌다. 그리고 총리는 선거 캠페인 전체를 독일 식민 지배에 대한 국민투표처럼 국면을 이끌어 유권자들의 열렬한 지지를 받았다. 친정부 정당은 선전했고, 사민당은 의석의 절반을 잃었다. 갑자기 제국의회에서 합의점을 찾기가 훨씬 쉬워졌고, 최초의 공식적인 대연정, 이른바 빌로 블록이 구성되었다. 이 대연정은 보수당과 자유당의 불안한 동거였으며 공통점은 오로지 단 하나, 세계정치뿐이었다. 전자는 이념적 이유에서, 후자는 경제적 이유에서였지만, 양측 모두 독일이 세계에서 영향력을 확대하는 데 긍정적이었다. 다른 법안들은 흥정을 거쳐 통과되었다. 자유주의자들은 여성이 정치 단체 회원이 될 수 있도록 허용하는 법률을 쟁취했고, 그 대신 보수주의자들은 폴란드 지주의 소유권을 손쉽게 박탈하도록 하는 법률을 얻었다. 그렇게 독일은 세계 패권의 야망 외에는 별다른 방향성 없이 좌우로 흔들렸다. 결국 1909년 추가 재정 개혁을 검토했을 때, 보수주의자와 자유주의자가 세금을 어떻게 조달할지 합의에 실패하면서 빌로 블록은 무너졌다. 빌로는 제국의회에 대한 통제권을 완전히 상실하면서 입지가 좁아졌다. 그는 사직서를 제출했고 1909년 7월 7일 그의 대리인이 그 자리를 이어받았다.

테오발트 폰 베트만-홀베크는 겸손하고 충성스러운 인물이었다. 그는 빌헬름과의 친분뿐만 아니라 측근 그룹의 추천을 통해 좋은 평판을 유지해왔다. 특히 비스마르크의 실각 이후 막후에서 영향력을 행사했던 프리드리히 아우구스트 폰 홀슈타인Friedrich von Holstein이 그를 새 총리로 추천했다. 베트만-홀베크의 임무는 의회의 동요를 진정시키고 기하급수적으로 증가하는 해군 및 군부, 식민지 확장에 따른 비용을 충당할 수 있는 실행 계획을 마련하는 것이었다. 미하엘 슈튀르머Michael Stürmer가 "햄릿 배역"이라고 적절하게 묘사했던 것처럼, 베트만-홀베크는 뛰어난 지성과 정치적 통찰력을 갖추고서도 돌이킬 수 없는 사건의 흐름에 던져진 비극적인 처지에 놓여 있었다. 자기 앞의 운명에 눈물 흘리며 절망한 그는 자신을 총리로 임명하지 않도록 황제를 설득해달라고 제국 내각의 수장에게 간청했다. 한 동료한테는 이렇게 한탄했다. "천재이거나 야망에 사로잡힌 사람만이 그런 자리를 원할 것이오. 그런데 알다시피 나는 그 어느 쪽도 아니네." 하지만 충성심, 의무, 품위라는 본성에 충실한 프로이센 공무원답게, 그는 황제의 결정이 내려진 후로는 아무 불평 없이 총리직을 수락했다.

부총리 시절에 함께 했던 뷜로 블록을 재건하기 위해, 베트만-홀베크는 신중하게 개혁 정책을 펼쳤다. 특히 시대에 뒤처진 프로이센의 3계층 선거제가 주요 논쟁거리였다. 인구의 도시 집중과 프롤레타리아의 성장은 사민당에 유리했으나, 투표 가중치가 불균형

한 탓에 보수파의 지배력이 유지되었고 자연히 상원 역시 보수파가 장악한 상황이었다. 따라서 프로이센의 지방선거 개혁은 곧 연방 정책의 방향을 바꾸는 것을 의미했다. 그러나 친 사민당의 시위와 파업이 증가하면서 이 문제를 더는 미뤄둘 수 없었다. 더구나 빌헬름의 군사 및 식민지의 야망이 커지면서 이를 위한 자금을 확보하려면 자칫 내전으로 이어질지 모르는 파업과 시위를 억누르고 사회정치적 개혁을 추진할 수밖에 없었다.

1910년 베트만-홀베크는 선거제도를 완전히 폐지하는 대신 투표의 가중치를 재조정하는 대안을 제안했다. 이 경우 군인과 학자들의 발언권이 높아질 수 있다. 이는 사회민주주의자들에게 진보를 약속하고, 동시에 보수주의자들과 자유주의자들을 달래서 정치적 비호를 얻으려는 의도였다. 그러나 이 타협안은 어느 쪽도 만족시키지 못했다. 격렬한 논쟁 끝에 좌절한 베트만-홀베크는 대안을 철회했다. 한편 관세로 인한 식량 가격의 상승, 정치 개혁의 부재로 인한 좌절, 군사 재원 마련을 위한 간접세 증가 등 이슈가 계속되면서, 도시 노동자들의 분노가 한층 커졌다. 결국 1912년 선거에서 도시 노동자들의 분노가 분출되었고, 곧 사민당의 압승으로 귀결되었다. 전체 의석의 1/4 이상을 차지한 사민당은 제국의회의 최대 단일 정당이 되었고, 이제 법안 통과는 사민당의 협조 없이 불가능했다. 이에 두려움과 분노를 느낀 보수파는 더 방어적이고 고집스럽게 개혁에 등을 돌렸다.

제1차 세계대전이 발발하기 전 마지막 2년은 정체기였다. 이 시기에는 크리스토프 논이 "안정된 위기"라고 묘사했듯이 대외적 격변은 없었으나, 제국의회에서 지루한 대치 국면이 계속되었다. 1912년부터 1914년까지를 위기의 시기로 인식한 동시대 사람들에게 이런 대치 국면은 분명 깊은 인상을 남겼을 것이다. 결국 1914년 여름 제1차 세계대전이 발발했을 때, 범독일의 단결을 통해 또다시 정치적 대립을 극복할 수 있다는 희망 어린 시선이 적지 않았다. 아마도 독일 정치계에 깃든 영혼의 균열들이 전쟁의 불길 속에서 또다시 하나될 기회가 아닐까? 비스마르크의 유명한 말이 다시 한번 많은 독일인의 귓가에 울려 퍼졌다. "오늘날 당면한 문제는 연설과 다수결에 의해 해결되는 것이 아니라 […] 철과 피로써 결정될 것이다."

황제의 스캔들

동시대와 후대의 관찰자들에게 빌헬름은 난폭하며 동시에 매혹적인 인물이었다. 생전에도 영국의 전기 작가에 의해 "멋진 괴물"로 묘사된 바 있던 황제는 동정론자들한테는 비극적인 인물이자 주변 사람들의 오해와 조종에 시달린 시대의 포로로 보였다. 한편 그다지 동정적이지 않은 평가도 있었다. 1894년 역사가 루트비히 크비데Ludwig Quidde가 빌헬름을 베일에 가린 악명 높은 현대판 칼리굴라로 묘사했던 것부터 내각 시종이었던 헤르만 루츠Hermann Lutz가 황제의 "주기적 광기"를 꼼꼼히 기록한 것까지, 그를 과대망상증 환자로 해석할 여지도 많았다. 군주에 대한 사람들의 감정이 어떠했든, 빌헬름에게 아예 무관심하기란 어려울 것이다. 조부와 부친 모두 유창한 연설가였는데도 대부분 미리 작성된 연설문을 가지고 공식 석상에서만 선별적으로 모습을 드러냈던 반면, 빌헬름 2세는 언론의 비위를 맞추는, 현대적인 관점에서 보면 "미디어 군주"에 해당했다. 그는 쉴 새 없이 이 도시 저 도시를 돌아다니며 가능한 한 자신을 널리 알리려 했다. 1897년부터 1902년 사이에만 123개 도시를 233회 방문했는데, 그때마다 신문에 황제의 연설이 상세히 실려 전국적인 화제가 되곤 했다. 이를 민감하게 의식한 빌헬름은 몇 시간씩 신문을 훑어보며 자신에 대한 논평을 찾느라 바빴다. 또한 사소한 세부 사항이라도 부정확하거나 기자들이 꾸며냈다 싶을 때면 그는 어김없이 분통을 터트렸다.

홍보에 대한 열망, 그리고 민감한 기질 간 불행한 조합은 사실상 재앙에 가까웠다. 왜냐하면 크리스토퍼 클라크가 지적한 대로 황제는 "공무 수행에서 소통 능력이 대단히 미흡"했기 때문이었다. 빌헬름 1세와 프리드리히 3세의 경우, 현대 군주의 역할은 국가 자체를 대표하는 것이며, 연설문 작성이나 정책 입안, 외교 활동 등은 전문가들의 몫이라는 것을 충분히 이해했다. 이와 대조적으로, 빌헬름 2세는 (당대의 법원 관리의 표현에 따르면) "항상 중세 시대 인물이라도 된 듯" 지난 세기의 왕실 권위와 화려함을 복원하려고 했다. 따라서 국내외 정책에 대한 그의 잦은 간섭은 그의 영향력을 최소화하려는 이들에게 불편하기 그지없었다. 빌헬름은 독립적으로 행동하고 백성들과 직접 소통하려 했으나, 이는 번번이 그의 어리석은 언행과 부딪혀 실패로 돌아갔다. 사실 그는 종종 올바른 말투, 적절한 단어와 비유의 인용, 자기 표현에 서툴렀으며 주위의 기대에 맞추는 재주도 없었다. 어떤 면에서는 빌헬름은 현대 정치인들과 닮은 꼴이다. 즉 부드러운 인상을 꾸미고 목청을 낮

추라는 참모들의 주문에 부응하지 못하고 대중과 직접 소통하겠다며 소셜 미디어를 꺼내 드는 철없는 정치인들 말이다. 또한 빌헬름의 실언에 대해 못마땅해하는 외국 고위 인사에게 황급히 전보를 보내는 독일 제국의 외교관, 또는 언론에 보도되기 전에 재작성한 연설 대본을 서둘러 배포하는 뷜로의 모습은 마치 허둥지둥 해명자료를 발표하여 발언의 파장을 최소화하려는 현대 미디어 전문가와 대변인을 연상시킨다.

그래서 빌헬름의 재임 동안에 스캔들의 소지가 다분했다. 황제는 전문가의 도움을 받지 않은 즉흥 연설을 즐겨 했을 뿐만 아니라 아예 예정에 없었던 경우도 허다했다. 이러한 즉흥적인 소통의 가장 악명 높은 사례는 1900년 브레머하펜Bremerhaven에서 중국 의화단 사건을 진압하기 위해 출항을 앞둔 군대를 앞에 두고 연설했던, 이른바 빌헬름의 "훈족의 연설"이었다. 독일 식민지 주민에 대한 현지인들의 잔학 행위를 둘러싼 인종차별적 소문이 언론을 통해 연일 퍼져나가는 가운데, 대중의 분위기를 오판한 황제는 모든 독일인을 대변하듯 쇼비니즘적인 어조로 다음과 같이 성토했다.

> "그대들이 적과 마주친다면, 적들은 몇 분도 지나지 않아 무릎을 꿇을 것입니다! 포로는 있을 수 없습니다! 그대들의 수중에 잡히는 자들은 모든 것을 빼앗길 것입니다. 중국에서 다시는 감히 독일인을 쳐다볼 수 없을 정도로 여러분이 독일인의 명

성을 떨치리라고 믿습니다. 바로 천 년 전 훈족이 아틸라 왕의
휘하에서 불후의 이름을 얻고 오늘날까지 역사와 전설 속에
강인한 존재로 남았음을 기억하십시오."

현대 유럽 군대의 통수권자로서 평화로운 민간인 거주지를 약
탈하고 강간하고 살해하는 부족 무리의 이미지를 떠올리게 하는
연설은 적절치 않다. 가볍게는 역사의 잘못된 비유로 보이지만, 최
악의 경우 불법적이고 비인도적 전쟁을 요구하는 것처럼 비춰질
것이다. 조롱과 분노를 일으킬 가능성을 인식한 뷜로(당시 외무장
관)는 재빨리 '훈족' 문구를 삭제한 수정본을 언론에 배포했다. 하
지만 빌헬름의 다른 공개적 실수처럼 이 연설에 관한 소문도 수천
명의 목격자들을 통해 빠르게 퍼져나갔다. 사민당 지도자 아우구
스트 베벨은 의회에서 훈족의 비유가 "모종의 이유로" 공식 인쇄본
에서 삭제되었다고 공개적으로 비난했다. 훗날 1920년대에 쓴 글에
서 뷜로는 이 연설을 빌헬름의 최악의 연설로 꼽았는데, 물론 당시
그의 견해는 제1차 세계대전 중 영국이 '훈족'의 이미지[29]를 독일인
에 빗댄 데서 비롯했다.

이러한 언어적 미숙함은 황제 자신의 자의식 과잉과 결합하여
풍자와 조롱의 표적이 되었는데, 이는 비스마르크나 빌헬름 1세조

---

29) 근대 이후 유럽인은 황화黃禍라는 동아시아에 대한 편견의 시작으로 훈족의 이미지를 사
용했다. 예를 들어 아틸라에게 악마라는 이미지를 덧씌워서 『반지의 제왕』의 모티브가 되
었으며 바그너의 오페라 <니벨룽의 노래>에도 악인으로 등장한다. 특히 제1차 세계 대전
이후 아틸라는 청나라 시절의 중국인 이미지가 덧대어져 인종 편견의 스테레오타이프로
부활한다.

차 버티기 힘들었을 것이다. 예의 유명한 콧수염에 '공들이느라' 쏟는 시간은 그를 순진하거나 유아적인 모습으로 묘사하는 정치 풍자만화의 완벽한 모티브를 제공했다. 1907년 빌헬름은 변덕스럽고 어리석은 젊은 군주라는 평판을 얻었고, 이는 위엄 있는 할아버지의 모습과 크게 대비되었다. 그래도 공화주의는 당시 급진적인 정치 분파에 그쳤다. 대부분의 독일인은 군주의 통치에 계속 지지를 보냈고 괴팍한 황제를 마음속으로 받아들였다. 그러나 1907년과 1908년에 빌헬름을 강타한 스캔들은 예전과 완전히 다른 수준으로 그의 지위와 권위를 훼손시켰다. 1907년 4월부터 11월까지 막시밀리안 하르덴Maximilian Harden이라는 기자가 빌헬름과 그의 측근들의 평화주의적 성향이 독일의 국제적 입지를 위축시킨다는 기사를 연속 게재할 때부터 악몽이 시작되었다. 하르덴은 비난 논조에 무게를 실으려고 동성애 문제를 끌어들였는데, 자연히 성적 취향과 도덕적 약점을 동일시하는 당대의 관점이 고스란히 드러나 있다. 그의 기사에는 빌헬름의 측근인 오일렌부르크와 뷜로 등 다양한 인물을 은밀하게 암시했으며, 특히 리벤베르크 저택의 모임이 동성애적이고 비도덕적이라고 비난했다. 굴욕적인 제1차 모로코 위기 직후 프랑스 외교관 레이몽 르콩트Raymond Lecomte가 그곳에서 사적인 저녁 모임을 가졌다는 사실을 취재하고 나자, 하르덴은 그런 추측에 신빙성을 더했다. 즉 프랑스인과 공모한 빌헬름의 친구들이 황제와 그의 제국에 대한 야심을 뒤흔들고 먹칠했다. 여성스럽고 나약한 참모들이 빌헬름의 외교 정책을 오염시켰으니 그들과 떼놓는 게 당연한 수순이었다. 따라서 하르덴은 더 이상 이 문제를 덮을 수 없을 때까지 기사와 정치만평에서 점점 더 노골적인 비난을 퍼부었고, 빌헬름도 그 비난에 대해 듣게 되었다. 여론에 민감하게 반응했던 빌헬름은 이 문제를 그냥 두고 볼 수 없어 법정에서 해결하려 했다(당시 형법 175조에 따라 동성애는 범죄에 해당했다). 스캔들에 연루된 이들은 모두 해임되었다. 이것은 크나큰 실수였다. 한 정치 칼럼에서 시작된 단발성 소문으로 끝날 수도 있었던 이 사건은 이후 2년 동안 5건의 법정 소송에서 대중의 관심사가 되었고, 오일렌베르크는 1921년 사망할 때까지 추문에서 자유롭지 못했다. 빌헬름은 자신의 명성을 지키기 위해 피고인들과의 모든 관계를 끊으려고 노력했다. 그는 빌로에게 가능한 한 빨리 총리직을 사임할 것을 요청했고, '필리' 오일렌부르크와 오랜 우정을 청산했다. 아무리 측근들과 정서적 유대 관계가 깊었다고 한들, 수많은 불륜과 혼외 자식의 소문이 끊이질 않던 빌헬름이 느닷없이 동성애 관계를 맺었을 리는 만무했기에 황제의 연루설을 믿는 사람은 거의 없었다. 이 과정을 씁쓸하게 지켜본 오일렌부르크의 아내는 이렇게 기록했다. "남편이 호되게 공격받은 이유는 배후의 황제가 목표였기 때문이다." 따라서 빌헬름의 평판이 크게 훼손되지 않았다고 해도 추문의 정치적 파장은 과소평가될 수 없다. 정치적, 개인적 지원을 모두 잃고 불안해진 황제는 새로운 조언자를 찾아야 했다. 그것은 바로 수년간 유럽 전쟁이 불가피하다고 설교하며 비스마르크와 카프리비의 신념을 헛되다고 비난했던 군부였다. 따라서 하르덴의 기사는 의도치 않게 빌헬름을 프로이센 군부 매파의 품으로 밀어 넣었다. 이제 황제의 머릿속은 독일의 위대함, 해양력, 국가 생존을 위한 투쟁에 대한 이야기로 가득 차게 되었다. 제1차 세계대전이 끝난 후 하르덴은 평생 가장 큰 정치적 실수의 하나로 오일렌부르크 추문 사건을 꼽았다.

카이저 빌헬름과 그의 여섯 명의 아들

1908년에는 더 심각한 정치적 위기가 닥쳤는데, 이번에는 군주가 직접 연루되었다. 10월 28일, 영국 일간지 《텔레그래프》에 실린 빌헬름과의 인터뷰는 독일 전역을 분노에 휩싸이게 했다. 1년 전,

황제는 영국 도싯에서 에드워드 몬태규-스튜어트-워틀리Edward Montagu-Stuart-Wortley의 하이클리프 성에서 3주간의 휴가를 보내며 양국 관계에 대해 허심탄회한 대화를 나눴다. 에드워드는 이 대화의 요약본을 인터뷰 형식으로 작성해 신문사에 보냈고, 신문사는 관례에 따라 베를린에 녹취록 사본을 보내 보도 승인을 요청했다. 빌헬름은 오일렌부르크 추문과 그 이전에 공개적으로 망신을 당한 사건들로 상처를 입었기에 정치외교 전문가인 뷜로와 그의 참모들에게 이런 문제를 일임해 두었다. 뷜로 전문학자인 페터 빈첸Peter Winzen에 따르면, 녹취록은 당시 휴가중인 총리에게 전달되지 않았다고 한다. 대신 녹취록 문서는 홍보담당관인 오토 하만Otto Hammann에게 건네졌는데, 공교롭게 그도 휴가 중이었다. 그래서 문서는 황제의 말을 수정할 권한이 전혀 없는 일개 사무관의 책상 위에 올려졌고, 결국 문구 하나 수정되지 않고 승인되었다. 그렇게 해서 휴가를 즐기던 황제의 사적 대화가 날것 그대로 여과되지 않은 채 공개되어 폭발적인 반향을 불러일으켰다. "당신네 영국인들은 마치 3월에 번식기를 맞이한 토끼처럼 완전히 미쳤소. 도대체 무엇 때문에 위대한 국가에 걸맞지 않는 그런 의심에 사로잡힌 게요?" 이 악명 높은 대사는 빌헬름이 독일에서 소수의 친영파라는 주장과 함께 제기되었는데, 함대정치의 맥락에서 매우 위험한 발언으로 느껴졌다. 더 나아가 빌헬름은 자신의 전략적 아이디어 덕분에 영국이 보어 전쟁에서 이겼고, 대아시아 외교 정책은 영국이 아니라 일본을 막기 위한 것이며, 자신이 직접 남아프리카에서 영국의 이익에 반하는 프랑스-러시아 동맹에 제동을 걸었다고 으스 댔다. 상황이 이러니, 유럽과 일본의 국가수반들, 독일의 각 정치 계파들뿐만 아니라 (황제의 표현에 따르면) 혐嫌영국 성향이 강한 독일 대중들은 이 인터뷰에 강렬한 반감을 드러냈다.

이 사건으로 뷜로는 더 이상 총리직을 유지할 수 없었다. 그는 오일렌부르크 추문에 연루되었을 뿐만 아니라 황제의 신임을 잃 었다. 그가 사임하자, 부총리인 테오발트 베트만-홀베크가 총리 직에 올랐다. 황제 자신도 큰 충격을 받았다. 이번 사태는 서둘러 수습했지만, 그는 쓰라린 배신감과 고립감을 느꼈다. 2주 동안 그 는 우울증에 빠졌고 신경이 곤두섰다. 마지막 고비는 도나우싱겐 Donaueschingen에서 열린 성대한 사냥 파티에서 찾아왔다. 기이하 고 기괴한 광경이 정신이 피폐해진 황제를 벼랑 끝으로 몰고 갔다. 빌헬름의 친구인 보병대 장군 디트리히 폰 휠젠-하젤러Dietrich von Hülsen-Haeseler가 발레리나로 분장해 황제와 내빈들의 흥을 돋우 려 했다. 건장한 노인은 작은 분홍색 투투를 입고 우아하게 춤을 추며 바닥을 빙빙 돌았다. 흥분과 웃음소리가 침울한 황제마저 우 울함에서 벗어나게 할 무렵, 장군이 갑자기 심장 마비를 일으켰다. 휠젠-하젤러 장군은 고통으로 일그러진 얼굴로 가슴을 움켜쥔 채 쓰러져 그 자리에서 숨을 거뒀다. 방 안에 끔찍한 침묵이 흘렀다. 오일렌부르크 추문의 먼지가 채 가라앉지도 않은 상황에서 언론 이 이 사실이 알려진다면? 문제를 감추고자 부끄러운 죽음의 상황 을 증언할 분홍색 발레복은 장군의 시신에서 재빨리 벗겨졌다. 그러나 빌헬름은 연이은 타격을 견딜 수 없었고 극심한 신경 쇠약을 겪었다. 이윽고 기력을 회복했을 때 그는 이미 대중의 신뢰를 잃었고 또 다른 사고로 독일 군주제에 돌이킬 수 없는 타격을 줄까 봐 근심했다. 그는 고개를 숙이고 몇 달 동안 대중 앞에 모습을 드러내지 않았다. 1910년 여름이 되어서야 황제는 공식 석상에서 연설했고, 이후에는 늘 차분하고 격식 차린 태도를 유지했다. 다행히 1909년에서 1914년 사이에 공개적인 추문은 대부분 피했지만, 위축된 자신감으로 재갈이 물린 황제는 새로운 측근들에게 휘둘리게 되었다.

제1차 세계대전 전 마지막 몇 년은 정치적 리더십과 방향성의 부재로 점철되었다. 총리직에 관심도 없고 독일의 정치적 미래 비전도 없던 총리는 마음이 다친 황제로부터 아무런 지시를 받지 못했다. 빌헬름은 정치적 조언자이자 오랜 스승이었던 비스마르크를 잃었고 친구도 거의 남아있지 않았다. 그렇게 경제적으로 강대하고 군사적으로 무장한 채 대내외적 갈등을 겪고 있던 제국의 최상층에 광범위한 권력 공백이 발생했다. 울리히 뷜러는 제1차 세계대전이 독일에게 "앞으로 탈출"이라고 외친 것이나 다름없다고 지적했다. 실제로 1914년 당시에 정치적으로 막다른 골목에 갇힌 독일로서는 전쟁이 유일한 탈출구로 보였다. 군부가 장막 뒤에서 나와 전면에 나설 무대가 마련된 것이다.

제5장

파국

"언젠가 발칸 반도에서 어리석은 일이 벌어져 거대한 유럽 전쟁이 일어날 것이다."

— 1888년 오토 폰 비스마르크

1914년의 시대 정신

1914년 6월 28일 사라예보의 일요일은 참으로 화창한 여름날이었다. 오스트리아-헝가리 제국의 왕위 계승자인 프란츠 페르디난트Frantz Frerdinand 대공과 그의 아내 호엔베르크의 여공작 조피Sophie는 보스니아의 수도 헤르체고비나Herzegovina에서 군대를 시찰 중이었다. 이는 여러모로 특별한 행사였다. 6월 28일은 성 비투스 데이로, 세르비아인들에게 종교적인 국가기념일이었다. 오스트리아의 보스니아 지배에 대한 긍정적이고 평화로운 이미지를 홍보하고 즉위 전에 개혁의 가능성을 널리 알리고 싶었던 페르디난트 대공은 가급적 좋은 인상을 주고자 했다. 또한 이날은 결혼 14주년이 되는 날로, 황태자 부부가 공개적으로 결혼 생활을 과시하는 흔치 않은 기회였다. 조피는 오스트리아-헝가리 왕위 계승자의 배우자에 걸맞는 신분이 아니라는 이유로 궁정 격식에 따라 공개 행사에 동반할 수 없었다. 게다가 프란츠 페르디난트와 조피의 혼인 중에

낳은 자녀는 왕위 계승권을 인정받지 못했다. 그녀와 함께하는 한, 페르디난트 대공은 사실상 왕실의 승계권을 포기해야 한다는 뜻이었다. 그런데 사라예보의 행사에서 그는 황태자의 지위가 아니라 군인 자격으로 초청받았으므로, 조피는 왕비 노릇을 한다는 비난을 피해 동행할 수 있었다. 모처럼 두 사람은 궁정 사교계의 속물근성에서 벗어나 동반 여행을 즐길 드문 기회를 얻었던 셈이다. 사라예보 시청으로 가는 길에 오픈카 퍼레이드를 벌이던 황태자 부부는 네델코 차브리노비치Nedeljko Čabrinović라는 이름의 19세 극단주의자의 수류탄 공격을 받았다. 운전자가 공격을 감지하고 차량 속도를 높여 지나친 덕분에, 황태자 부부는 무사했으나 뒷 차량이 수류탄에 명중되어 16명이 다쳤다. 프란츠 페르디난트와 조피 부부는 급히 시청으로 향했고, 그곳에서 짧은 의전을 마쳤다. 큰 충격에도 테러의 희생자들을 위로하기로 결정하고 그들은 다시 병원으로 향했다. 그때 운전기사가 방향을 잘못 틀지 않았다면 이 극적인 하루는 그렇게 끝났을 것이다. 추가 테러를 엄호하기 위해 차량 발판 위에 서 있던 프란츠 페르디난트의 부관이 운전자가 길을 잘못 들었음을 알아채고 차량을 돌리라고 지시했다. 운전자는 브레이크를 밟고 정지했다. 이때 황태자의 차량이 멈춘 곳이 암살극을 계획했던 블랙 핸드 갱단의 일원인 가브릴로 프린치프Gavrilo Princip의 바로 앞이었다는 것은 유럽 역사상 가장 비극적인 우연의 일치 중 하나였다. 암살자가 계획을 포기한 순간, 운명은 그의 앞에 다시 암살 표적을 돌려놓았다. 당시 프린치프는 황태자 부부가 동료의 수류탄을 구사일생으로 피한 데 매우 낙담해서 식료품 가게 앞 모퉁이에 우두커니 서 있었다. 그는 그들 부부를 바라보며 자신의 행운을 믿을 수 없었다. 운전사는 필사적으로 후진 기어를 찾으려고 했고, 차바퀴의 헛도는 소리에 이어서 일정이 늦어지는 데 대한 대공의 불평이 들렸다. 그리고 프린치프에게는 절호의 기회가 찾아왔다. 그는 권총을 뽑아 들고 살기에 찬 눈빛으로 차 쪽으로 걸어갔다. 그가 방아쇠를 당겼다. 한 번, 그리고 대공의 경호원들에게 제압당할 때까지 두 번 더. 조피는 남편의 목에 난 총탄 구멍에서 검은 피가 뿜어져 나오는 광경을 보았다. 그는 자신이 그토록 사랑했던 아름답고 창백한 얼굴을 바라보며 "조피! 죽지 말아요! 우리 아이들을 위해 살아줘요!"라고 말했다. 또 다른 총알이 그뿐만 아니라 그녀의 명치를 관통했다는 사실을 둘 다 미처 깨닫지 못했다. 한 시각도 흐르기 전에, 황태자 부부는 숨을 거두었다.

암살 직후 경찰들 손에 잡힌 프린치프의 모습

이 비극적인 사건과 함께 세계 역사상 유례없는 대형 전쟁의 실타래가 돌아가기 시작했다. 고도로 군국화되고 산업화한 유럽 국가들 사이에 형성되었던 불안정한 교착 상태가 1914년 여름에 이르러 그 불씨가 당겨졌다. 황태자 부부의 암살이 도화선이 되었다. 제1차 세계대전은 무려 4천만 명의 사상자를 내며 유럽 경제를 파탄에 빠트렸고 상상할 수 없는 규모의 인간적 고통을 초래했다. 또한 독일 제국도 결국은 무릎을 꿇게 된다.

빌헬름이 암살 소식을 접한 곳은 호엔촐레른 함선에서였다. 여름철이면 황제는 종종 왕실 요트를 이용해 짧은 휴식을, 때로는 노르웨이행 장기 휴가를 떠났다. 1914년 6월 28일, 그는 갑판에서 고위 장교들과 가족들을 위한 다과회를 열고 있었다. 흥겨운 분위기 속에서 운명적인 전보가 도착해서 친구인 페르디난트 대공이 암살되었다는 소식을 알렸다. 빌헬름은 수습을 위해 즉시 베를린으로 돌아왔다. 사석에서 발언과 문서의 여백에 끄적인 낙서를 보면 알 수 있듯이, 황제는 오스트리아의 대응이 적절하며 독일도 이를 지원해야 한다고 믿었다. "세르비아를 휩쓸어 버려야 한다. 그것도 바로 곧!"이라는 빌헬름의 발언은 종종 대규모 전쟁을 도발하려는 의도로 해석되었지만, 어쩌면 유럽 전체로의 확전을 염두에 둔 게 아니라 단순히 오스트리아와 세르비아 간의 국지적 분쟁만 생각했을 가능성이 더 높다. 물론 그가 프로이센 전쟁부 장관 에리히 폰 팔켄하인Erich von Falkenhayn에게 외교적 노력은 별론으로 하고 군대가 전쟁 준비 태세를 갖췄는지 자문했던 것은 사실이지만, 분명 러시아와 유럽 강대국들이 개입하기를 원하지 않았다. 이것이 오스트리아에 대한 군사 지원을 약속한 황제의 저 유명한 '백지 수표' 뒤에 숨어 있던 전략이었다. 오스트리아의 세르비아 침략을 위해 세계에서 두 번째로 (러시아 다음으로) 규모가 큰 지상군을 신속히 투입했던 배경에는 실상 러시아의 참전을 막고 전쟁을 국지화하려는 의도뿐이지, 세계 대전을 일으키려는 시도는 아니었다. 이런 해석을 뒷받침하는 증거로 7월 6일 빌헬름은 애견 닥스훈트 헥세Hexe와 닥스Dachs를 데리고 노르웨이로 여름 크루즈 여행을 떠났던 점을 들 수 있다. 얼마나 그가 상황을 낙관적으로 관망했는지 알 수 있는 대목이다. 이러한 느긋한 태도를 인류 역사상 가장 큰 전쟁의 개막을 기다리는, 피에 굶주린 전쟁광의 행동으로 보기에는 무리가 있다.

빌헬름의 군사 고문들은 전면전의 가능성을 확실히 인지했다. 그렇다고 해도 그들은 기껏해야 위험을 감수하거나, 최악의 사태에 적극적으로 대응하려는 계획이었다. 헬무트 폰 몰트케Helmuth von Moltke 참모총장은 몇 년 전부터 유럽의 세력 균형이 동쪽으로 급속히 이동하고 있다고 주장했다. 이 대머리 장군은 스스로 당대 최고의 전략가라고 자부했지만, 늘 삼촌의 유명세에 가려져 있었다. 대大 헬무트 폰 몰트케는 프로이센 육군 참모총장으로 재직하는 30년 동안 군대 현대화를 이끈 장본인으로 1870년 대프랑스 전쟁을 성공적으로 지휘한 바 있었다. 삼촌과 같은 거장의 반열에 오르기 위해 몰트케라는 이름을 택한 그는 1914년의 상황을 자신이 빛날 기회로 생각했다. 그는 빌헬름에게 러시아의 '증기 롤러[30]'가 결국 압도적인 군사력을 드러내면 그때는 독일이 감당하기에 너무 늦다고 진언했다. 따라서 1914년 7월 몰트케의 조언은 "바로 지금이 유일한 기회"라는 것이었다. 수년 동안 군부 엘리트들은 유럽에서의 전면전이 불가피하다고 확신해 왔다. 그러니까 중요한 것은 전쟁이 일어날지가 아니라 언제 일어나는가의 문제였다.

군부는 연합군에 대한 비스마르크의 오래된 악몽을 잊지 않고 오래전부터 언젠가 터질 양면 전쟁two-front war을 대비해왔다. 1891년 참모총장에 취임한 알프레드 폰 슐리펜Alfred von Schlieffen은 이후 프랑스나 러시아, 또는 두 나라 모두와의 전쟁에 대비한 전략을 수립했다. 독일은 지리적으로 중부 유럽 중심이라서 경제적 이점을 누렸으나 군사 도발에는 취약했다. 1906년 헬무트 폰 몰트케가 참모총장이 된 후에도, 슐리펜의 구상은 기본 원칙이 그대로 유지되었다. 슐리펜의 구상은 전쟁이 동부와 서부에서 동시에 발발하면, 독일은 압도적인 무력을 내세워 프랑스부터 공격한다는 것이었다. 그런 다음 군대 주력을 동부 전선으로 돌려, 속도는 느리지만 규모가 더 큰 러시아 군대와 맞서겠다는 전략이었다. 슐리펜과 달리 몰트케는 프랑스와 러시아 군대의 전력에 대해 신중하게 접근했다. 몰트케는 양국 군대가 이동 속도뿐 아니라 규모 면에서도 매우 발전했다고 주장했다. 그렇다면 프랑스와 러시아가 전쟁이 임박

---

30) 증기 롤러(Steam Roller)는 러시아군을 일컫는 별명이다. 동유럽에서 서유럽까지 거침없이 진격하는 모습이 땅바닥을 다지는 건설장비인 증기 롤러를 연상시킨다는 뜻이다

군복을 입은 빌헬름 2세. 1914년

한 징후를 알아챘다면, 시간이 생명인 독일군의 계획은 실패할 것이다. 프랑스가 강력히 반격해 독일군이 발목을 잡힌 상황에서 또 다른 전선에서 러시아가 공격해 올 가능성을 고려해야 했다. 유감스럽게도 군부 엘리트들이 내린 논리적이고 끔찍한 결론은 바로 프랑스에 대한 선제공격만이 유럽 전쟁에서 승리할 유일한 방법이라는 것이었다.

7월 28일, 휴가에서 돌아온 황제는 오스트리아-헝가리 제국이 세르비아에 선전포고했다는 소식을 접했다. 유럽 열강은 통상적인 외교 관례에 따라 반응했다. 영국은 자국이 중립을 지킬 가능성은 거의 없으며, 전쟁이 발발하면 프랑스와 러시아를 지원할 수밖에 없다고 베트만-홀베크 총리에게 넌지시 알려왔다. 7월 30일 러시아에서 전면 동원령이 내려졌을 때, 몰트케는 수년 동안 설파해 온 자신의 철학이 실현된 듯했다. 슐리펜 구상에 따르면 매 순간이 중요했다. 러시아와 프랑스에 더 이상 시간을 허락하면, 독일은 거의 승리하기 힘든 양면 전쟁에 휘말리게 될 것이다. 프랑스에 대한 선제공격만이 유일한 방법이었다. 그래서 8월 1일 독일은 러시아에 선전포고했고, 이틀 뒤에는 발칸 반도 문제와는 거의 관련 없는 프랑스에 선전포고했다. 그러자 8월 4일 영국은 독일에 전쟁을 선언했다. 제1차 세계대전이 시작된 것이다.

"잔치 분위기다. 놀랍게도 정부는 우리를 공격받는 피해자로 묘사하는 데 성공했다." 제국 해군부 장관 카를 알렉산더 폰 뮐러 Karl Alexander von Müller가 일기에 쓴 이 문장을 보면, 군부 엘리트들이 독일의 '방어 전쟁' 논리에 꽤 냉소적이었음을 알 수 있다. 또한 그들은 여론의 흐름을 꿰뚫고 있었다. 베트만-홀베크 총리는 독일이 피해 당사자라는 생각을 독일 의회와 독일 국민에게 불어넣는 데 성공했다. 베를린과 다른 도시에서 대규모 평화 시위가 일어났지만, 그들은 주로 암살 사건의 책임을 오스트리아에, 그리고 부분적으로 러시아에 돌렸다. 역사학자 제프리 버헤이Jeffrey Verhey는 당시 독일 전역에서 환희가 들끓었다는 신화는 근거가 없다고 주장했다. 오히려 독일인들은 불안해했고, 유럽의 권력 정치에 목숨을 내놓기를 원하지 않았다. 그렇지만 어쩔 수 없이 휘말렸으니 방어밖에 답이 없었고, 이에 따라 "8월의 경험"Augusterlebnis이라고 불리는 저항적 애국주의가 널리 퍼졌다. 한스-울리히 타머Hans-Ulrich Thamer의 표현처럼 "종말론적 위협과 희망, 개인의 기대와 갈망이라는 상반된 혼란"이 독일 국내에 팽배했으나, 한편으로 독일 조국이 강요된 전쟁에서 스스로 증명할 기회를 찾아야 한다는 생각이 대중에게 호소력을 발휘했다.

방어 전쟁이라는 환상은 매우 중요하며 또한 가능한 한 오래 지속되어야 했다. 1870년 프랑스-프로이센 전쟁을 도발했을 때 비스마르크는 이 점을 이해했고, 1914년 8월 정치권 역시 잘 알고 있었다. 방어 전쟁은 수년 동안 독일을 괴롭혔던 내분과 분열, 침체를 극복하고 모든 독일인을 또다시 피와 철로 한데 묶는 힘이 있었다. 1914년 8월 1일 러시아에 대한 선전포고가 있던 날, 황제는 왕궁 발코니에 나와 국민에게 직접 연설을 했다.

"지난 며칠 동안 여러분이 보여준 사랑과 충성심에 감사드립니다. 이전과는 비할 데 없이 심각한 날들이었습니다. 전투가 벌어지면 모든 정당은 더 이상 존재하지 않을 것입니다! 저 역시 정당으로부터 공격받기도 했습니다. 하지만 그건 평화로운 시절의 일입니다. 이제는 진심으로 용서합니다. 저는 더 이상 정당이나 분파의 관점에서 생각하지 않습니다. 오늘날 우리는 모두 독일의 동포이며, 또 오로지 독일의 동포입니다. 이웃 나라가 다른 길을 원하지 않는다면, 또 우리에게 평화를 허락하지 않는다면, 우리의 선량한 검劍이 고단한 전투에서 승리를 거두기를 신께 바랍니다."

동시대인들이 공유했던 사회 다윈주의 세계관의 맥락에서 볼 때, 독일의 예정된 공격은 젊은 국가로서 생존을 위한 투쟁에 불과했다. 사소한 계급 갈등, 예배 방식의 차이, 또는 정치적 지형의 차이가 어떻게 조국의 적자생존보다 앞설 수 있겠는가? 1914년까지 제국은 40년 넘게 존재했다. 대다수 독일인은 민족 국가를 당연한 개념으로 받아들이며 성장했다. 이전 세대의 역사가들이 이른바 "1914년 시대정신"에 깃든 환희를 과장했을지도 모르지만, 당시에 8월 전쟁 발발로 촉발된 동지애, 소속감, 도전적인 민족주의가 널리 퍼져 있었다는 것은 분명하다. 빌헬름 정권은 비록 잠시였지만 거의 만장일치로 전쟁에 대한 지지를 끌어냈다.

제1차 세계 대전: 1914년~1918년

1914년 8월 1일 독일이 러시아에 선전포고하자마자, 군대가 서부 전선으로 급파되었다. 프랑스를 공격하는 것이 최선의 방어책으로 여겨졌다. 당시 슐리펜 구상은 한 전선에서 총력을 다해 싸워서 양면 전쟁을 피하겠다는 계산이었기 때문에, 군사작전의 개시 시점이 중요했다. 1905년에 슐리펜이 계산하기에도, 독일이 프랑스를 격파하고 동부전선으로 병력 이동할 때까지 3주의 여유밖에 없었다. 그곳에서 작전 개시 28일째에 러시아의 병력에 대응해야 한다. 반면, 1914년 당시의 몰트케는 러시아의 군사 동원이 7월 30일에 벌써 시작되었다는 사실을 직시해야 했다. 또한 프랑스가 국경을 따라 방어선을 구축하면, 독일의 공격 속도가 너무 늦어질 수 있었다. 모두의 동의하에 프랑스 침공을 위해 벨기에를 통과하는 작전이 선택되었다. 1901년 무렵의 예상으로는, 독일이 48개 군단을 동원하면 벨기에가 소극적인 태도를 견지하고 영국은 개입하지 않는다고 보았다. 그러나 결과적으로 슐리펜의 후임자 몰트케는 8월 2일 34개 군단만으로 벨기에로 진격했고, 곧 벨기에의 용감한 저항에 맞부딪쳤다. 또한 1914년 8월 4일 영국은 독일에 전쟁을 선포했다. 벨기에군의 격렬한 저항, 영국 원정군의 조직적인 소총 부대에 신형 빅커스 중기관총 분대까지 가세하자, 수천 명의 독일 신병들은 장렬히 전사했고 독일군의 기강은 급격히 무너지기 시작했다. 독일군 사상자가 영국군 사상자의 2배에 달했던 8월 23일 몽스Mons 전투 등 초기 전시 상황은 독일군의 진격을 막지 못했어도 속도는 크게 떨어뜨렸다. 독일군은 불과 12일 만에 병력을 808,280명에서 3,502,700명으로 비약적으로 늘어났는데, 여기에는 현대전의 잔혹함에 대비하지 못한 징집병과 자원병이 다수 포함되어 있었다. 기강 해이는 끔찍한 장면으로 이어졌다. 8월 25일, 독일군은 대학 도시 루뱅에 진입해 250명에 가까운 민간인을 학살하고 도서관을 불태웠다. 1900년 빌헬름이 서툴게 그려냈던, 무고한 민간인 주택을 약탈하고 불태우는 독일군 '훈족'의 이미지는 전쟁이 끝난 후에도 영국군의 선전물에 수시로 등장하게 된다.

영국군과 벨기에군의 용감한 저항에도 불구하고, 9월 초 독일군은 마른강을 건너 파리 점령을 눈앞에 두고 있었다. 9월 6일부터 12일까지 제1차 마른Marne[31] 전투에서 프랑스군의 완강한 저항에 부딪힌 독일 제국군은 결국 강 뒤쪽으로 물러나 참호를 팠다. 전쟁

---

31) 갈리에니 장군이 6,000명의 병사를 전선으로 수송하기 위해 파리의 택시를 징발했던 것으로 유명해진 전투다. - 글쓴이 주

기간에 거의 변화가 없었던 이 참호선은, 서부 전선의 특징이 된 치명적인 교착전의 시작을 알렸다. 프랑스는 몇 주 만에 항복하지 않았을뿐더러 제1차 세계대전 중 단 한 번도 항복한 적이 없었다. 슐리펜 구상은 실패로 돌아갔다.

동부 전선의 상황도 계획대로 흘러가지 않았다. 러시아에 대한 선전포고 직후, 동프로이센 전역에서 "코사크 사람이 온다"라는 비명이 끊이지 않았다. 그야말로 혼란의 도가니였다. 러시아를 과소평가했던 독일 최고사령부는 몇 주간 공격이 없으리라고 예상했지만, 선전포고 후 불과 14일 만인 8월 15일 러시아군이 진격했다. 동부 전선은 제8군단이 홀로 방어했을 뿐, 나머지 7개 군단은 벨기에와 프랑스에서 전투 중이었다. 상황은 암울했다. 러시아는 마수리아 호수에 가로막혔으나 병력을 나누어 북쪽에서 191,000명, 남쪽에서 200,000명이 진격했는데, 이에 맞선 독일군은 고작해야 153,000명이었다. 그때만 해도 군부 밖에서 거의 알려지지 않았던 파울 폰 힌덴부르크와 에리히 폰 루덴도르프, 두 명의 프로이센 장군들이 전투에서 중상을 입었다. 8월 26일부터 29일까지 격렬했던 타넨베르크Tannenberg 전투에서 독일군은 러시아 2차 부대를 섬멸하면서 기적 같은 승리를 거두었다. 러시아 사령관 삼소노프 장군은 자살했고 4만 5천 명의 병사들이 포로로 잡혔다. 힌덴부르크와 루덴도르프는 살아있는 전설이 되었다. 독일인의 정신 속에 이 전투는 제1차 세계대전의 암울하고 굴욕적인 경험 가운데 구원의 은총으로 남게 된다. 또한 이 전투는 군부 엘리트들에게 패전의 책임을 회피할 탈출로를 마련하고자 1920년대 내부의 배신자가 등 뒤에서 칼을 찔렀다는 악명 높은 신화를 날조했다. 1914년 말, 그 제서야 대중은 크리스마스까지 전쟁이 계속되리라는 현실을 깨달 았지만, 타넨베르크의 승리는 예상보다 더 많은 희생이 뒤따른다 해도 결국은 승리한다는 희망을 잃지 않도록 했다.

한편 서부 전선 역시 아슬아슬했다. 마른 전투가 중단된 후, 양측은 전선 최북단에서 서로의 진지를 파고들려고 거듭 시도했 다. "바다를 향한 광란의 진격"은 양측 모두에게 쓰라린 손실을 초 래했다. 1914년 10월과 11월에 벌어진 1차 이프르Ypres 전투에서 독 일군 사상자만 13만 명을 넘어섰으나, 영토 획득에는 진전이 없었 다. 좌절과 절망에 빠진 최고사령부는 극단적 조치를 선택했다. 1915년 4월 24일, 160톤의 염소 가스가 프랑스 군대에 투하되었다. 이로 인해 혼란과 공포의 심리적 영향은 말할 것도 없고, 병사들 은 타는듯한 통증, 붉은 물집과 부종 및 각종 호흡기 문제에 시달 렸다. 1915년 1월 체펠린 공격기는 빌헬름 황제의 동의하에 영국을 폭격했다. 처음에 빌헬름은 영국 왕실의 친척들이 해를 입지 않도 록 런던을 제외해야 한다고 단서를 달았으나, 나중에는 이조차 무 시되었다. 무차별적으로 펼쳐진 잠수함 공격으로 인해 1915년 5월 7일 영국 여객선 루시타니아 호가 침몰해 당시 2,000명에 가까운 민간인 탑승객들이 희생되었다. 이러한 극악무도한 조치는 비록 군사적 효과가 제한적일지라도 적의 사기를 떨어뜨리기 위해 고안 되었다. 티르피츠 제독은 "작전 성공의 척도는 적에게 입힐 부상뿐만 아니라 적의 전쟁 수행 의지를 얼마나 꺾느냐에 달려 있다"라고 밝혔다. 그러나 현실에서는 유럽의 품위 있고 문명화된 모든 것을 파괴하려는 야만인 '훈족'의 이미지가 독일에 보태졌을 뿐이다.

1916년은 산업화한 전쟁을 더 새롭고 끔찍한 차원으로 끌어올린 해였다. 1916년 2월부터 12월까지 요새 도시 베르됭Verdun에서 벌어진 수개월간의 대량 학살은 독일인의 정신에 돌이킬 수 없는 상처를 남겼다. 1914년 몰트케로부터 지휘권을 받은 에리히 폰 팔켄하인Erich von Falkenhayn은 베르됭의 프랑스 방어군에게 2,600만 발의 폭탄과 10만 발의 독가스 포탄, 75개 사단 병력 등 모든 전력을 쏟아부었다. 이 전쟁은 인간 대 인간의 영웅적인 싸움이 아니라 인간의 목숨이 값싼 상품이 되는 소모전이었다. 병사들 사이에서 '피의 공장'으로 불린 이 전투는 전쟁의 허무함을 상징하는 대명사가 되었다. 독일군은 35만 명이 넘는 사상자를 냈고 프랑스군은 40만 명에 가까운 사상자를 냈지만, 양측 모두 빈손이었다. 전선은 아무 변화가 없었고 전투는 계속되었다. 불에 탄 초목, 포탄 구덩이, 진흙과 잔해로 뒤덮인 황무지를 남긴 채, 그나마 살아남은 병력의 최후는 솜Somme 강변에서 인육으로 갈려 나가는 것이었다.

베르됭에서 포로가 된 프랑스군을 구출하기 위해 대부분 자원병으로 구성된 영국군은 프랑스 북부의 솜강에 있는 독일군 진지를 공격했다. 영국군 야전 장군 더글러스 헤이그 경은 충분한 병력을 투입하면 독일군의 전선을 뚫고 교착 상태에 빠진 전황을 돌파할 수 있다고 믿었다. 경험이 부족한 젊은 자원병들을 예비 포병대의 포격으로 곳곳이 움푹 패진 진흙 비탈길을 오르게 한 결정은 재앙이 되었다. 단련된 독일군의 기관총 사격이 영국군을 연이어 쓰러뜨렸다. 진격하던 병사 중 상당수는 철조망에 갇혔다. 개량된 용병술과 탱크의 첫 사용으로 전력이 점차 평준화된 탓에, 11월의 전투는 이렇다 할 성과 없이 중단되었다. 300만 명이 넘는 군인이 참전해 100만 명의 사상자가 발생한 솜 전투는 서부 전선에서 가장 큰 전투이자 인류 역사상 가장 피비린내 나는 전투의 하나로 기록되었다. 하지만 눈에 띄는 성과는 없었다.

동부 전선의 브루실로프 공세는 규모 면에서 이를 압도했다. 협상국 세력은 유럽 중앙의 독일을 무릎 꿇리고자 동서 양쪽에서 연합 공격을 펼치기를 원했다. 그렇게 브루실로프 공세는 베르됭과 솜 전투에 대응하여 기획되었다. 수적으로는 비교적 균등하게 출발했으나 1916년 6월 4일의 공격으로 오스트리아-헝가리군은 단 3일 동안 20만 명의 사상자를 내는 엄청난 손실을 기록했다. 결국 이 전투는 양측에서 약 100만 명의 목숨을 앗아 갔으나, 결국 러시아가 목표를 달성하고 제1차 세계대전의 최대 승리를 거두었다. 전쟁에 대한 의지가 사라진 오스트리아-헝가리 제국은 협상국 열강에 대해 평화를 제안하고 독일에 이를 지지해달라고 요청했다. 독일 정부는 이에 마지못해 동의했지만, 일부러 모호한 문구를 써서 확약을 피했다. 당연히 1916년 12월 연합국은 독일이 양보할 의사가 없음을 확인하고 오스트리아-헝가리의 제안을 거절했다. 수백만 명이 사망하고 부상한 상황에서 지금 항복한다면 너무 많은 것을 잃게 될 것이다.

1916년 유틀란트Jutland 반도 전투에서 영국 함대와 독일 해군이 충돌했지만 해상 봉쇄를 끝내는 데 성공하지 못했다. 그로 인해 1916~17년 겨울 심각한 영양실조와 물자 보급 문제가 발생했다. 돌파구 마련을 위해 필사적이었던 독일 최고사령부는 1917년 2월부터 제한 없는 잠수함 전쟁을 재개하기로 결정하고 비무장 상선까지 경고 없이 공격했다. 이는 한동안 영국으로부터 지원을 확대할 것을 촉구받던 미국 정부에 마지막 인내를 시험하게 했다. 1915년 루시타니아호가 침몰했을 때 100명이 넘는 미국인 사망에 대한 분노는 쉽게 가시지 않았고, 1917년 4월 6일 미국은 선전포고를 했다. 이는 전쟁의 전체 국면에 큰 갈림길이 되었다. 유럽 국가간 교착 상태는 산업 강대국의 갑작스러운 등장에 흔들렸다. 소모전의 승패는 양측이 투입할 수 있는 자원과 인력의 양과 의지에 따라 결정될 수밖에 없다. 전쟁 3년 차에 참전한 미국은 베르됭, 솜 및 동부 전선의 참상을 겪지 않았다. 1918년 여름, 약 200만 명의 미군이 점점 더 지치고 사기가 떨어진 독일군과 맞서 싸웠다. 1917년 10월 혁명과 함께 러시아가 전쟁에서 철수했고, 제국 내부에서도 정권에 대한 반발이 거세지자 군부는 궁지에 몰려 저항했다. 그들은 어떤 대가를 치르더라도 전쟁에서 무언가를 얻어야 했다. 1918년 초에 마지막 영웅적 노력이 시작되었다.

1918년 1월 8일, 우드로 윌슨은 평화로 가는 길을 제시하는 14개 조항의 평화 프로그램을 미국 의회에 상정했다. 그러나 같은 날

레온 트로츠키는 러시아의 철수를 위한 평화 조약을 놓고 독일과 협상을 시작했다. 1918년 3월 3일에 체결된 브레스트-리토프스크 Brest-Litovsk 조약에 힘입어, 독일제국 정부는 윌슨의 제안을 거절했다. 전쟁에서 얻은 동쪽 영토를 모두 포기하고 나면 너무 잃을 것이 많아서였다. 브레스트-리토프스크 조약은 러시아가 우크라이나에서 발트해까지 독일의 위성 국가를 설치하는 데 동의했고, 그결과 러시아 산업 생산력의 절반 이상과 인구의 거의 1/3이 독일에 넘어갔다. 최고사령부가 보기에는 지금 독일이 이 모든 것을 내려놓는다는 것은 사실상 불가능했다.

처음에는 그들의 예상이 옳다고 증명된 듯했다. 불과 3주 후, 1918년 3월 21일부터 펼쳐진 춘계 공세는 성공적이었다. 병사들의 사기를 북돋우기 위한 마지막 총공세로 '카이저 대공세'가 펼쳐졌다. 독일군은 서쪽으로 60킬로미터를 진격하여 9만 명의 적군을 생포했다. 그러나 보급 문제가 심각해지면서 공세는 중단되었다. 7월에 연합군의 반격으로 독일군이 빠르게 후퇴했고, 전선은 1914년 9월과 거의 다를 바 없었다. 수백만 명이 목숨을 잃었고 4년이 지났건만, 정작 아무것도 이루지 못했다. 9월 29일 힌덴부르크와 루덴도르프는 이성을 되찾고 정부에 휴전 협상을 요청했다. 1918년 11월 11일 마침내 휴전 협정이 체결되었고, 독일 제국에 대한 사형집행 영장이 발부되었다.

침묵의 독재

"통일된 독일은 정복된 적이 없습니다." 1914년 8월 6일 연설에서 빌헬름이 적의 공격에 맞서 국민에게 단결할 것을 호소하며 연설한 말이었다. 그는 "적들의 세계"가 조국을 기습했으며 "우리 제국의 존립"보다 더 중요한 것은 없다고 강조했다. 독일의 식민지 정책에 대한 상당한 열정이 있었다고 해도, 생계와 심지어 목숨까지 위협받는 상황에서 팽창주의는 전혀 다른 문제였다. 농부들은 말을 징발당할까 봐 걱정했고, 여성들은 아들과 남편이 전쟁터로 끌려갈까 봐 두려워했으며, 도시 사람들은 식량 공급이 끊길 것을 불안해했다. 이러한 희생을 국민에게 요구하기 위해서는 방어적이고 심지어 포위된 시나리오의 환상을 유지해야 했다. 황제와 그의 정부는 이를 놀라울 정도로 성공적으로 수행했다. 동시대 관찰자는 이렇게 말했다. "황제가 전쟁을 피할 수만 있었다면, 그는 기꺼이 그렇게 했을 것이다." 빌헬름은 1914년 전쟁 초기에 엄청난 인기와 열렬한 찬사를 받았다. 검열이 시작되기 전에도 언론은 거의 만장일치로 전쟁을 앞두고 빌헬름과 국민 사이의 관계가 얼마나 친밀한지를 앞다퉈 묘사했다.

이러한 일시적인 동지애는 제국의회에도 적용되었다. 8월 4일 빌헬름이 의사당에 모인 의원들에게 "짐은 더 이상 정당을 보지 않고 오로지 독일인을 보고자 합니다"라고 말한 것은 매우 유명한 일화다. 이어서 황제는 의원들에게 "정당, 계급, 신념을 초월하여 아무리 험난한 고난과 고통, 죽음이 기다릴지라도 짐과 함께하겠다고 결심"해달라고 서약을 요청했다. 놀랍게도 사민당을 포함한 모든 정당이 그 서약에 응했다. 의회 분파의 지도자 휴고 하제Hugo Haase는 열정적이고 감동적인 연설을 통해 자신의 당은 "절체절명의 시간에 우리 조국을 실망시키지 않겠다"라고 선언했다. 그는 유럽 열강의 제국주의적 야욕이 전쟁을 일으켰다니 매우 유감이라며, 이제 전쟁이 현실이 되었으니 독일을 지켜야 한다고 주장했다. 또한 그는 특히 러시아 차르의 전제정과 싸울 가치가 있고, 이는 국제 노동 계급 운동과 배치되는 것이 아니라고 강조했다. 그에 따라 사민당과 나머지 의원들은 정부가 요청한 전쟁 비준을 만장일치로 의결했다. 베트만-홀베크 총리는 안도의 한숨을 내쉬었을 것이다. 조합원 수가 300만 명에 달하는 노동조합은 사민당이 조금만 고개를 가로저어도 독일 전쟁에 막대한 타격을 입힐 수 있었기 때문이다. 1913년 또 한 차례의 경제 위기 이래 지난 2년간 대규모 파업과 시위가 독일을 괴롭혀 왔다. 총파업을 요구하는 급진 세력의 목소리도 높았다. 그러나 이제 현장의 노동자들이나 정치 대표자들 모두 파업에 대한 욕구가 잦아든 듯했다.

이렇게 일시적으로 맞이한 국내 평화 국면은 성내 평화Burg-frieden[32]이라고 불렸다. 포위된 성에 대한 아이디어는 정부가 그토록 간절히 원했던 방어적인 이미지와 완벽히 맞아떨어졌다. 독일 성의 주민들을 갈라놓는 차이는, 궁극적으로 국가 생존을 위한 전투에서 사라지기 마련이었다. 그리하여 제국의회는 자발적으로 모든 권한을 포기하는 법안을 통과시켰다. 선거와 정치운동이 중단되었고 의회 회기는 무기한 연기되었다. 노동조합은 전쟁이 끝날 때까지 모든 파업 행동을 포기하고, 일상적인 국가 재정 운영은 제국 궁내부에 맡기겠다고 약속했다. 베트만-홀베크 총리는 더 이상 의회에서 힘든 싸움을 할 필요가 없었고, 정당 및 각 위원회 소속 의원들과 직접 비공식 회담을 통해 사무를 결정했다. 민주주의는 중단되었다.

이러한 일시적인 선의에 힘입어 군부는 국가와 지방 정부의 제반 영역으로 촉수를 뻗어나갔다. 군부는 헌법 68조를 이용해 행정권을 장악했다. 이 조항은 평시에 지리적으로 분할된 25개의 군사 권역에서 군인을 모집하고 훈련하는 근거가 되었다. 이제 각 권역의 사령관들은 황제에게 직접 책임을 지는 정치 지도자처럼 행동했다. 따라서 군대는 제국의회, 총리, 각 부처 및 헌법기관에서 완전히 분리될 수 있었고 더구나 합법적으로 가능했다. 군부가 치

---

32) 성내평화는 전쟁에 집중하기 위해 내분을 뒤로 미뤄두는 경향을 뜻한다.

안, 보안, 검열, 식량 배급, 교육, 교통 등 정부의 모든 측면을 통제했다.

언론에 재갈을 물리는 조치는 국민에게 전선에서 벌어지는 상황을 매우 왜곡된 시각으로 전달한다는 것을 의미했다. 국민이 전쟁에 동의한 것은 전쟁이 방어적일뿐더러 일시적이라고 믿었기 때문이다. 군사 정권은 군사적 성공을 암시하는 보도 자료를 쉴 새 없이 배포했으며, 서부 전선의 살 떨리는 교착 상태는 파리가 곧 함락되리라는 희망 앞에 희미해졌다. 영웅적인 개인의 일화가 사상자와 사망자 통계를 가렸다. 빌헬름 자신도 그 희생양이 되었다. 그는 베를린의 두꺼운 벽 뒤에 고립된 채, "어떤 하사가 45발의 총알로 27명의 프랑스인을 죽였다"라고 떠들고, "적들의 시체 더미가 6피트 높이에 달했다"라는 자랑을 떠벌렸다. 그래서 군부의 "침묵의 독재"는 큰 도전 없이 1916년까지 유지되었다. 원내의 사민당조차 여전히 전쟁을 지지했다. 1916년에 전쟁의 종식을 요구했던 이들은 소속 의원의 1/5에 불과했다.

크리스토퍼 클라크가 기술했듯이, 황제 자신은 점점 더 소외되었다. 엄밀히 말하면 군 통수권자였던 그가 광범위한 전략적 목표를 설정하고 해군과 육군의 전력 조정을 위한 구심점이 돼야 했었다. 그러나 (알프레드 폰 슐리펜이 전술 훈련 때마다 황제의 승리를 유도했는데도 불구하고) 빌헬름은 자신이 서투른 전략가라는 것을 잘 알고 있었다. 그는 자발적으로 군사적 의사 결정을 몰트케와 팔켄하인 두 사람에게 맡겼는데, 두 사람 모두 전쟁 내내 황제의 신경

쇠약이 악화될까 봐 어느 정도 선별한 정보만을 공유했다.

동부 전선 타넨베르크에서 눈부신 승리를 거둔 후, 파울 폰 힌덴부르크는 독일의 전쟁 영웅으로 떠올랐다. 그는 "아군과 적군 모두에게 절대적인 권위를 행사하는 총통에 대한 갈망"을 충족하는 인물로서 황제를 차츰 압도하기 시작했다. 6피트 5인치의 우뚝 솟은 키와 거의 네모진 얼굴은 그의 명예를 기리기 위해 독일 전역에 세워진 수많은 그림과 조각품, 기념비의 모티프가 되었다. 1916년 독일 전쟁의 총사령관이 되어 제3의 최고사령부OHL를 이끌었을 때부터, 힌덴부르크는 민주주의와 시민권에 대한 침해를 정당화하기 위한 상징적 인물로 이용하기에 적당했다. 그와 부사령관 루덴도르프의 쌍두 정치는 황제, 총리, 제국의회 또는 그 누구의 눈치도 볼 필요가 없을 정도로 막강한 정치적 권력을 거머쥐었다. 침묵의 독재가 완전히 자리를 잡았다.

1916년 9월에 시행된 힌덴부르크 프로그램은 통제 경제를 효과적으로 창출했고, 이는 오로지 '전면전'의 탐욕스러운 수요를 맞추는 방향으로 움직였다. 영국의 해상 봉쇄로 인해 1916년 이전에도 식량과 필수품의 공급은 이미 심각한 상황인 데다가 그나마 남은 물자마저 전쟁 수행을 위해 징발되어 민간인들은 굶주림에 시달려야 했다. 게다가 1916년 한 해에만 거의 1백만 명에 달하는 엄청난 사상자가 발생했다. 검열이 아무리 철저해도, 사지가 절단된 현실, 전사자의 아내와 자녀에게 보내는 위로의 편지와 최전방에서 날아오는 절망적인 엽서 등의 현실을 가릴 수 없었다. 대중의 분위기는 곧 기울어졌고 1914년 '성내휴전'은 깨어졌다.

가장 먼저 독일 노동자들이 노동조합과 정부 간에 합의된 휴전을 깨뜨렸다. 1916년~17년의 혹독한 겨울 동안 점점 더 절망에 빠진 노동자들은 대규모 파업을 조직하기 시작했고, 탄약 공장이라고 예외는 아니었다. 합법적으로 구할 수 있는 식량이 거의 바닥났으니, 최소한 암시장에서라도 식량을 구하려면 임금이 올라야 했다. 그런 소요 속에서도 전쟁 영웅이라는 힌덴부르크의 명성은 굳건했다. 그가 영국의 해상 봉쇄를 깨기 위해 무차별적인 잠수함 전쟁을 재개하려고 했을 때, 이는 독일 노동자들의 곤경에 공감하는 행위로 받아들여졌다. 정치권은 미국의 선전포고로 이어질 위험을 인식했는데도 그의 결정을 지지했다. 1917년 4월 미국이 참전하자, 형세는 기울었다. 전쟁에 공급되는 막대한 미군 물자와 균형을 맞추려고 독일 군대는 국내 배급을 더욱 강화했다. 그러자 유례없는 불만이 터져 나왔다. 대규모 파업이 일어났고 조건 없는 평화 조약을 요구하는 목소리가 한층 높아졌다.

1917년 7월 6일, 영향력 있는 중앙당 정치인이자 언론인 마티아스 에르츠베르거Matthias Erzberger는 제국의회에서 열정적인 연설을 통해 당시 상황이 얼마나 절망적인지를 낱낱이 파헤쳤다. 유일한 탈출구는 연합국과 화해하고 필요한 경우 양보해야 했다. 2주 후, 그는 제국의회에 공식적으로 평화 결의안으로 제출했고, 7월 19일 212대 126으로 통과시켰다. 민주적으로 선출된 국민 대표들의 뜻에 따르는 대신, 힌덴부르크, 루덴도르프, (황제의 장남인) 빌헬름 황태자 세 사람이 작당해서 베트만-홀베크 총리에게 책임을 돌렸다. 총리는 처음부터 무제한 잠수함 공격에 회의적이었는데도 사임을 강요받았다. 이 시점에서 군부와 정당 어느 쪽도 후임자를 제안하지 않았다는 점은 실로 놀랍다. 군부의 경우, 민주적 구조에 대한 근본적인 성찰이 결여되었기 때문이다. 반면에 정당들은 이러한 어려운 상황에서 총리직에 뒤따를 책임을 회피하려 했다. 따라서 총리 후보는 전적으로 빌헬름의 선택에 맡겨졌고, 그는 신뢰할 수 있는 관료 게오르그 미하엘리스Georg Michaelis를 임명했다. 1917년 10월 초 미하엘리스는 불신임 투표에 회부되었고, 곧 중앙당의 정치가 게오르그 폰 헤르틀링Georg von Hertling으로 교체되었다. 평화결의안은 미결로 남았다. 이를 선동했던 마티아스 에르츠베르거는 극우파로부터 반역자로 낙인 찍혔고, 1921년 산책 중에 잔인하게 살해당했다. 그의 계획에 호의적이었던 민족주의 언론마저 뻔뻔스럽게도 "그는 총알처럼 둥그름한 체형이나 총알을 막지는 못했다"라고 조롱했다. 독일 정치는 추악한 방향으로 흘러갔다.

상당수 의원은 전쟁 종식을 요구했지만, 그 외의 모든 사안에 대해서는 절망적으로 분열되어 있었다. 중앙당은 단순히 평화를 원했고, 자유주의자들은 프로이센의 3계층 투표제 폐지를 요구했으며, 사민당은 앞선 두 가지 요구 사항과 더불어 최우선 과제로 사회개혁을 요구했다. 사민당 내부도 격렬하게 분열되었다. 수년 동안 사민당 내부 분열의 배후에 있던 논쟁, 즉 정부와 협력해 개혁을 이룰 것인가 아니면 혁명을 통해 정부에 맞설 것인가 하는 논쟁이 전쟁의 와중에 절정에 달했다. 이제 대정부 협력은 수백만 명이 죽고 다치고 굶주리는 전쟁을 지지한다는 것과 마찬가지였다. 반면 반정부 운동은 조국이 국가 생존을 위해 투쟁하는 동안 국내에서 분열을 선동하는 행위를 의미했다. 당 지도부는 더 이상 두 파벌을 하나로 묶을 수 없었다. 좌파 급진주의 세력이 먼저 이탈했다. 1915년과 1916년에 당 규율을 어기고 전쟁 공로를 인정하지 않는다는 이유로 사민당에서 제명된 당원들이 1917년 4월 독립사민당USPD을 결성했다. 이 새로운 정당에는 원칙적인 평화주의자부터 스파르타쿠스 동맹의 급진적 공산주의자까지 광범위한 노선이 포함되었다.

1917년 러시아가 혁명을 겪고 있을 때, 그들은 전쟁으로 인한 분노와 절망을 이용해 독일에서 비슷한 상황을 재현하려는 희망을 품었다. 공산주의 유령의 선동에 위협을 느낀 군 지도부는 1917년 9월 지그프리덴, 즉 승리의 평화를 요구하는 극우파 독일조국당의 창당을 후원했다. 독일조국당은 영토 합병이 이루어질 때까지 계속 싸울 것을 맹세했다. 따라서 제1차 세계대전이야말로 독일 역사상 최초로 상당한 규모의 극단주의 정당을 출현시켰다고 말할 수 있다.

1918년 전황이 점점 절망적으로 변했고 1918~19년에 또다시 전쟁의 겨울을 보내게 되면 독일도 러시아처럼 혁명이 일어나리라는 불안이 커졌다. 황제와 군사 독재에 대한 지지가 눈에 띄게 줄어들었다. 점점 더 많은 중앙당 정치인, 자유주의자, 심지어 일부 보수주의자까지 개혁과 전쟁 종식을 촉구하며 사민당과 공조했다. 1918년 10월, 빌헬름은 자유주의자인 막스 폰 바덴Max von Baden 왕자를 총리로 임명함으로써 이러한 움직임에 굴복했다. 바덴 대공국의 잠재적 후계자로서 막스 왕자는 귀족 체제의 기둥이나 다를 바 없었기에 후보로 내세우기 적당했다. 막스 왕자는 제국의회를 헌법의 중심에 두고 의회 개혁을 시작했으며, 이를 미국 대통령 윌슨과의 평화 협상의 기초로 삼았다. 윌슨은 빌헬름에게 혁명 없이 전쟁에서 벗어날 수 있는 유일한 방법은 퇴위뿐이라고 제안했다. 빌헬름은 러시아 사촌의 운명에 두려움을 느꼈다. 1918년 7월 17일 지하실에서 차르 니콜라스 2세와 그의 어린 자녀를 비롯한 가족 전체가 무참히 총살당했다. 여전히 빌헬름은 머뭇거리며, 독일 왕관은 포기하되 프로이센 왕관은 포기하지 않겠다는 (위헌적인) 생각의 끈을 놓지 못했다.

독일의 정치 지형은 제1차 세계대전으로 인해 돌이킬 수 없는 변화와 상흔을 남겼다. 의회 문화가 아직 초기 단계였기 때문에, 독일 국민은 아주 쉽게 절반의 민주주의를 군사 독재로까지 후퇴시켰다. 위기 상황에서 독일 국민은 정치 시스템에 의존하기보다는 강력한 리더십과 총통을 원했다. 배급, 계엄령 및 단속이 일시적으로 시행되었다 해도 정치적 기반은 여전했던 프랑스, 영국, 미국과는 사뭇 달랐다. 또한 전쟁은 정치적 단층선을 더욱 선명히 드러냈다. 온건한 정부에 대한 진지한 대안으로 극단주의 정당이 최초로 등장했다.

제1차 세계대전은 독일 제국을 무너뜨렸을 뿐만 아니라 사회정치적 분열을 초래했다. 사회 제국주의와 세계정치는 대내외적으로 모두 실패했다.

전시 경제

"강화조약이 체결되면 적들에게 전쟁 비용을 청구할 수 있다."

카를 헬퍼리히Karl Helfferich 재무부 장관은 의회 연설에서 이렇게 밝혔다. 1870년 비스마르크가 프랑스와의 전쟁에서 그랬던 것처럼, 처음부터 정부는 증세가 아닌 대출과 채권으로 전쟁 자금을 조달할 계획이었다. 전쟁 전후 독일 노동자들의 대규모 파업이 일어나면서, 정치권은 1914년 8월에 체결된 브레스트 조약을 유지하기 위해 안간힘을 쓰고 있었다. 따라서 제국의회에서 벌어진 '누가 비용을 내야 하는지'에 대한 논쟁은 참으로 불유쾌했다. 게다가 중앙당과 사민당이 전비 공제에 찬성표를 던질지는 과연 노동 계급이 더 곤궁을 겪지 않게 보장할 수 있느냐에 달려 있었다. 사민당 지도자 휴고 하세는 1914년 8월 4일 연설에서 이 점을 분명히 했다. 그는 사민당이 발의된 전비 공제안에 투표하겠다고 강조한 뒤, 정부가 "가장을 빼앗긴 여성과 어린이들을 기억해야 한다"라고 경고했다. 사랑하는 이들을 잃을지 모른다는 두려움과 굶주림의 공포가 뒤섞여있었다. 노동 계급에 더 이상 부담을 지우는 것은 불가능했다. 독일과 달리, 영국 정부는 전쟁 참전에 대한 대중의 지지를 확신했기 때문에 증세가 가능했다. 영국의 소득세는 1914년 6퍼센트에서 1918년 30퍼센트로 인상되었고, 소득세 납부자 수는 3배 가까이 증가했다. 반면 8월 4일에 독일 정부가 제안한 대출 패키지는 전적으로 전후에 받을 배상금을 미리 끌어다 당겨쓰는 단기적인 시행 방안에 맞춰졌다.

골드마르크 금화로 '빌헬름, 독일 황제이자 프로이센의 국왕'이라는 문구가 새겨져 있다.

초기에 군대와 그 정치적 추종자들은 재정적으로 충분히 준비되어 있다고 주장했다. 결국 그 배경에는 프랑스-프로이센 전쟁의 배상금이 포함된 저 유명한 제국 전쟁준비금이 있었다. 이것은 문자 그대로 전쟁 상자Reichskriegsschatz, 즉 한 번도 유통된 적이 없는 빛나는 금화가 들어 있는 1,200개의 나무 상자였다. 1871년에서

1874년 사이에 프랑스는 배상금을 금으로 지급했고, 독일은 이 금을 녹여 골드마르크 금화를 주조했다. 초상화가 그려진 앞면에는 빌헬름 1세의 초상과 함께 그 주변에는 "빌헬름, 독일 황제이자 프로이센의 국왕"이라는 글귀가 빙 둘러서 새겨져 있었다. 금화 뒷면에는 독일 제국의 문장이 새겨졌다. 이 전쟁 상자는 베를린 서쪽 외곽에 있는 16세기 르네상스 시대에 세워진 슈판다우^{Spandau} 요새의 창고에 보관되었다. 금화를 보관했던 율리우스 타워는 슈판다우에서 가장 상징적인 건물 중 하나였다. 높이 30미터의 둥근 구조물로 중세 성의 전형답게 성 꼭대기 흉벽에는 총안이 설치되어 있는 데다가 성벽 두께가 3미터에 달해 막대한 양의 금을 안전하게 보관하기에 적합한 장소였다. 금화는 한 번도 사용된 적이 없이 곧바로 요새에 옮겨졌다. 요새의 두꺼운 성벽 뒤 어둠 속에 반짝이는 애국적인 금화가 숨겨져 있다는 생각은 대중의 상상력을 유혹했다. 오늘날까지 이 율리우스투름^{Juliusturm}이라는 용어는 잉여 국고금—1950년대 이후에는 발생하지 않았지만—을 지칭하는 데 사용되고 있다. 따라서 제국의 금화는 제국의회와 교양 있는 독일 대중에게 재정적 여유가 충분하다고 안심시키기 위한 이상적인 선전 자료가 되었다. 실제로 1914년 금화의 총액은 1억2천만 마르크에 불과했다. 경제사학자 한스-울리히 벨러는 전쟁의 직접 비용이 하루에 1억 마르크에 달했다고 추정했으니, 이 영광스러운 전쟁 자금으로는 이틀간의 전투 비용도 다 지불하지 못했을 것이다.

1919년까지 전쟁에 직접 지불된 비용은 1,600억 마르크 미만인

데, 그중 16퍼센트에만 세수가 투입되었으며 나머지는 대출과 전쟁 채권으로 충당되었다. 1914년 9월 이후 정부는 현금 유통량을 대폭 늘리고자 금화로 교환되지 않는 은행권을 도입했다. 이 새로운 지폐는 국가의 금 보유량과 직접적인 관련이 없었으며, 필요에 따라 쉽게 인쇄하고 가치를 조정할 수 있었다. 실제로 정부는 전쟁 기간에 13차례에 걸쳐 지폐를 재발행하여 화폐 과잉을 초래했고, 그 결과로 지폐의 가치가 급격히 하락했다. 1913년에는 1달러를 사려면 4.2마르크가 있으면 되었지만, 1920년 2월에는 32.9 마르크가 필요했다. "독일의 전후 인플레이션은 1914년 8월부터 시작되었다"라는 뵐러의 말은 과장이 아니었다. 이러한 상황은 왜 1916년부터 대다수 독일인이 어떤 대가를 치르더라도 평화를 원하기 시작했고, 군 지도부가 승전을 통해 평화를 달성하고자 점점 더 욕심부렸는지를 쉽게 알 수 있다. 전쟁의 전리품을 얻고 또 전쟁의 대가를 감당하려면 외세를 패배시켜야 했다. 이득 없는 평화는 독일에게 경제적 파멸을 의미했다.

억지로 끌어모은 전쟁 자금은 두 가지 필수 수요를 충당하는 규모이어야 했다. 첫째, 소모적인 산업전을 유지할 수 있도록 전쟁 기계에 원자재, 인력, 인프라를 유례없는 규모로 공급해야 한다. 둘째, 국내의 민간인과 최전선에 배치한 전투 병력에 식량과 필수품을 제대로 배급해서 최소한 물자 부족에 시달려 사기가 저하되는 일을 막아야 한다. 제1차 세계대전의 기간, 규모, 분쟁의 성격에 미루어 볼 때, 이 두 가지 요구는 모두 사실상 불가능했다. 전쟁 전

독일이 수입했던 원자재의 절반 가까이가 영국의 해상 봉쇄에 막혔다. 1914년 8월 4일 선전포고 직후 영국 정부는 독일에 대한 전면적인 무역 금수 조치를 단행했다. 이러한 "굶주림의 봉쇄"는 부분적으로는 민간인까지 겨눈 것으로 미국과 같은 중립국은 국제법 위반이라고 비판했고, 분노한 독일계 미국인들은 강력한 대응 조치를 요구했다. 게다가 봉쇄는 면화 무역에 심각한 교란을 빚었기 때문에, 경제적 고통을 감수해서까지 유럽 전쟁을 거들 이유가 없다고 생각한 미국 재계의 화를 돋웠다. 그런데 이러한 미국의 유보하는 태도는 독일 해군의 무제한 잠수함 공격과 루시타니아호의 침몰로 인해 방향이 빠르게 바뀌었다. 그때부터 영국은 오크니 제도와 노르웨이 사이의 북쪽 해협과 도버해협에 이르기까지 기뢰와 순찰선을 이용해 독일행 무역선을 전면 통제하고 독일 해군이 북해를 빠져나가지 못하게 막았다. 이러한 '원거리' 봉쇄로 인해 독일은 전쟁에 필요한 원자재뿐만 아니라 식량, 커피, 비누 등 수입품의 절반 가량을 확보하지 못했다. 이는 전시 경제의 양대 목표 모두에 치명적인 타격을 입혔고, 유일한 해결책은 자구책뿐이었다. 최대한 보급품을 절약하고 국내 또는 동맹국으로부터 구할 수 있는 대체품으로 소비를 대체해야 했다.

갑작스럽고 예상치 못한 경제 조정이 필요해지자, 정부 개입은 전례 없는 수준으로 강화되었다. 1914년 당시에는 그런 적절한 구조를 갖추지 않았다. 하지만 해상 봉쇄가 좀처럼 돌파하기 어렵고 서부 전선이 수렁의 참호전임이 분명해졌을 때, 전시 경제로의 신속한 전환은 더 이상 미적거릴 수 없었다. 1914년 8월 초, 유대인 사업가이자 AEG의 창립자인 발터 라테나우가 이끄는 전쟁 원자재 부서KRA:Kriegsrohstoffabteilung가 설립되었다. 이처럼 중요한 문제를 맡았다는 것만 봐도 그가 경제 전문가로 얼마나 존경받았는지를 알 수 있는 대목이다. 하지만 비극적이게도 전쟁 중 독일 내부에서 반유대주의 정서가 극에 달하면서, 1922년 그의 빛나는 정치 경력이 잔인하게 막을 내렸다. 오픈카를 타고 베를린의 외무부로 가는 길에 그는 '조직 영사'라는 극우 민족주의 단체로부터 기습받았다. 한 명은 라테나우를 향해 MP 18 기관단총을 발사했고, 또 다른 한 명은 그의 차에 수류탄을 던졌다. 라테나우는 즉사했고, 이는 1차 세계대전 당시 독일 정치의 급진화를 상징하는 비극적인 사건이었다. 터무니없는 최고사령부의 요구도 마다않던 유대인 사업가에게 군사적 패배에 대한 비난이 쏟렸다니 참으로 아이러니하다. 예를 들어, 군수품 생산과 농업 비료에 사용되는 질산나트륨은 종전에는 칠레 수입이 대부분이었는데 라테나우가 하버-보쉬 공정을 개발해 합성 암모니아로 대체하는 데 성공했다. 이 공로로 프리츠 하버Fritz Haber가 1918년 노벨 화학상을 수상하는 쾌거를 이뤘다. 이 합성 암모니아는 대규모로 생산되어 전쟁용뿐 아니라 농업 전반에 널리 사용되었다.

그러나 아무리 유능한 경영진일지라도 한계에 다다랐다. 얼마 지나지 않아 독일 전시 경제는 단지 몇 달간의 전투 끝에 심각한 공급 부족에 시달렸다. 이제 징발과 배급은 더 이상 선택이 아니라 필수였다. 전쟁 초기에는 이탈리아를 통해 면화 등 일부 원자재를 수입했지만, 1915년 이탈리아가 협상국 열강 편으로 참전하면서 이 공급선마저 말라버렸다. 재빨리 대체 작물로 리넨과 대마를 재배했지만, 단기간에 쏠린 직물 수요를 감당할 수 없었다. 대중에게 반감을 살 만한 기괴한 강제 징발이 시작되었다. 지방 정부는 속옷과 침대 시트부터 문고리와 기와에 이르기까지 모든 것을 압수해갔다. 교회의 종과 금관 악기를 녹였고 금은보석은 어떤 사연이 있어도 강제 징수를 피할 수 없었다. 이 절박하고 성과도 그리 좋지 않은 징발 과정은 독일이 적과의 보급품 전쟁에서 얼마나 고군분투했는지를 만천하에 드러냈을 뿐이다.

1916년 8월 파울 폰 힌덴부르크가 총사령관을 맡아 제3차 최고사령부를 결성했던 시기는 베르됭, 솜, 브루실로프에서 헤아릴 수 없는 인적, 물적 재앙이 잇달았다. 따라서 힌덴부르크 프로그램은 전면전으로의 전환을 요구받았다. 1914년 8월 4일, 정당들이 경제 정책의 전권을 정부에 넘겨준 수권법이 발효되고 나서야 전시 경제로 전환되었던 것처럼, 힌덴부르크는 지금 당장 모든 것을 희생할 것을 강력히 요구했다. 민간인의 어려움은 전혀 안중에도 없었다. 예를 들어, 막대한 석탄 수요를 조달하느라 전투용 외의 다른 곳에는 석탄이 거의 공급되지 않았다. 자연히 산업 동력이 급격히 부족해졌고 전기와 상수도의 공급이 끊겨 어떤 지역은 중세 시대로 되돌아간 듯했다. 석탄이 필요한 증기 기관차는 운행을 멈췄고, 그나마 있던 보급품도 더 이상 목표량을 채우지 못했다.

1916년부터 1918년까지 어떤 전쟁 성과이든 얻어내려는 절박한 군부 엘리트들 때문에 국가는 과거 경험하지 못했던 심각한 경제 위기를 겪게 된다. 전쟁의 마지막 두 해는 참전국 간의 경제력 불균형이 점점 더 심화하는 시기였다. 슐리펜 구상이 성공해서 단일 전선에서 전쟁을 펼칠 생각이었던 독일은 1917년 적들의 세계에 둘러싸여 있는 현실과 마주했다. 1917년 말 러시아 혁명군이 철수했을 때, 이제는 모든 물량을 서부 전선에 집중할 수 있으리라는 비현실적인 희망이 잠시나마 생겼다. 그러나 서부 전선에 끝없이 공급되는 미군의 지원은 그런 환상을 금세 무너뜨렸다. 1918년 10월 오스트리아와 루마니아 점령지에서 대패하면서 전시 경제에 치명타를 입게 된다. 이를 계기로 미네랄 오일鑛油 공급이 고갈되었는데, 이는 엔진 구동 기계와 차량이 인력과 말을 대체하는 산업화된 전쟁의 필수 요소였다. 독일군 저장고의 보급품은 기껏해야 두어 달 치 분량뿐이었고, 당시 국민들은 전쟁에 지쳐 있었고 군사 상황은 절망적이었으며 정치 상황은 불안정했다.

독일의 전시 경제 관리가 잘못되었는지를 둘러싸고 수십 년 동안 역사가들 사이에 논란이 있었으나 아직 풀리지 않았다. 1914년 당시 참전국 중 어느 나라도 1차 세계대전의 성격과 규모를 예측할 수 없었다. 크림전쟁과 미국 남북전쟁과 같은 19세기의 일부 분쟁은 현대 분쟁이 가져올 경제적 황폐함을 예고했으나, 1914년에 이르러서는 역사 속에 잊혔다. 1870년의 프랑스-프로이센 전쟁은 독일 군대사의 모범이었다. 예상치 못한 장애물과 특히 프랑스 민간인에게 불리한 우연이 겹쳤으나, 전반적으로 독일의 관점에서 보면 전쟁은 짧았고 경제적인 효용가치가 있었다. 그러나 1914년부터 전개된 소모전은 예측하기 힘들었고, 아무리 뛰어난 계획과 관리 능력, 경제력을 갖췄다 해도 중부 유럽의 강대국과 적국 사이의 물적 불균형을 만회할 수 없었다. 1914년 8월 첫 포탄이 발사될 때부터, 독일은 경제 전쟁에서 패배했다.

고통과 희생

1914년 여름 페터 콜비츠는 휴가를 즐기고 있었다. 그는 산업화 이
전의 삶과 자연을 이상화하며 근대화에 반기를 들었던 반더포겔
Wandervogel 운동에 합류하고 있었다. 그는 어머니 케테와 작별 인
사를 나눈 후, 친구 한스 코흐, 에리히 크렘스, 리차드 놀과 함께
하이킹을 떠나려고 빌헬름스하펜Wilhelmshaven에서 노르웨이행 선
박에 탑승했다. 청년들은 낮에는 민요를 부르며 등산하고 밤에는
모닥불 옆에서 시를 낭송하며 깨끗한 공기와 멋진 풍경을 즐겼다.
하지만 8월 1일, 독일의 선전포고 소식이 전해지면서 그들의 평화
는 산산조각이 났다. 애국심에 불타는 청년들은 조국 수호를 위해
뭉칠 것을 맹세하고 나머지 휴가 일정을 취소했다. 8월 6일 베를린
의 집으로 돌아왔을 때, 페터는 형 한스가 이미 군대에 의무병으
로 자원입대했고, 어머니는 자원 봉사자들을 모아 전선을 돕는 국
제여성구호단체Nationaler Frauendienst에서 활동한다는 것을 알게 되

었다. 창문에는 ㅡ,음으로 검은색, 빨간색, 흰색 깃발이 걸려 있었다. 페터는 감동했다. 그도 국가를 도와 의무를 다하고 싶었다. 18세였던 그는 아직 미성년자였기 때문에 아버지 카를의 허락을 받아야만 국민방위군에 자원할 수 있었다. 8월 10일, 케테는 일기장에 이렇게 적었다. "오늘 저녁에 페터가 국가총동원 자원입대자 명단에 오를 수 있도록 허락해 달라고 남편에게 부탁했다. 하지만 남편은 자신이 할 수 있는 모든 반대 논리를 펼쳤다. […] 그는 조용히, 그리고 애원하듯 나를 바라보며 자신의 뜻을 함께 설득해달라고 말했다. […] 내가 일어서자 페터가 따라왔고, 우리는 문 앞에서서 포옹과 키스를 나눈 뒤 나는 남편에게 페터를 보내달라고 간청했다." 결국 아버지는 아들의 의지에 굴복했고 페터는 친구들과함께 207 예비 보병대에 소총병으로 입대했다. 몇 주간의 기초 훈련이 끝나자 전쟁에 나갈 준비를 갖췄다고 판정받았다. 1914년 10월 12일 젊은이들은 전쟁터로 향했다. 페터는 어머니의 너덜너덜해진 괴테의 〈파우스트〉 한 권과 포켓 체스 세트를 가방에 넣고 벨기에행 기차에 몸을 실었다. 그의 친구 에리히 크렘스는 소년들이그곳에서 어떠했는지 다음과 같이 기술했다.

"사흘 동안 우리는 길가에 누워 있었다. […] 이제 우리는 포격이 멀든 가까워지든 무관심하다. 맹렬한 기세를 갖춘 포병, 의무병, 선발 공병, 군수품 부대, 총사령관의 빠른 차량 등 모두가 전투를 위해 전진하는 모습이 자주 목격된다. […] 하지만

우리는 예비군이라서 아무것도 하지 않고 가만히 기다리기만 한다. 어쨌든 전투는 언제든지 일어날 수 있고, 그 위험은 피부에 와닿는다. "소총 앞으로"라는 외침은 우리를 참호 속으로, 그리고 '줄타기 곡예사'의 위대한 게임 속으로 데려다 줄 것이다."

케테 콜비츠는 아들에게 편지를 썼다. 그녀는 아들의 생명이 걱정되었지만, "마음속 압박감을 종이에 풀어내기 위해" 이미지를 스케치하며 두려움을 예술로 극복하고 있다고 털어놓았다. 답장이 오지 않자, 그녀의 문체는 점점 더 감정적으로 변했다. "사랑하는 아들아, 우리가 보낸 엽서 받았니? 우리가 쓴 어떤 글도 너에게 전달되지 않는다고 생각하니 기분이 묘하구나." 그리고 실제로 페터는 이 마지막 편지를 읽지 못했다. 이 편지는 10월 30일 "발신인에게 반송 – 사망"이라는 메모와 함께 베를린에 반송되었다. 케테 콜비츠는 막내아들을 전쟁터에 보낸 지 열흘 만에 자식을 잃었다. 그녀는 슬픔과 죄책감을 떨치지 못했다. 그녀의 격려를 받고 무분별하고 폭력적인 방식으로 목숨을 잃은 아들에 대한 죄책감은 평생 그녀를 괴롭혔다. 그녀의 충격적일 정도로 사실적인 그림, 조각 및 스케치들은 대부분 1920년대와 30년대에 슬픔에 잠긴 어머니와 죽은 아들을 묘사하고 있다. 특히 1921년에서 1923년 사이에 완성된 《전쟁》이라는 제목의 목판화 컬렉션 등이 그렇다. 전쟁 중에 그녀는 페터를 추모하려고 시작했던 조각을 완성할 수 없었고, 1919

년에는 자신의 손으로 파괴했다. 그녀의 초기 애국심은 급진적 평화주의로 바뀌었으며, 정부의 점점 더 필사적인 징병 요구에 맞서 열정적으로 투쟁했다.

죽음은 케테 콜비츠의 작품에서 가장 마지막까지 몰두한 주제였다.
그녀가 1934년에 제작한 판화 <죽음에 안긴 어린 소녀>

콜비츠 가족에게 일어난 일은 사회 각 계층에서 수백만 번 이상 반복되는 운명이었다. 2백만 명에 가까운 독일인이 전선에서 목숨을 잃었다. 1914년 전쟁이 발발했을 당시 19세에서 22세 사이의 독일 청년 중 무려 35퍼센트는 4년 후 종전을 맞이할 때까지 생존하지 못했다. 이 "잃어버린 세대"는 가족, 지역사회, 독일 사회 전반에 큰 공백을 남겼고, 그들의 목숨이 헛되이 희생되었다는 사실에 대한 집단적 분노와 비통함은 그후 수년간 독일을 괴롭혔다. 프랑스, 영국, 미국은 대의를 위해 희생한 전쟁 영웅으로 전사자를 추앙하나, 이와 대조적으로 독일 유가족들은 그런 위안을 받지 못했다. 오히려 그들의 아들, 형제, 남편이 황제를 따라 전쟁에 참전하고 제국주의의 파멸적인 모험에 참여한 것이 잘못이라는 비난을 받아야 했다. 1920년대 사민당 정부는 종전 기념일 행사를 열지 않았으며 전쟁의 기억을 다루는 행위 자체가 어색하고 고통스러운 일이 되었다.

이미 전쟁 중에 콜비츠처럼 많은 사람이 조국을 위한 영웅적인 투쟁에 대한 낭만적인 환상에서 찢겨나가서 갑자기 전쟁의 현실로 내동댕이쳐졌다. 1914년 8월 초반에 부모들은 자신들의 아들이 크리스마스가 오기 전에 말끔한 군복 차림에 훈장을 달고 귀향하는 모습을 꿈꾸었다. 하지만 종종 엽서에 대한 답장조차 받지 못했다. 그들의 아들은 이국땅의 진흙탕에 파묻혀 죽고 잊히었다. 귀향 군인들은 끔찍한 모습으로 돌아오는 경우가 많았다. 총 420만 명이 넘는 독일 군인이 상이군인이 되었다. 오토 딕스Otto Dix 같은 화가들은 베를린과 다른 도시에서 사지의 일부가 절단되어 일할 수 없게 된 참전 용사들이 구걸하며 거리를 떠도는 장면을 포착했다. 그러나 최악의 운명은 얼굴에 상흔이 남은 수많은 남성에게 다가왔다. 제1차 세계대전의 특성상 이런 비극은 정말 흔했다. 1914년 8월, 독일군은 여전히 상징적인 뿔 투구인 피켈하우베를 착용하고 출동했다. 이 투구는 참호전에서 착용자가 눈에 잘 띄는 표적이 되었을 뿐만 아니라 가죽으로 만들어져 총알과 파편을 막는 데 무용지물이었다. 1915년 전쟁 장비에 쓸 가죽이 부족해지자 헬멧은 가죽 대신 모직이나 풀을 먹인 종이로 만들어졌고, 1916년에야 강철 헬멧이 서서히 출시되었다. 어쨌든 군용 헬멧은 턱, 입, 코, 눈이 완전히 무방비로 노출된 채였다. 폭발하는 포탄은 붉게 달아오른 금속 조각을 멀리 튕겼고 끔찍한 속도로 허공을 날아다녔다. 총에 맞고 살아남은 병사들은 종종 얼굴이 망가졌다. 피부와 뼈 이식 수술이 드물었던 의료 여건에서, 최선의 조치라곤 턱이나 치아, 코가 있던 자리에 페인트칠한 주석 마스크를 덮는 것뿐이었다. 먹고 마시는 데도 힘들었을 뿐 아니라, 몇 달 또는 몇 년 후에 감염으로 사망한 이들도 많았다. 살아남은 사람들은 기피의 대상이 되었다. 열렬한 애국심은 차츰 분노와 원한으로 바뀌었다.

국내 상황도 암울하기 그지없었다. 과거의 통일 전쟁은 민간인에 별다른 영향을 주지 않고서도 전쟁에서 승리하는 전례가 되었기에, 군대는 민간인들을 위한 식량 공급에 관해서는 사실상 아무런 계획도 세우지 않았고 배급조차 불필요하게 여겼다. 1914년~15

년 제1차 세계대전의 겨울, 영국의 해상 봉쇄와 흉작으로 인해 심각한 식량 부족 사태가 벌어지고 나서야 총사령부는 식량 생산, 가격 책정과 분배를 직접 관리하는 계획을 세우기 시작했다. 때는 이미 너무 늦어서 1916~17년 이른바 "순무의 겨울"에 굶주림은 절정에 달했고, 기존의 공급량 부족에 엎친 데 덮친 격으로 끔찍한 감자 마름병이 유행했다. 전쟁 기간에 독일인들은 심각한 영양실조로 고통받았고, 그 결과 약 75만 명이 사망한 것으로 추정된다. 전쟁 막바지에는 석탄, 목재, 석유 등의 부족으로 주민들은 제대로 된 난방 없이 1917~18년의 혹독한 겨울을 견뎌야 했고, 수도와 전기 공급까지 중단되어 어둡고 비위생적인 환경에서 생활해야 했다. 1918년 봄부터 끔찍한 스페인 독감이 서부 전선의 참호에서 고국으로 퍼져다. 굶주림에 시달리는 수많은 희생자가 독감의 피해에 고스란히 노출되었다. 베를린에서만 발병 첫 6개월 동안 5만 명이 스페인 독감으로 사망했고, 다른 지역에서도 35만 명 이상이 희생되었다.

이 모든 고통과 혼란 속에서도 독일인들은 여전히 조국을 위해 싸우고 일했다. 20세에서 45세 사이의 모든 남성은 7년간 징집되었고, 정말 중요한 전문 직업을 가진 사람만 면제 대상이었다. 전쟁 초기에는 정부가 징집을 강제할 필요가 없었다. 지원자 수는 사무실의 모집 인원을 항상 웃돌았다. 1914년 8월, 12일 만에 병력은 80만 명에서 350만 명으로 무리없이 채워졌다. 그러나 전쟁이 계속되고 사망자와 불구가 된 병사들이 잇따라 집으로 귀환하면서 사람

오토 딕스의 《전쟁 불구자》
캔버스에 유채, 1920년 베를린 제1회 국제 다다이즘 박람회에 출품된 작품.

들의 열정은 식어갔다. 1916년 12월에 제정된 〈병역법〉에 따라 징집 대상에서 제외된 사람들은 군수 산업 또는 그 밖의 현장에서 의무 근로를 하게 되었다. 그러나 당시 대부분의 건장한 남성은 이미 징집되었고 대체하기 어려운 전문가들만 남아있었다. 심지어 그해 겨울, 석탄 생산량의 급격한 감소로 군사와 민간 여건이 최악으로 치닫자, 최고사령부는 4만 명의 탄광 광부를 전선에서 일터로 돌려보내야 했다.

An das deutſche Volk!

Unſere Feinde haben die Maske fallen laſſen. Erſt haben ſie mit Hohn und heuchleriſchen Worten von Freiheitsliebe und Menſchlichkeit unſer ehrliches Friedensangebot zurückgewieſen. In ihrer Antwort an die Vereinigten Staaten haben ſie ſich jetzt darüber hinaus zu einer Eroberungsſucht bekannt, deren Schändlichkeit durch ihre verleumderiſche Begründung noch geſteigert wird.

Ihr Ziel iſt die Niederwerfung Deutſchlands, die Zerſtückelung der mit uns verbündeten Mächte und die Knechtung der Freiheit Europas und der Meere unter dasſelbe Joch, das zähnefletſchend jetzt Griechenland trägt.

Aber was ſie in dreißig Monaten des blutigſten Kampfes und des gewiſſenloſeſten Wirtſchaftskrieges nicht erreichen konnten, das werden ſie auch in aller Zukunft nicht vollbringen.

Unſere glorreichen Siege und die eherne Willenskraft, mit der unſer kämpfendes Volk vor dem Feinde und daheim ſchwere Mühſal und Not des Krieges getragen hat, bürgen dafür, daß unſer geliebtes Vaterland auch fernerhin nichts zu fürchten hat.

Hellflammende Entrüſtung und heiliger Zorn
werden jedes deutſchen Mannes und Weibes Kraft verdoppeln,

gleichviel, ob ſie dem Kampf, der Arbeit oder dem opferbereiten Dulden geweiht iſt.

Der Gott, der dieſen herrlichen Geiſt der Freiheit in unſeres tapferen Volkes Herz gepflanzt hat, wird uns und unſeren treuen, ſturmerprobten Verbündeten auch den vollen Sieg über alle feindliche Machtgier und Vernichtungswut geben.

Großes Hauptquartier, 13. Januar 1917.

Wilhelm I. R.

빌헬름 황제의 연설문을 인용한 독일군 포스터, 1917년 가능하면 여성도 밭과 공장에서 남성의 대체인력으로 동원하도록, 힌덴부르크 프로그램은 최초에는 여성에게도 〈구호의무법〉을 비롯한 다양한 법적 의무를 부과할 계획이었다. 흥미롭게도 이 계획은 정치계급은 물론 일반 대중의 공분을 불러일으키며 곧 폐기되었다. 대신 고용 시책과 선전 선동을 통해 여성들의 동참을 유도했다. 대중의 믿음과 달리 이러한 영향은 제한적인 데 그쳤다. 제1차 세계대전이 독일에서 여성 해방의 물결을 일으켰고, 가정의 굴레에서 해방된 여성들이 마침내 자유를 찾아 공장 노동이라는 놀라운 수고로움에 동참했다는 논리는 사실과 다르다. 전쟁 기간에 가정 밖에서 일하는 여성 인력의 비율은 12퍼센트 증가했지만, 1970년대와 80년대의 많은 연구에서 알 수 있듯이, 이는 인력규모가 늘어난 것이 아니라 구조조정에 의한 것이었다. 의류와 같은 민간 소비재가 급격히 감소되어 (재택근무가 많았던 전형적인 여성 근로 직종인) 섬유 생산직의 일자리가 줄어든 반면, 줄어든 남성 공장 노동자의 일자리에 대체 투입된 여성은 보다 더 나은 임금을 받게 되었다. 따라서 대부분의 '신규' 여성 노동자들은 이미 임금을 받고 일하던 근로자 중에서 채용된 것이며, 농촌 여성들은 수 세대 동안 해왔던 것처럼 인정받지 못한 채 밭을 일구고 기계를 수리했다. 공장의 남성 동료들 역시 여성 노동자들을 인정하기는커녕 폄하를 일삼았다.

하루 최대 14시간의 고된 육체 노동은 힘들었다. 1918년 한 독일 노동자의 일기에는 "적어도 한 명, 때로는 여러 명의 여성이 기계 앞에서 쓰러지지 않는 밤이 단 하루도 없다"고 불평을 적을 정도로 근로조건은 여전히 열악했다. 하지만 많은 여성들이 평화 운동에서 목소리를 내고 영향력을 발휘했다. 케테 콜비츠, 클라라 체트킨, 로자 룩셈부르크와 같은 용감하고 대담한 여성들이 독일 젊은 남성 세대의 무분별한 죽음에 반대하고 여성의 권리를 대변했다. 룩셈부르크는 평화 운동에 참여했고, 특히 극좌파 스파르타쿠스 동맹에서 지도력을 발휘했던 경력은 훗날 1919년 1월 끔찍한 암살 사건으로 이어졌다. 전후 격동의 겨울, "붉은 로자"는 동료 혁명가들과 함께 사회주의 정권을 수립하기 위해 고군분투했다. 그 과정에서 반혁명 우익세력에게 체포되어 고문 받은 후, 그녀는 소총 탄환에 맞아 의식을 잃었다. 그녀의 시신은 베를린의 란트베어 운하에 무자비하게 버려졌다. 전쟁 기간과 그 후에도 그녀의 용기는 빛이 바래지 않았다. 10만 명이 넘는 베를린 시민이 장례식에 참석했으며, 오늘날까지도 매년 로자의 사망일인 1월 15일에 그녀가 묻힌 묘지로 향하는 행렬이 이어진다. 사회적인 관점에서, 제1차 세계대전은 독일 국민에게 트라우마로 남을 수밖에 없다. 프랑스와 영국도 전례 없는 사상자를 낸 데다 프랑스의 경우 특히 국토와 재산에 막대한 피해를 당했지만, 독일의 심리적 트라우마는 독특했다. 1914년 당시만 해도, 독일은 경제와 군사 초강대국으로 당당했다. 세계 최고의 발명가, 사상가, 과학자들이 모여들고 생활 수준도 높았다. 그런데 4년 후, 독일의 경제와 군사력, 명성이 모두 무너졌다. 인구는 심각하게 줄었고 생존자들은 상처와 굶주림, 굴욕에 시달렸다. 독일 제국의 몰락은 끝 간 데 없이 참혹했다. 모든 희생과 고난, 상실은 헛된 것으로 밝혀졌다. 전쟁으로 인해 생존을 위해서 암시장에 의존해야 했고, 노동 계급은 죽음, 부상, 질병, 굶주림으로 큰 타격을 입는 등 사회 불균형과 분열은 심화되었다. 그런데 기묘하게도 전쟁은 통합을 이루는 계기가 되었다. 제1차 세계대전의 트라우마는 정확히 300년 전에 시작된 30년 전쟁의 트라우마와 비교할 수 있었다. 이러한 집단적 재앙은 국가 방어라는 공유된 의식에 불을 지폈다.

독일 제국의 몰락

"반역죄다!" 빌헬름은 벨기에 스파에 있는 육군 본부 회의실에서 걸음을 재촉하면서 몇 번이고 외쳤다. 1918년 11월 9일 오후 2시, 그는 2시간 30분 전에 막스 폰 바덴 총리가 황제의 퇴위를 발표했다는 소식을 전해 들었다. 소식이 전달됐을 때, 그는 책상에 앉아 제국 황위를 포기하더라도 프로이센 왕좌는 내려놓지 않겠다는 문서에 막 서명하려던 참이었다. 이것은 헌법적으로나 현실적으로 불가능한 일이었고 막스 황태자 역시 그 점을 잘 알고 있었다. 11월 1일 막스는 프로이센 내무부 장관 '빌 드레브스'Bill Drews를 황제에게 보내 퇴위를 설득하려 했지만, 전혀 소용이 없었다. 8일 후, 빌헬름의 변덕에 마냥 의존하기에는 군사적, 정치적 불안이 너무 컸다. 막스 폰 바덴은 스스로 결정 내려야 했고 문제를 해결해야 했다. 물론 황제는 분노했다. 그는 벽난로 옆 안락의자에 앉아 담배를 피우며 자신과 조국의 미래에 대해 생각에 잠겼다. 그는 전보 초안을 작성하기 시작했고, 며칠 전 전보에서 이미 내보였던 위협을 거듭 강조했다. "네 녀석이 베를린에서 정신 똑바로 차리지 않는다면, 내가 군대를 이끌고 그곳을 모두 쏴버리겠다!"라고 전했다. 아니, 그럴 수는 없었다. 그는 메모를 구겨 불 속에 던져 넣었다. 그가 베를린에서 반역자들과 직접 대면하기로 했다. 독일로 돌아가기 위해 왕실 열차에 탑승한 그는 여행을 계속할 수 없다는 전갈을 받았다. 지역 소요로 인해 많은 기차역이 점령당했기 때문이었다. 왕실 열차가 멈출 경우, 성난 사회주의 선동가들로부터 황제의 목숨을 지킬 보장이 없었다. 빌헬름은 여느 난민처럼 변장하고 도망쳐야 했다. 열차는 중도에 네덜란드로 방향을 틀었다. 오라녜-나사우Orange-Nassau 왕가의 여왕이 호엔촐레른 친척인 빌헬름의 입국을 허용할 것으로 기대했서였다. 11월 10일 새벽, 피곤하고 분개한 빌헬름은 국경을 넘은 지 얼마 되지 않아 친구 고다르 반 알덴부르크-벤팅크Godard van Aldenburg-Bentinck 백작의 저택에 도착했다. 네덜란드의 빌헬미나Wilhelmina 여왕은 이틀을 더 망설인 끝에 빌헬름을 전범으로 인도하지 않기로 했다. 빌헬름을 인도하라는 국제 압력이 만만치 않았으나, 그녀는 굴복하지 않았다. 대신 그녀는 연합국 대사들을 궁전으로 불러 정치적 망명에 관한 규칙을 조곤조곤 설명했다. 빌헬름은 최근 개축한 도른 하우스로 이사해서 조용하고 품위 있는 노후 생활을 보낼 수 있었고, 첫해에만 생활비로 약 6,600만 마르크를 썼다. 11월 28일 공식적으로 퇴위 문서에 서명한 그는 독일과의 모든 공식적인 관계를 끊고 다시는 정치에 관여하지 않겠다고 약속했다. 호엔촐레른 권력의 회복에 대한 환상을 버릴 수는 없었지만, 그렇다고 그 환상을 실현하기 위해 진지한 노력을 기울이지도 않았다. 대신 빌헬름은 1919년 11월 19일 나무줄기 12,000개를 세며 강박증에 가까운 정원 취미에서 마음의 평화를 찾았다. 공교롭게도 그의 삶도 그렇게 끝났다. 1941년 3월, 그는 제재소에서 쓰러져 끝내 회복하지 못했다. 그리고 1918년 11월 6월 4일 황제는 운명적인 날로부터 조국에 한 발자국도 내딛지 못한 채, 82세의 나이로 세상을 떠났다.

과연 호엔촐레른 군주제를 구할 수 있었는가에 관해서 오랜 논쟁이 있었다. 크리스토퍼 클라크는 "빌헬름이 10월 29일 수도를 떠나 네덜란드 스파의 총사령부로 가지 않았다면, 그리고 예전처럼 언론과 여론을 설득하는 데 많은 시간을 쏟았다면, 왕좌는 그대로 유지되었을 가능성이 있다"라고 주장했다. 반면 독일 역사학자 크리스토프 논은 1914년 이후 왕실 권위와 더 광범위하게는 귀족 우월주의에 "정당성의 침해" 현상이 나타났다고 분석했다. 그는 전쟁이 가열되면서 정당성 침해의 속도가 빨라졌고, 특히 군사적 패배가 구질서의 관에 못을 박았다고 주장했다. 제1차 세계대전이 호엔촐레른 군주정 몰락의 핵심 요인임은 명확하다. 사실 1914년 이전에도 사민당과 자유주의자들 중 많은 이들이 공화국을 요구했지만, 독일 국민은 여전히 기존 질서를 표준으로 삼았다. 장기적이고 비참한 전쟁 자체가 비단 빌헬름의 실책에서 비롯된 것만은 아니었다. 그러나 1917년과 1918년 그의 행동은 황제의 위상을 회복 불가능할 수준으로 훼손했다. 국민이 고생하고 고통받고 죽는 동안, 황제는 수도에서 멀리 떨어진 곳에서 측근들과 카드놀이를 즐겼다. 한때 공개적으로 인기를 끌고 싶었던 대중이 두려워지자, 황제는 소수의 가신들과 함께 초현실적인 세계로 은닉했다. 1918년 10월 26일, 점점 광기에 물든 루덴도르프를 마침내 해고하기로 한 결정이 그에게 유일한 구원의 은총이었다. 연합국이 휴전의 전제 조건으로 완전한 항복 외에는 받아들일 뜻이 없음을 알게 되자, 루덴도르프는 갑자기 "군인의 명예"를 걸고 "결사 항전"하겠다고 선언했다. 이 '항복 강령'에는 명예 회복을 위해 빌헬름이 직접 전투복을 입고 많은 이들처럼 적과 맞서 싸우며 장렬히 전사해야 한다는 짧은 제안도 있었다. 황제는 광기 어린 군벌을 해임함으로써 자신이 잘못 선택한 인사를 바로잡는 드문 기회를 잡았지만, 군주 통치를 계속 유지하는 길은 어디에도 없었다. 연합국은 이를 분명히 했다. 독일이 평화를 원한다면, 반드시 개혁이 필요했다.

1918년 9월 29일 루덴도르프가 황제에게 군사적 패배를 피할 수 없다고 말했을 때, 휴전 협상이 급물살을 탔어야 했다. 문제는 연합국이 당연히 양보할 이유가 전혀 없었다는 점이었다. 필수 전쟁 물자와 병력이 끝없이 보충되는 여건에서, 미국은 전쟁이 장기화 되더라도 너끈했고 필요하다면 독일 본토 공격이라는 선택지도 남겨 두고 있었다. 조국의 철저한 파괴에 직면한 독일군은 결국 타협할 수밖에 없었고, 우드로 윌슨 대통령의 14개 조항에 근거한 미국의 초기 협상안을 받아들이겠다고 제안했다. 그러나 10월 14일 독일 정부에 보낸 미국의 서한은 독일 군주제의 "전횡적인 권력"을 뿌리 뽑아야만 평화가 가능하다고 명시했다. 윌슨은 "평화조약의 전체 과정은 이러한 근본적인 문제가 제공할 수 있는 보장의 명확성과 충분성에 따라 달라진다"라고 밝혔다. 즉, 빌헬름이 통치하는 동안 평화가 없을 것이다. 보수 엘리트들조차도 이제 개혁이 불가피하다는 점을 이해했다. 따라서 독일 제국은 멸망 직전에 발길질과 아우성을 내지르며 진정한 민주주의라는 아주 과도기로 끌려갔다.

빌헬름의 퇴위에서 보듯이, 막스 폰 바덴 총리는 개혁을 주도한 중요 인물이었다. 10월 1일 취임하자마자, 그는 급진적인 정부 개편에 착수했고, 좌파가 수십 년 동안 요구해 온 개혁을 단 몇 주만에 밀어붙였다. 10월 26일에는 사민당, 중도당, 자유당 의원들로 구성된 독일 의회의 과반수 찬성으로 일련의 법안들이 순조롭게 통과되었다. 이 10월 개혁으로 의회가 국정의 중심에 서고, 총리는 황제가 아닌 의회에 책임을 지게 되었다. 앞으로 전쟁과 평화에 관한 결정은 제국의회와 연방의회의 몫이 될 것이다. 프로이센은 또한 혐오스러운 3계층 투표제를 폐지하고 도시 프롤레타리아트가 더 공정하게 대표될 수 있도록 선거구를 다시 획정했다. 11월 9일 황제가 퇴위하면서 민주화 과정은 연합국이 휴전에 동의할 만큼 충분히 진전되었고, 이틀 후 마침내 총성이 그쳤다.

독일 엘리트들이 마지못해 고백한 민주적 개혁에 대한 사랑만으로는 미국과 그보다 훨씬 회의적이었던 유럽 동맹국 프랑스와 영국에게 평화로운 독일에 관해 설득할 수 없었다. 이 과정에서 11월에 일어난 이른바 '독일 혁명'이 핵심 역할을 했다. 1918년 10월 29일, 황제가 벨기에 스파로 피신하여 국민을 저버린 듯 보였던 바로 그날, 엘리트들은 일반 국민을 완전히 무시하는 또 다른 신호를 보냈다. 1915년~16년 교전 이후 전쟁에서 비교적 소극적인 역할을 했던 독일 함대 사령관들은 자신들의 때가 왔다고 판단했다. 베를린 정부, 최고사령부 또는 황제와 일언반구 상의도 없이, 그들은 킬Kiel 항구에 있는 함대에 영국 해군과 최후의 항전을 하러 출항하라고 명령했다. 이는 자살 임무나 다름없었고, 전쟁에 지치고 분노한 수병들은 그릇되고 자기 파괴적인 영웅주의를 순순히 받아들일 기분이 아니었다. 그들은 군사 당국에 한 치의 양보도 없이 장엄한 반란을 일으켰다. 반란 수뇌부들이 체포되자, 수병들은 11월 3일에 군 교도소를 습격해 동지들을 해방했다. 법과 질서가 무너지고 많은 사회주의자가 꿈꾸어 왔던 혁명의 오랜 꿈이 다가오는 듯했다. 혁명적 열기가 독일 전역의 도시를 휩쓸었고 많은 곳에서 소비에트 모델에 기초한 노동자위원회가 지방 당국의 권력을 대체했다. 기차역, 우체국, 통신사 등이 점거되자 엘리트들은 러시아식 심판에 대한 두려움을 느꼈다. 사민당과 독립사민당은 오랫동안 호리병에서 꺼낼까 말까 망설였던, 다소 위협적인 지니의 주도권을 잡으려고 마지못해 시도했다. 결과적으로 사회주의 운동의 엘리트층과 극단주의자들 모두가 진정한 혁명이 임박했다고 생각한 것은 오판이었다.

선원, 군인, 노동자들을 거리로 내몰았던 것은 계급 없는 유토피아를 건설하려는 열망이 아니라 전쟁에 지친 피로와 굶주림, 절망 때문이었다. 평화를 만들 수 있는 정부라면, 이들의 분노를 잠재울 수 있었다. 막스 폰 바덴 총리와 사민당의 온건파 당수 프리드리히 에베르트Friedrich Ebert는 이 점을 이해했고, 황제의 퇴위를 강요하고 독일을 공화국으로 선포하기 위해 공모했다.

11월 9일, 상황은 최악으로 치달았다. 막스 황태자는 귀족 출신인 본인은 독일 국민과 연합군에게 진정으로 정부가 변했다고 설득하기에 적합하지 않다고 느꼈다. 황태자는 헌법에 맞지 않으나, 총리 권한을 프리드리히 에베르트에게 직접 넘겼다. 사민당 당수는 타협하기에 이상적인 후보로 보였다. 입헌군주제를 지지하는 온건하고 평온한 인물이 엘리트와 대중 사이의 가교가 될 것으로 기대되었다. 최대 정당의 지도자를 새 정권의 수장으로 세운다면, 독일이 진정한 민주주의를 실현 중임을 연합국에 보여줄 좋은 기회였다. 에베르트의 절친한 친구이자 사민당 동료인 필립 샤이데만Philipp Scheidemann이 독일 국민에게 이 소식을 알렸다. 베를린의 제국의회 건물 창가에서, 그는 모여든 군중에게 황제가 퇴위했으며 독일은 이제 공화국이라고 선언했다. 스파르타쿠스 동맹의 급진 사회주의자들은 개혁 성향의 사민당 온건파가 정국의 주도권을 쥔다면 그들 손아귀에 잡힌 듯 보이던 혁명이 끝날까 봐 두려워했다. 어떤 조치든 취해야 했다. 1914년 12월 의원 중 군비의 추가 지출에 대해 유일한 반대표를 던져 전쟁 기간 내내 반역죄로 감옥에 갇혀 있던 지도자 카를 리프크네히트는 베를린 시민들 앞에 나서서 연설하기로 결심했다. 샤이데만이 '민주 공화국'을 선언한 지 두 시간이 채 지나지 않아, 이번에는 리프크네히트가 베를린 궁전 발코니에 올라 어리둥절한 청중을 향해 '자유 사회주의 공화국'의 수립을 선언했다.

전후 독일의 미래에 대한 이 대조적인 두 비전은 독일 제국의 장엄한 종말이 가져온 문제를 요약해준다. 끊임없는 갈등의 먼지가 가라앉았을 때 드러난 것은 여전히 불안정하고 단결되지 못하며 정치적 정체성을 확신하지 못한 국가상이었다. 대부분의 독일인이 동의할 수 있었던 것은 그들이 무엇을 원하지 않는가 뿐이었다. 그것들은 바로 빌헬름과 전쟁, 그로부터 자신들에게 닥친 불행이었다. 독일 제국을 무너뜨린 것은 민주주의나 사회주의의 비전이 아니다. 독일 국민이나 연합군도 아니다. 이 체제는 처음부터 결함이 있었고, 박애가 아니라 전쟁의 토대 위에 세워졌기에 붕괴했다. 국가 통합을 유지하려면 갈등의 성찬이 필요했고, 1914년 재앙이 닥칠 때까지 끊임없이 갈등에 굶주렸다. 독일 제국은 완전히 무너졌다. 독일 제국은 피와 철로 시작했던 그 지점에서 끝을 맺었다.

지금으로부터 48년 전인 1871년 1월 18일, 베르사유궁에서 침략군에 의해 독일 제국이 선포되었습니다. […] 불의를 안고 태어난 제국은 결국 대중의 맹비난을 받으며 퇴장했습니다. 여러분은 그 악을 끝내고 부활을 막기 위해 모였습니다.

— 레이몽 푸앵카레, 1919년 1월 18일, 파리평화회의 환영사 중에서

맺음말: 그 끝은?

이 대사는 푸앵카레 프랑스 대통령이 파리평화회의를 시작하면서 30개국 이상의 대표들에게 그들의 소임을 상기시키며 한 말이다. 이 행사를 위해 선택한 날짜와 장소 역시 매우 상징적이었다. 프랑스는 1914년~18년의 잘못뿐만 아니라 1871년의 잘못을 바로잡기 위해 전 세계를 초청했다. 조르주 클레망소 총리는 평화조약의 최종 내용이 확정되기도 전에 이미 조약 체결 장소로 베르사유 궁전을 내정했다. 회의에서 어떤 결과가 나오든, 프랑스는 다시는 "이같은 침략의 주기적 흐름"에 노출되어서는 안 되었다. 77세의 클레망소는 평생 두 번이나 독일과 맞닥뜨렸고, 독일제국이 탄생한 바로 그 장소인 베르사유에서 독일을 무너뜨리기 위해 죽을 힘을 다해 싸웠다.

그러나 독일은 1919년에 멸망하지 않았다. 거의 50년 동안 유럽과 전세계의 경제적·정치적·심리적 구조에 뿌리내린 새로운 민족 국가가 하룻밤 사이에 끝난다는 것은 바람직하지도 않고 있을 수도 없었다. 이 문제에 격분한 프랑스에 동조해서 미국과 영국은 클레망소의 요구 중 일부를 수용했다. 훗날 로이드 조지 영국 총리는 "결코 피비린내 나는 파리에서 회의를 개최하고 싶지 않았지만 […] 노인이 흐느끼며 격렬히 항의하는 바람에 우리가 양보했다"라고 투덜거렸다. 영미는 민족국가의 완전한 해체에 관해서는 확고히 선을 그었지만, 그렇다고 알자스와 로렌이 프랑스 영토로 다시 편입되고 폴란드가 독일과 러시아 점령에서 벗어나 독립 국가로 세워지는 등 독일이 많은 영토를 잃는 운명에서 벗어나지 못했다. 슐레스비히의 북부는 덴마크에, 그 외 지역은 벨기에와 리투아니아에 할양되었다. 독일은 전체적으로 650만 명의 인구와 2만7천평방 마일의 토지를 잃었는데, 이는 전쟁 전과 비교하면 각각 10퍼센트와 13퍼센트에 해당하는 손실이었다. 그러자 독일인의 분노가 들끓어 올랐고, 전쟁의 잿더미를 딛고 일어서려는 신생 민주주의에 부담이 되었다. 아무튼 당초 민족국가를 완전히 해체하려는 프랑스의 계획과는 거리가 멀었다. 프랑스의 계획은 가톨릭이 우세한 남부 주와 라인란트 주에서 분리 독립 운동을 장려하는 한편, 라인강, 마인강, 오데르강을 따라 세 부분으로 분할한 후 동부는 폴란드로 귀속하고, 남부와 라인강 지역은 각각 별도의 독일 연방으로 분리하는 것이었다. 그렇다면 프랑스의 영원한 두려움, 즉 사람, 땅, 병력, 자원 등 어느 것이 되었든 프랑스가 하나를 가지면 독일은 둘을 얻게 된다는 우려가 해소될 것 같았다. 전쟁은 오랜 역사와 전통을 자랑하는 차르의 제국, 오스만 제국, 오스트리아-헝가리 제국을 모두 파괴했다. 그렇다면 신생 독일 제국도 약간만 압박하면 무너지지 않을까? 전쟁과 승리가 제국을 하나로 묶어주는 접착제였다면, 평화와 굴욕은 그 연약한 연합을 순식간에 무너뜨릴 수도 있었다.

프랑스는 특히 연합군의 점령 지역인 라인강 좌측에서 분리주의자들의 소요를 힘껏 부추겼다. 실제로 이 지역은 반프로이센 정서가 팽배했고, 특히 산업화한 루르 지역의 '독일 혁명'은 호엔촐레른 군주정에 오랜 세월 적대적이었다. 그러나 1840년의 라인강 위기와 마찬가지로, 이 지역에 대한 프랑스의 합병 움직임은 나폴레옹의 억압에 대한 집단적 기억을 되살렸다. 게다가 증오의 대상이었던 황제는 어쨌거나 역사의 뒤안길로 물러난 후였다. 라인란트 주민들은 독일의 패배를 뼈저리게 느꼈고 프랑스의 재침공을 달갑지 않게 여겼다. 라인란트 남부 또한 프랑스의 희망에 고분고분하지 않았다. 이 지역은 베를린의 프로이센 및 호엔촐레른 세력에 반감이 컸기 때문에 독일 혁명 당시 바이에른의 분리 독립 요구가 있었다. 빌헬름 퇴위 하루 전인 1918년 11월 8일, 사회주의자 쿠르트 아이즈너Kurt Eisner는 바이에른을 "프로이센의 미친 군부 무리"가 일으킨 전쟁과 아무런 관련이 없는 "자유 공화국"이라고 선언했다. 그런데 바이에른 사회주의자들에게도 자본주의 프랑스와의 협력은 그다지 달갑지 않았다. 가톨릭 국가 오스트리아와의 연합이 연합군에게 수용될 수 없다는 것이 명백해지자, 오갈 곳이 없어진 남부 주들은 어느 정도의 자치권을 허용하는 연방제에 만족하며 독일 연방에 남기로 했다.

독일이 건국된 이후 48년 동안 무슨 일이 있었기에, 국가라는 관념이 현실이 되고 분리 독립은 몇몇 극단주의자들의 꿈으로만 남았을까? 라인란트인, 바이에른인, 프로이센인은 어떻게 독일인으로 변모했을까? 가톨릭 신자들은 왜 대다수 프로테스탄트들의 억압에서 벗어나는 기회를 포기했을까? 남부는 왜 호전적인 프로이센과 거리를 두지 않았을까? 정답은 복잡하다. 교육, 세속화, 징병제가 각기 중요한 역할을 했다. 이 시기에 독일은 엄청난 인구 증가세를 보였는데, 이는 한편으로 독일인 대다수가 젊다는 의미이다. 이들은 민족 국가 외의 다른 형태를 경험해 본 적이 없었고, 통일 전쟁과 건국의 아버지 비스마르크의 미화 속에 성장했다. 이들은 2~3년을 함께 군 복무를 했고, 독일 전역을 자유롭게 여행했으며, 도시로 몰려와 제각각 다른 주와 지역에서 온 동포들과 더불어 일했다. 서로 다른 신앙인 사이의 결혼이 늘어났고, 과학이 종교를 대신해 삶의 나침반이 되었다. 독일인들은 식민지 제국에 대한 자부심을 지녔다. 그들은 커피에 대한 공통의 취향을 발전시켰고, 그 결과 카페 문화는 지역 단위가 아닌 독일 특유의 새로운 차원의 문화생활을 향유했다. 그들은 독일의 조선, 공학 및 과학적 혁신을 응원했다. 독일에는 국가와 국기뿐만 아니라 국가적 영웅과 세계적 수준의 경제를 자랑스럽게 여기는 국민이 있다.

이 모든 것은 1차 세계대전이라는 집단적 재앙을 겪으며 더 복합적으로 바뀌었다. 참호에서 참혹한 전우애로 싸웠던 남성들, 집에서 헐벗고 굶주리고 고통받았던 여성과 아이들은 똑같은 트라우마를 겪으며 서로 하나가 되었다. 1918년과 1919년의 절망과 굴욕은 공동의 저항과 분노와 마주했다. 패배의 암흑기에서 바라볼 때, 비스마르크와 빌헬름이 만들어낸 당대의 독일이 오히려 황금기처럼 보였다. '황제의 대리자'였던 힌덴부르크는 많은 독일인의 눈에 흠잡을 데가 없었으며, 1925년 프리드리히 에베르트가 사망한 뒤 새로운 공화국의 대통령으로 선출된 것은 절대 우연이 아니다. 국민은 제국주의 정권을 경제적 번영, 국가적 자부심, 군사적 영광과 연관시킨 반면, 전후의 공화국은 굶주림, 굴욕, 패배와 함께 기억했다. 갑자기 전쟁 전에 겪었던 정치적 분쟁은 그 후의 고통에 비하면 사소하고 하찮아 보였다. 독일의 국가적 성격을 형성하고 특징짓는 것은 민주주의를 향한 외침이 아니라 독일 국민이 공유했던 경험이었다.

제1차 세계대전은 독일이 국가로 가는 길에 끔찍한 이정표가 되었다. 비스마르크와 빌헬름이 쌓아온 방어적 민족주의를 파괴하기는커녕 오히려 튼튼하게 했다. 이번에 치른 피와 철은 50년 전 통일 전쟁의 피와 철을 훨씬 능가했으며, 그만큼 효과는 강력했다. 전쟁을 겪으며 왕실, 국경, 군대 등 독일 제국의 구조가 무너졌으나, 비스마르크의 유산은 계속 살아있었다. 다가오는 암울한 시대와 대조적으로 독일 제국은 이상화된 이미지로 변화되고, 국민 기억이라는 찬란한 황금빛 호박 속에 완벽하게 보존되었다.

참고 문헌

1. 도서들

Bajohr, S. (1984). Die Hälfte der Fabrik: Geschichte der Frauenar beit in Deutschland 1914 bis 1945. Marburg: Verlag Arbeiterbewe gung U. Gesellschaftswiss.

Bew, J. (2015). Realpolitik: A History . Oxford: Oxford University Press.

Bry, G. (1960). Wages in Germany . Princeton, NJ: Princeton Univ ersity Press.

Carr, W. (2010). A History of Germany, 1815–1990 . London; New York: Bloomsbury Academic.

Charles River Editors (2018). The Austro-Prussian War and Franco-Prussian War: The History of the Wars that Led to Prussi a's Unification of Germany. Charles River Editors.

Clark, C.M. (2007). Iron Kingdom: The Rise and Downfall of Pru
ssia, 1600–1947. Cambridge, Mass.; London: Belknap.

Clark, C.M. (2014). Kaiser Wilhelm II . London: Routledge.

Egelhaaf, G. and Bedey, B. (2011). Theobald von Bethmann Holl
weg der fünfte Reichskanzler Hamburg: Severus-Verl.

Epkenhans, M., Gerhard Paul Gross and Burkhard Köster (2011).
Preussen: Aufstieg und Fall einer Grossmacht . Darmstadt: Wisse
nschaftliche Buchgesellschaft.

Eyck, E. (1968). Bismarck and the German Empire . New York:
Norton.

Fulbrook, M. (2019). A Concise History of Germany . Cambridge,
UK; New York, USA: Cambridge University Press.

Hawes, J.M. (2019). The Shortest History of Germany: From Julius
Caesar to Angela Merkel: A Retelling for Our Times . New York:
The Experiment.

Herre, F. and Verlag Kiepenheuer & Witsch (2017). Kaiser Wilhe
lm II. Monarch zwischen den Zeiten. Köln: Kiepenheuer & Wits
ch.

Kent, G.O. (1978). Bismarck and his Times . Carbondale Edwards
ville: Southern Illinois University Press.

Kitchen, M. (2012). A History of Modern Germany, 1800 to the Pr
esent . Chichester, West Sussex, UK: Wiley-Blackwell.

Klußmann, U. and Mohr, J. (2016). Das Kaiserreich Deutschland

unter preußischer Herrschaft: von Bismarck bis Wilhelm II . Mün
chen: Goldmann [Hamburg] Spiegel-Buchverlag.

Langer, W.L. (1977). European Alliances and Alignments, 1871–
1890. Westport, Conn: Greenwood Press.

MacGregor, N. (2017). Germany: Memories of a Nation . New
York: Vintage Books.

Maclean, R. (2014). Berlin: City of Imagination. London: Weidenf
eld & Nicolson.

Macmillan, M. (2005). Peacemakers: The Paris Conference of
1919 and its Attempt to End War . London: John Murray.

Massie, R.K. (2007). Dreadnought: Britain, Germany, and the Co
ming of the Great War . London: Vintage.

Mitchell, A. (2006). The Great Train Race: Railways and the
Franco-German Rivalry, 1815–1914. New York: Berghahn Books.

Nonn, C. (2015). Bismarck: ein Preusse und sein Jahrhundert .
München: C.H. Beck.

Nonn, C. (2017). Das deutsche Kaiserreich: von der Gründung bis
zum Untergang . München: C.H.Beck.

Palmer, A. (1978). Bismarck . Bergisch Gladbach: Bastei-Lübbe.

Pflanze, O. (1997). Bismarck 1. Der Reichsgründer. München: C.H.
Beck.

Pflanze, O. (2014). Bismarck and the Development of Germany,

vol.II, The Period of Consolidation,1871–1880. Princeton, NJ: Pri
nceton University Press.

Prutsch, M.J. (2019). Caesarism in the Post-Revolutionary Age .
London: Bloomsbury.

Rischbieter, J. (2011). Mikro-Ökonomie der Globalisierung: Kaff
ee, Kaufleute und Konsumenten im Kaiserreich 1870–1914. Köln
Etc.: Böhlau, Cop.

Robinson, D.H. (1994). The Zeppelin in Combat: A History of the
German Naval Airship Division, 1912–1918. Atglen, Pa: Schiffer
Military/Aviation History.

Rochau, L. (1972). Grundsätze der Realpolitik: Angewendet auf
die staatlichen Zustände Deutschlands . Frankfurt A.M.: Ullste
in.

Röhl, J.C.G. (2014). Kaiser Wilhelm II, 1859–1941: A Concise Life.
Cambridge: Cambridge University Press.

Schwibbe, M.H. (2008). Zeit reise: 1200 jahre leben in Berlin. Ber
lin: Zeit Reise.

Simms, B. (2014). Europe: The Struggle for Supremacy, 1453 to
the Present. London: Penguin Books.

Stauff, P. and Ekkehard, E. (1929). Sigilla veri: [Ph. Stauff's Semi-
Kürschner]; Lexikon der Juden, -Genossen und -Gegner aller Ze
iten und Zonen, insbesondere Deutschlands, der Lehren, Gebräu
che, Kunstgriffe und Statistiken der Juden sowie ihrer Gaunersp
rache, Trugnamen, Geheimbünde. 3, Hochmann bis Lippold . Er

furt: Bodung.

Steinberg, J. (2013). Bismarck: A Life. Oxford: Oxford University Press.Stolberg-Wernigerode, O. (1972). Neue deutsche Biographie. [9]. Neunter Band, Hess-Hüttig. Berlin: Duncker & Humblot. C.

Stürmer, M. (2000). The German Empire, 1870–1918 . New York: Modern Library.

Taylor, A.J.P. (1979). The Course of German History: A Survey of the Development of Germany Since 1815. New York: Paragon.

Thamer, H.U. (2017). Der Erste Weltkrieg: Europa zwischen Euphorie und Elend. Berlin: Palm Verlag.

Ullrich, V. (2014). Die nervöse Großmacht: 1871–1918; Aufstieg und Untergang des deutschen Kaiserreichs. Frankfurt A.M.: Fischer.

Ullrich, V. (2015). Bismarck . London: Haus Publishing Limited.

Verhey, J. (2006). The Spirit of 1914: Militarism, Myth and Mobilization in Germany. Cambridge; New York: Cambridge University Press.

Vogt, M. (1991). Deutsche Geschichte von den Anfängen bis zur Wiedervereinigung. Stuttgart Metzler.

Walser Smith, H. (2014). German Nationalism and Religious Conflict: Culture, Ideology, Politics, 1870–1914. Princeton, NJ: Princeton University Press.

Wehler, H.-U. (1997). The German Empire: 1871–1918. Oxford;

New York: Berg, Cop.

Weintraub, S. and Mazal Holocaust Collection(1993). Disraeli: A Biography. New York: Truman Talley Books/Dutton.

Wende, P. (2005). A History of Germany. New York: Palgrave Mac millan.

Winterberg, Y. and Winterberg, S. (2015). Kollwitz: die Biografie. München: Bertelsmann.

Winzen, P. (2013). Reichskanzler Bernhard von Bülow: mit Weltm achtphantasien in den Ersten Weltkrieg: eine politische Biograp hie. Regensburg: Verlag Friedrich Pustet.

2. 논문들

Articles Baumgart, W., 'Chlodwig zu Hohenlohe-Schillingsfürst', Die deutschen Kanzler. Von Bismarck bis Kohl, vol.2, pp.55–67.

Brophy, J., 'The Rhine Crisis of 1840 and German Nationalism: Chauvinism, Skepticism, and Regional Reception', The Journal of Modern History, vol. 85, pp.1–35.

Chisholm, H., 'Rhine Province', Encyclopædia Britannica, vol. 23, pp.242–43.Hatfield, D., 'Kulturkampf: The Relationship of Ch urch and State and the Failure of German Political Reform', Jour nal of Church and State , vol. 23, pp.465–84.

Heilbronner, H., 'The Russian Plague of 1878–79', Slavic Review, vol.21, pp.89–112.

LeMO. 'Lebendiges Museum Online'. Deutsches Historisches Mu
seum, www.dhm.de/lemo (Accessed, 25 August 2020).

Kissel, T., 'Der schrille Zwangspensionär', Spektrum – Die Woc
he , vol. 5/2019.

Kretzschmar, U., 'Foreword', German Colonialism: Fragments
Past and Present , pp.10–11.

Mork, G., 'Bismarck and the "Capitulation" of German Liberali
sm', The Journal of Modern History vol. 43, pp.59–75.

Paret, P., 'Anton von Werner's "Kaiserproklamation in Versaill
es"', Kunst als Geschichte. Kultur und Politik von Menzel bis Fon
tane , pp.193–210.

Reichling, H., 'Das Duell', Transcript of a Lecture, www.
reichling-zweibruecken.de/duell.htm (Accessed, 25 August
2020).

Röhl, J., 'The Kaiser and his Court', History Review, vol. 25, Sept
ember 1996.

Schröder, W., 'Die Entwicklung der Arbeitszeit im sekundären Se
ktor in Deutschland 1871 bis 1913', Technikgeschichte, vol. 47,
pp.252–302.

Shlomo, A., 'Hegel and Nationalism', The Review of Politics, vol.
24, pp.461–84.

Snyder, L., 'Nationalistic Aspects of the Grimm Brothers' Fairy
Tales', The Journal of Social Psychology . vol. 33, pp.209–23.

Stapleton, F., 'The Unpredictable Dynamo: Germany's Economy, 1870–1918', History Review, Issue 44.

Statista. 'Made-in-Country-Index (Mici) 2017 Report', de.statista. com/page/Made-In-Country-Index (Accessed, 25 August 2020).

Stern, F., 'Money, Morals, and the Pillars of Bismarck's Society', Central European History, vol.3, pp.49–72.

Wassermann, A., 'Wildwest im Ruhrgebiet', Der Spiegel , vol. 03/2013.Sources and Documents

3. 문서들

Friedrich Wilhelm III, 'To My People' (17 March 1813). Source of English translation: Robinson, J.,Readings in European History, A collection of extracts from the sources chosen with the purpo se of illustrating the progress of culture in Western Europe since the German Invasions, vol. II, pp.522–23.

Otto von Bismarck, 'Blood and Iron Speech' (20 September 1862). Source of English translation: Riemer, J., Otto von Bismar ck, Reden 1847–1869[Speeches, 1847–1869], vol. 10, pp.139–40.

Wilhelm Camphausen, Die Erstürmung der Insel Alsen durch die Preußen 1864. Düsseldorf, 1866. Oil on canvas. Held in Deutsch es Historisches Museum, Berlin.

Karl Marx. 'Communist Manifesto' (February 1848). 1992 Repri nt. The Communist Manifesto . Oxford: Oxford University Press.

Otto von Bismarck, 'Kissingen Dictation' (1877). Source of Engli sh translation: Hamerow, T.S.(ed.), The Age of Bismarck: Docum ents and Interpretations. New York: Harper & Row, 1973, pp.269 –72.

Richard Wagner, 'What is German?' (1865/1878). Source of Eng lish translation: Ellis, W., Richard Wagner's Prose Works, vol. 4, Art and Politics, 2 ed. London: William Reeves, 1912, pp.149–69.

Max Weber, 'Reflections on Co-operation between the National Liberals and Bismarck during the 1860s and 1870s' (May 1918). Source of English translation: Lassman, P. and Speirs, R., Max Weber, Political Writings . Cambridge: Cambridge University Pre ss, 1994, pp.137–40.

Kaiser Wilhelm II, 'Decree of February 4, 1890 to the Reich Ch ancellor'. Reichs- und Staatsanzeiger, No.34 (5 February 1890). Original German text reprinted in Ernst Rudolf Huber, ed., Dok umente zur Deutschen Verfassungsgeschichte, 3 rev. ed., vol. 2, 1851–1900. Stuttgart: Kohlhammer, 1986, pp.510–11. Translation: Erwin Fink.

Otto von Bismarck, 'Letter of Resignation' (18 March 1890). 이 번 역본은 다음을 참조함. Louis L. Snyder, ed., Documents of Germ an History. New Brunswick, NJ: Rutgers University Press, 1958, pp.266–68. Passages omitted from Snyder's anthology were trans lated by Erwin Fink for German History in Documents and Imag es and added to Snyder's translation. Original German text print ed in Otto von Bismarck, Die gesammelten Werke [Collected Wo rks], ed. Gerhard Ritter and Rudolf Stadelmann, Friedrichsruh ed., 15 vols, vol. 6c, no. 440, Berlin, 1924–1935, p.435ff.

Bernhard von Bülow, 'Germany's 'Place in the Sun' (1897). Sten ographische Berichte über die Verhandlungen des Reichstags. IX LP, 5 Session, Vol. 1, Berlin, 1898, p.60. Original German text also reprinted in Rüdiger vom Bruch and Björn Hofmeister, eds., Kaiserreich und Erster Weltkrieg 1871–1918 [Wilhlemine Germa ny and the First World War 1871–1918]. Deutsche Geschichte in Quellen und Darstellung, edited by Rainer A. Müller, vol. 8. Stutt gart: P. Reclam, 2000, pp.268–70. Translation: Adam Blauhut.

Chamberlain, Houston Stewart, 'Foundations of the nineteenth century' (1910). London; New York: J. Lane, 1911.

Kaiser Wilhelm II, 'Hun Speech' (1900). In Manfred Görtemaker, Deutschland im 19. Jahrhundert. Entwicklungslinien. Opladen, 1996. Schriftenreihe der Bundeszentrale für politische Bildung, vol. 274, p.357. Translation: Thomas Dunlap.

Kaiser Wilhelm II, 'Speech from the Balcony of the Royal Palace' (1 August 1914). Source of English translation: Kriegs-Rundschau I, p.43. Original German text reprinted in Wolfdieter Bihl, ed., Deutsche Quellen zur Geschichte des Ersten Weltkrieges. Darms tadt, 1991, p.49. Translation: Jeffrey Verhey.

Kaiser Wilhelm II, 'Speech from the Balcony of the Royal Pala ce'(6 August 1914). Source: Gilbert Krebs und Bernhard Poloni, Volk, Reich und Nation. 1806–1918. Pia, 1994, p.237.

Kaiser Wilhelm II, 'Speech to the Reichstag' (4 August 1914). Sou rce: Friedrich Wilhelm Purlitz et al., eds., Deutscher Geschichtsk alender , vol. 2, Leipzig 1914, p.47.

Hugo Haase, 'Speech to the Reichstag' (4 August 1914). Sour

ce: Gilbert Krebs und Bernhard Poloni, Volk, Reich und Nation. 1806–1918 . Pia, 1994, p.239.

Hugo Haase, 'Social Democratic Party Statement on the Outbr eak of the War' (4 August 1914), in Verhandlungen des Reichsta gs, XIII. LP., II. Sess., 1914, Bd. 306, pp.8 ff. Original German text reprinted in Ernst Rudolf Huber, Dokumente zur deutschen Ver fassungsgeschichte. 2 volumes. Stuttgart: Kohlhammer Verlag, 1961, vol. 2, pp.456–57. Translation: Jeffrey Verhey.

UK Parliament, 'Taxation during the First World War'. In: www. parliament.uk/about/living- heritage/transformingsociety/ private-lives/taxation/overview/firstworldwar (accessed on 25 August 2020).

Harold Marcuse, 'Historical Dollar-to-Marks Currency Conversi on'. In: marcuse.faculty.history.ucsb.edu/projects/currency.htm (accessed 25 August 2020)

Käthe Kollwitz, 'Diary Entry'. Source: Grober, U., 'Das kurze Leb en des Peter Kollwitz', DIE ZEIT, 48/1996.

Woodrow Wilson, 'Correspondence Between the United States and Germany Regarding an Armistice.' (1918). Source: The Amer ican Journal of International Law , vol. 13, no. 2, 1919, pp.85–96.

Raymond Poincaré, 'Welcoming Address at the Paris Peace Conf erence' (18 January 1919). Source: Records of the Great War , vol. VII, ed. Charles F. Horne, National Alumni, 1923.

피와 철

독일제국의 흥망과 성쇠, 1871~1918

1판 1쇄   2024년 8월 30일
ISBN   979-11-92667-52-2 (03920)

저자   카차 호이어
번역   이현정
편집   김효진
교정   황진규
제작   재영 P&B
디자인   우주상자
펴낸곳   마르코폴로
등록   제2021-000005호
주소   세종시 다솜1로9
이메일   laissez@gmail.com
페이스북 www.facebook.com/marco.polo.livre

책 값은 뒤표지에 있습니다. 잘못된 책은 교환하여 드립니다.